VAVILA POPOVICI • ARTICOLE, ESEURI

Volumul III

Foto: Teodora Stoica

VAVILA POPOVICI

ARTICOLE, ESEURI

Volumul III

Vavila Popovici

Oameni și lacrimi

*Tristețile lăcătuite în sufletele noastre
le deschidem în fața icoanelor sau a cerului;
de cele mai multe ori ele sunt însoțite
de plâns înăbușit și de lacrimi.*

Fiecărui om, indiferent de vârstă, sex sau temperament, lacrimile i-au udat fața măcar o singură dată de-a lungul vieții, unora chiar de nenumărate ori. Lacrimile de obicei țâșnesc și se rostogolesc cu repeziciune pe obraz, nu pot fi stăvilite, indiferent de forța psihică prin care comandăm să le oprim, dar uneori sunt atât de grele încât ochilor le este greu a le plânge și atunci se opresc în unghiul ochiului. Când se prăvălesc pe obraji sub forma unor boabe transparente cu gust sărat, sau ca un râu în cascadă, eliberează tensiuni și multă energie.

Numai omul plânge cu lacrimi, numai omului i-a dat Dumnezeu lacrimi de bucurie, de fericire, de durere, de dor... Lacrimile tămăduiesc și uneori dau strălucire vieții. Ele sunt cuvinte, fraze, pe care inima nu este în stare să le rostească în anumite momente. Voltaire spunea că ele sunt *„limba tăcută a durerii"*.

Apar ca o reacție la un stimul emoțional foarte puternic. În acele momente cuvintele sunt prea lipsite de putere să vorbească despre ceea ce este în sufletul nostru și lăsăm lacrimile să spună... Ele sunt însoțite de suspine sau hohote de plâns. De cele mai multe ori suntem chiar stigmatizați și învinuiți pentru ele; suntem sfătuiți de a ne controla această reacție a organismului; suntem acuzați de slăbiciune sau lipsă de demnitate, pe când ele sunt expresia sincerității sentimentelor noastre și ne fac să devenim mai puternici. Când plânsul s-a terminat, inima se petrifică, lipsa de nădejde ia forma unei mândrii, suntem gata de luptă pentru binele nostru, a celor de lângă noi.

Se spune că omul la începuturile sale nu

cunoștea lacrimile, decât fericirea raiului. Când a pierdut aceasta fericire, i s-au dat lacrimile pentru a suplini golul lăsat în suflet, în urma pierderii fericirii cerești. Și de atunci omul își găsește mângâierea în lacrimi.

Oamenii sunt înclinați din fire spre a vărsa lacrimi, de aceea despre ele se spune că sunt firești. Dar mai sunt și lacrimi păcătoase pe care le varsă cei fățarnici, prefăcuți, din dorința de a fi pe placul oamenilor din preajmă, precum și lacrimi vărsate din răutate, atunci când cineva nu are putința de a face un rău pe care-l plănuise, și ele sunt numite lacrimi de necaz. Se mai spune că astfel de lacrimi le avea Nero, împăratul roman homosexual, incestuos, ucigaș și nebun, cel pe care creștinii îl vedeau ca pe antihrist.

Plânsul ne zguduie trupul și pricinuiește în el o durere și o suferință chinuitoare. În faza înaintată, nu mai e un plâns al ochilor, ci devine o formă de „descărcare" psihică. În urmă apare o slăbiciune, chiar și la cei răbdători și puternici, dar ea se transformă curând în putere și aceasta crește progresiv, născând speranța. Ne simțim mult mai bine după ce am plâns.

Credința este că femeile sunt mai predispuse la această reacție, ele plâng mai ușor sau mai mult. Parcă Victor Hugo spunea că *femeia este invincibilă prin lacrimi*, că rațiunea pe cât este de convingătoare, pe atât lacrimile sunt cele care ne înduioșează sufletul... Un poem pe care l-am scris cândva se încheia astfel: *„Nu râdeți, o femeie nu plânge-n zadar,/ plânge când în suflet își face cuib disperarea,/ când simte fiorul singurătății!/ Pe scara lacrimilor femeia urcă spre cer,/ izvorul lacrimilor ei nu seacă,/ durerea din adâncul sufletului îl hrănește./ Poate a pedepsit-o, Dumnezeu,/ poate a vrut s-o ajute?"*.

Oamenii de știință au concluzionat că plânsul ajută ființele să se liniștească, alungă sentimentul de tristețe adâncă și aceasta se datorează eliminării anumitor hormoni și substanțe chimice, prin intermediul lacrimilor. De aceea după plâns, suntem mai relaxați și parcă începem să vedem lucrurile altfel, judecata ni se limpezește, tensiunea acumulată eliberându-se prin aceste supape ale organismului nostru – pleoapele ochilor.

Nu este rușinos să plângi, dar se pare că vărsarea de lacrimi cere o oarecare intimitate: plângi în fața icoanei, plângi în fata ființei iubite care te-a rănit sau pe care ai rănit-o, plângi și ceri mângâiere cuiva din apropiere, pentru a-ți ușura durerea pricinuită din cine știe ce cauză...

Pentru plâns ca și pentru rugăciunea cu glas tare este nevoie uneori de însingurare. Plânsul aparține omului dar și creației necuvântătoare, diferența făcând-o faptul că atunci când creația plânge, o face fără lacrimi. După vărsarea lacrimilor sufletul și trupul omului se răcoresc, se bucură de o liniște și de cele mai multe ori de speranță. Sufletul parcă se trezește la glasul plânsului și parcă se pătrunde el însuși de simțământul plânsului, fiindcă, după cum spunea Emil Cioran: *"o lacrimă întotdeauna are rădăcini mai adânci decât un zâmbet".*

Plânsul este dispoziția tristă a sufletului, pricinuită de lipsa celor dorite și de conștientizarea celor pierdute... Plângem, iată, când vedem natura cum se dezlănțuie fără pic de milă și nu putem lupta cu imensa-i forță. Plângem pentru noi și pentru semeni, fiindcă îi iubim, fiindcă ne pasă...

Câte lacrimi au fost vărsate în țara noastră, dar nu numai, în zile lunii februarie ale acestei ierni, cu ninsori abundente, temperaturi extrem de scăzute? Au fost lacrimi vărsate în întunericul nopții din casele oamenilor, în așteptarea zorilor zilei și a minunii unui ajutor din partea lui Dumnezeu și a semenilor. Dar lacrimile celor care și-au îngropat morții găsiți sub nămeții care au pus stăpânire pe suprafețe mari de pământ? Case strivite de nămeți, drumuri inaccesibile, oameni înghețați de frig în case... *"Albul care se întinde cât vezi cu ochii îți provoacă două iluzii: prima – că e ceață și te miri cumva că i-au lăsat să ridice elicopterul de la sol pe vremea asta. A doua, că vei ateriza într-o mică aşezare cu igluuri, piei de focă, gustări din carne de ren şi un bun venit într-o limbă ciudată. Şi, dacă n-ai vedea dreptunghiurile negre de pădure desfrunzită şi contururile gri ale caselor, nu ţi-ar fi greu să crezi că ai plecat la drum cu un scop polar, nu umanitar,"* scrie Raluca Ion în ziarul Gândul, impresiile avute la traversarea zonelor cu elicopterul.

Stihiile naturii sunt fenomene ale naturii care au o forţă extraordinară, în faţa cărora, de cele mai multe ori suntem neputincioşi. Aşteptăm potolirea forţelor dezlănţuite şi apoi acţionăm să putem înlătura stricăciunile, să putem aduce mângâiere oamenilor năpăstuiţi.

Sigur că s-a acţionat cât s-a putut pentru salvarea oamenilor, din datorie şi din iubire de semeni, dar au fost şi aşteptări cauzate de stihiile vremii, când bolnavii de inimă, de diabet, n-au mai avut medicamente, câteva femei au născut prematur din cauza spaimei; oamenii au ieşit din case prin tunelurile pe care şi le-au săpat sau li s-au săpat prin zăpadă, ajungând la magazine şi găsind rafturile goale. Când au văzut pe cei ce au venit să-i ajute, s-au plâns de o mulţime de nevoi, dar au simţit, ca tot românul şi nevoia să râdă. *„Uitaţi-vă la omul ăsta, are nevoie de lame de ras. Nu vedeţi cât i-a crescut mustaţa?"*, a glumit o mătuşă veselă în faţa celor ce veniseră să-i salveze. C-aşa-i românul, ştie să facă uneori şi haz de necaz.

Închei tot cu cuvintele cinicului Voltaire: *„Cândva totul va fi bine, iată speranța, acum totul este bine, iată iluzia!"*

Publicat în reviste din: România, Statele Unite, Belgia.

Dragobetele

„Într-un colț de rai se pare,
spun poveștile din buni,
Dragostea zbura ferice
și făcea prin cer minuni..."
Leonid Iacob

Sărbătorit pe 24 februarie, în ziua când Biserica Ortodoxă sărbătorește Aflarea Capului Sfântului Ioan Botezătorul, tradiția populară consemnează ziua lui Dragobete, zeu al tinereții în Panteonul autohton, patron al dragostei și al bunei dispoziții. Este considerat fiul Dochiei, bărbatul frumos, puternic îndrăgostit. Baba Dochia este unul dintre miturile românești importante și există multe variante ale acestui mit. Să ne amintim de frumoasa poveste a lui George Călinescu „Traian și Dochia", în care Dochia ar fi fost fiica regelui dac Decebal, de care s-a îndrăgostit Traian, cuceritorul Daciei. Urmărită fiind de trupele lui Traian, aceasta s-a ascuns pe muntele Ceahlău, împreună cu oile. Maica Domnului a transformat-o împreună cu turma sa, într-un complex de stânci.

Din copilărie cunoșteam frumoasa legendă a călătoriei Dochiei pe timp de iarnă când, părându-i-se că vremea se încălzise, și-a scos, rând pe rând, cele nouă cojoace (unii spuneau de douăsprezece) pe care le purta, până când a rămas fără nici unul. Dar vremea s-a schimbat și pe cât de frumos fusese la începutul zilei, pe atât de urât se făcuse mai târziu. Ningea și totul începuse să înghețe. Dochia a înghețat împreună cu oile sale, transformându-se, conform legendei, în stană de piatră. Se spune că rocile se pot observa și astăzi pe muntele Ceahlău și că ar fi o mărturie vie a acestui mit românesc.

Zi a îndrăgostiților, început de primăvară, început de viață, acesta este Dragobetele!

S-au ocupat mulți cercetători de proveniența

acestei sărbători. Nicolae Constantinescu – etnolog al Universității din București – afirmă că nu există atestări documentare ale acestei sărbători decât în secolul al XIX-lea. Lingvistul Lazăr Șăineanu propune analogia cu „dragubete", sufixul „bete" fiind folosit în zonele din Oltenia, semnificând „adunare, mulțime"; etnograful Marcel Lutic de la Muzeul de Etnografie din Moldova prezintă etimologia acestei sărbători populare considerând că majoritatea denumirilor ei provin de la „Aflarea Capului Sfântului Ioan Botezătorul", sărbătoare religioasă de care spuneam că este celebrată pe 24 februarie și care în limba slavă se numește „Glavo-Obretenia". Românii ar fi adaptat-o, astfel apărând sub diverse nume – „Vobritenia", „Rogobete", „Bragobete", „Bragovete" – în perioada Evului Mediu, până când s-a impus în unele zone (sudul și sud-estul României) ca Dragobete. Ion Ghinoiu, în *Dicționarul cu obiceiuri populare de peste an* (1997) asociază și el numele de Dragobete cu personajul din mitologia populară românească – zeu al dragostei și bunei dispoziții pe plaiurile românești - identificat cu Cupidon (la romani) și cu Eros (la greci). Ovidiu Focșa etnograf în cadrul Muzeului de Etnografie al Moldovei, a precizat: *„despre Dragobete se crede că este un protector al păsărilor, fiind o sărbătoare strâns legată* *de fertilitate, fecunditate și de renaștere a naturii"*. Unii afirmă că ar data dinaintea apariției creștinismului. În mitologia dacilor, Dragobetele ar fi fost pețitorul și nașul animalelor, cel ce oficia în cer, la începutul primăverii, nunta tuturor animalelor.

Exista credința că în această zi și păsările nemigratoare se strângeau în stoluri, ciripeau, se împerecheau și începeau să-și construiască cuiburile. Cu timpul, de la păsări, obiceiul ar fi fost preluat și de către oameni, Dragobetele ajungând să fie considerat zeitate ce ocrotește iubirea și care poartă noroc îndrăgostiților. Motivațiile preluării ar fi fost profunde, întrucât păsările erau privite ca mesageri ai zeilor, cuvântul grecesc „pasăre" însemnând chiar „mesaj al cerului".

El este considerat de cei mai mulți a fi Zeul dragostei și bunei dispoziții pe plaiurile carpatice, numit și „Logodnicul Păsărilor", dar și „Cap de Primăvară".

Se povestește despre obiceiurile din această zi, cum în jurul focurilor aprinse pe dealurile golașe din jurul satelor se adunau fete și băieți care discutau, glumeau și cochetau. Spre prânz, fetele coborau în fugă spre sat; fuga în unele părți era denumită „zburătorit". Fiecare băiat urmărea fata care îi căzuse dragă; dacă o ajungea, urma sărutul în văzul tuturor, sărut ce semnifica logodna ludică, care de multe ori era finalizată cu logodna adevărată. De aici a rămas zicala: „*Dragobetele sărută fetele!*" Şi se mai spune că era un semn rău dacă o fată sau un băiat nu întâlnea, la Dragobete, fata sau băiatul care să-i placă; era semn că tot anul nu putea fi iubit.

Credinţa populară românească mai spune că cei care participau la această sărbătoare erau feriţi de boli tot anul. Astăzi, sărbătoarea de Dragobete este considerată echivalentul românesc al sărbătorii de import Valentine's Day sau ziua Sfântului Valentin, sărbătoare a iubirii. Personajul românesc Dragobetele se diferenţiază de blajinătatea Sfântului Valentin din tradiţia catolică, fiind un bărbat frumos, arătos, cu un temperament năvalnic.

Simţim de pe acum, în preajma acestei zile, un început în toate!

Pământul se trezeşte la viaţă, natura renaşte. Soarele revarsă o căldură mângâietoare, vântul suflă din plămânii săi aer mai cald, sângele îşi schimbă culoarea, inima – pulsaţiile, o mireasmă dulce se-mprăştie pe cărări, ghioceii vestitori îşi înalţă curajos capetele, chipul blând al primăverii ne zâmbeşte, mâinile ei ne mângâie... Seva pomilor musteşte, dragostea începe să domine pământul. Zilele devin mai lungi şi mai blânde, natura toată începe să-şi arate farmecul. În curând se va îmbrăca în hainele-i frumoase, va da colţul ierbii, copacii vor fi ninşi de flori albe în vânt.

Miros de început, miros curat, proaspăt, miros de ghiocei, mirosul dragostei...

În întâmpinarea acestei zile am scris versurile:

Copacii sărută statornic văzduhul./ Aripi de gând sărută nevăzutul./ Foame de săruturi, foame de-mbrăţişări.../ Păsările, inoculate cu virusul dragostei,/ se caută fâlfâind din aripi,/ dansând printre crengile copacilor./ Iubirea mea respiră/ prin vers şi rugăciune.

Publicat în reviste din: România, Statele Unite, Belgia.

Binele și Răul

„*Eu cred că omul e făcut de Dumnezeu și cred că Dumnezeu n-a instalat nici un drac în el.*"
Petre Țuțea

La vremea când am scris primul meu roman intitulat *Binele și Răul*, începeam cartea cu aforismul lui Tagore: „*Unul dintre cele mai grele lucruri este să pui în armonie răul cu binele... Și totuși, în lumea asta ele se găsesc laolaltă... Și această îmbinare produce durere și fericire*", cunoscând că *binele* și *răul* sunt categoriile fundamentale ale normelor de comportament și convinsă fiind, din experiența vieții de până atunci, că binele care aduce folos și răul – opus binelui – există în viața noastră ca principii antagonice. Mai târziu mi-am dat seama că ele coexistând, nu ar trebui să fie într-un permanent conflict, deoarece principiul bun n-ar mai fi perfect bun dacă s-ar preta la o continuă luptă, iar un principiu rău care să lupte și unul bun care să nu lupte ar duce la distrugerea binelui. Problema grea ar fi punerea lor în armonie, pentru a nu fi percepute ca un sunet strident pentru urechea noastră.

Din povestea cu Adam și Eva în Grădina Edenului știm că Dumnezeu a poruncit omului: *„Poți să mănânci după plăcere din orice pom din grădină, dar din pomul cunoștinței binelui și răului să nu mănânci, căci în ziua în care vei mânca din el, vei muri negreșit"* (Geneza 2:16). Am citit mai multe interpretări despre pomii raiului și am făcut cunoștință cu concluziile logice ale Sfântului Maxim. Cei doi pomi reprezintă două căi diferite ale dezvoltării umane, amândouă căile fiind destinate omului. Dumnezeu, interzicând omului să mănânce din pomul cunoașterii, ar fi dorit să amâne contemplarea lumii create și văzute, punând înaintea omului alternativa: cunoașterea Lui – cauza omului fiind – prin reflecție intelectuală și practică asupra lui însuși (probabil ca purtător al chipul lui Dumnezeu), cale care ar fi dus *„la nepătimire și neschimbabilitate, întărită în nemurire prin har, și în final la îndumnezeire".* Atunci, omul asemănător și unit cu Dumnezeu ar fi fost pregătit să contemple lumea văzută. Dar omul a fost ispitit (îndemnat la păcat), a greșit, nu a ascultat porunca și *„a căzut în labirintul simțurilor. Pomul vieții, care trebuia să ocrotească nemurirea omului prin har, a fost respins în favoarea pomului cunoașterii, devenit atunci pom dătător de bine și de rău".* Dar de ce există astăzi în lume atât de mult rău?

Când aflăm din ziare că o mamă, un tată și-au ucis copiii, iar în data de 5 martie a acestui an un polițist a intrat înarmat într-un coafor din centrul capitalei împușcându-și soția din gelozie, (victimele fiind 8 persoane, două ucise și alte șase rănite) ne cutremurăm! Cât de mult s-a dezechilibrat lumea! Păcatul uciderii este identificat cu *Răul moral*, înfățișându-se ca o răsturnare de valori ce au fost încadrate într-o ordine ierarhică de însuși Dumnezeu. *„Răul e pur și simplu absența lui Dumnezeu"*, spunea și Albert Einstein. Și mai susțin unii oameni că fiecare individ are dreptul să definească binele pentru sine... Iată unde se poate ajunge cu această judecată!

Biblia ne spune că omul este creat de

Dumnezeu după chipul și asemănarea Sa și e dependent de Creator atât în ceea ce privește ființa sa, cât și în ceea ce privește activitățile sale. În acest fel, omul nu-și poate fi propriul său legiuitor moral și nici creatorul orânduirii morale. Alții nu-și bat capul să definească binele, susținând că ei știu ce este răul și le este de ajuns. Oamenii nu vor, în general, să accepte că nu noi am definit binele, ci Altcineva a definit binele pentru noi, că nimeni nu poate cunoaște binele cu adevărat, dacă nu-L cunoaște pe Dumnezeu, dacă nu cunoaște legile Sale! Relația corectă cu binele, implică relația corectă cu Dumnezeu! O mai avem?

Legea morală este tocmai expresia voinței lui Dumnezeu – Creatorul, pentru realizarea binelui; ea este dată omului din fire, deci firescul omului este calea de a urma binele. Păcatul se săvârșește prin voia liberă a omului. Însuși Jean Jacques Rousseau afirma că omul se naște bun punând toată responsabilitatea înrăutățirii stării omului pe mediu, societate, educație precară. Omul cât trăiește învață și este învățat. Lui i s-a dăruit și conștiința morală – glasul lui Dumnezeu în sufletul omului – glas care-l îndeamnă la împlinirea legii morale. Sfântul Ioan Gură de Aur spunea: *"Când Dumnezeu l-a făcut pe om, a sădit în fiecare judecata nemincinoasă a binelui și răului, adică regula conștiinței"*, ea fiind judecătorul veșnic treaz și aspru. Conștiința morală poate fi adormită prin nepăsarea omului, întunecată prin păcat, dar nu poate fi nimicită niciodată, fiindcă ea este de la Dumnezeu. Dar omul poate hotărî pentru o faptă bună sau una rea, aceasta fiindcă are *voia liberă* (liberul arbitru), acea putere sufletească chiar de la creare, și care poate influența comportamentul. Libertatea aceasta este și ea un dar cu care este înzestrat omul, el putând deveni stăpânul faptelor sale, apelând la cunoaștere, judecată și discernământ. Faptele bune sau morale sunt faptele săvârșite în cunoștință de cauză și voie liberă și care sunt făcute după voia lui Dumnezeu, arătată prin legile Sale, iar cele rele, imorale sau păcate, sunt acelea care nu sunt săvârșite după voia Lui. Oare, voia liberă, această libertate oferită omului, nu poate fi o modalitate de perfecționare morală? Nu învățăm de atâtea ori din greșeli? Oare de ce ni se cere a nu repeta greșelile? Sfântul Antonie cel Mare spunea: *„Să nu zică cineva că este cu neputință omului să ajungă la viața cea virtuoasă, ci numai că aceasta nu este ușor..."* (Învățături 7). Uneori, însă, este prea târziu, omul distrugându-și viața prin săvârșirea răului.

Binele poate fi definit ca sumă a iubirii, puterii, inteligenței, frumuseții, bunătății, gentileții. Omul trebuie să respingă răul, să se curețe de patimi, să capete deprindere în săvârșirea faptelor bune, să fugă de ispite. Iisus ne-a învățat cum să ne rugăm Dumnezeului nostru: *"...Și nu ne duce pe noi în ispită, ci ne izbăvește de cel rău"*. A acționat discernământul în cazul acestor crime?

De la primii filozofi greci etica n-a însemnat decât unul și același lucru: *"studiul reflexiv a ceea ce este bun sau rău în această parte a conduitei umane de care omul este, mai mult sau mai puțin, responsabil în mod personal"*. Filozofii antici aveau opere care constituiau adevărate izvoare de înțelepciune. Socrate spunea că *"Suprema înțelepciune este a distinge binele de rău"*.

Cunoașterea căilor virtuții la Socrate și la alți filozofi antici a fost posibilă prin iubirea de înțelepciune (philein – a iubi, sophia – înțelepciune) și lumina avută în sufletele lor. Toți au avut ceva *"extraordinar, romantic, quijotesc, nebunesc..."*, toți au fost preocupați de soarta omenirii, fiindcă neliniștea majoră a spiritului îl scoate pe om din mediocritate și îl înalță.

Morala creștină are câteva puncte de convergență cu etica filozofică. Ambele au în comun faptul că în preocupările și observațiile lor se află omul și manifestările sale morale.

Etica filozofică propune ca scop al vieții omului fericirea pe care o obține aici pe pământ, firea decăzută a omului refăcându-se numai prin mijloace umane. Morala creștină are de asemeni fericirea ca scop al vieții omului, desăvârșirea însă, sfințenia, dobândirea mântuirii în sensul adevărat al cuvântului începe aici pe pământ, este un proces îndelungat și se continuă în viața de dincolo. Atât morala creștină cât și etica filozofică cer săvârșirea binelui și evitarea răului. Binele este de foarte multe ori în legătură cu adevărul și frumosul. Platon spunea că principiul existenței, al adevărului și al frumosului este însuși „binele".

Frumosul devenise idealul de prim ordin al elinilor; frumusețea și în aceeași măsură bunătatea – virtuți majore – au fost și rămân pe mai departe atributele ființelor superioare.

Filozofii antici au căutat și au cunoscut căile virtuții, dar le-a lipsit cea mai mare virtute: iubirea. Morala creștină, însă, pune accent pe sufletul omului, de aceea virtuțile culminează în iubire. Fericitul Augustin considera că Dumnezeu este frumusețea supremă și totodată creatorul de frumuseți. Dacă privim icoanele, lucrările marilor pictori executate de-a lungul secolelor, din chipul lui Dumnezeu și al tuturor sfinților iradiază o lumină deosebită, fiindcă: *„Dumnezeu este Iubire!"*. Iubirea este izvorul existenței noastre, este fluidul de care nu ne putem dispensa. Mircea Eliade scria în „Încercarea labirintului" că numai prin iubire putem suporta răul din jurul nostru.

Binele şi răul, Sacrul şi profanul, viaţa religioasă şi cea laică se opun şi coexistă în cadrul culturii şi spiritualităţii umane. Omul religios este acela care crede în originea sacră a lumii şi a vieţii, nu doreşte distrugerea vieţii ci evoluţia ei, cu ajutorul Binelui. Renunţând la sacru, la religie, omul modern îşi asumă, voit sau inconştient, o existenţă tragică.

Filozoful francez Alfred Fouillée (1838-1912) considera că triumful binelui moral se află totuşi în mâinile noastre.

Publicat în reviste din: România, Statele Unite, Belgia, Canada.

Focul păcatului și apa curată a virtuții

„Să fii abil e ceva, dar să fii cinstit, asta merită osteneala."
Constantin Brâncuși

Citim în ziarele acestei săptămâni: *„Cel mai căutat infractor al momentului". „Magistrații Înaltei Curți de Casație și Justiție au emis, joi 22 martie a.c., un mandat de arestare în lipsa unui deputat acuzat de mai multe înșelăciuni imobiliare…"*. Iată o nouă temă de reflecție care m-a determinat să aștern gânduri despre virtute, cuvânt ce provine din latinescul „virtus", însemnând integritate morală, existența ei nefiind posibilă fără libera alegere, a spus-o chiar unul din cei mai reputați Sfinți Părinți ai Bisericii – Origene (185-254).

Se poate vorbi de mai multe virtuți, despre virtuți religioase și virtuți morale.

Virtuțile religioase sunt considerate a fi suprafirești sau insuflate – daruri puse de Dumnezeu în inima omului – care îi orientează viața spre fapte bune. Aceste virtuți sunt: dragostea, credința și speranța. Opusul lor: ura, lipsa de credință și disperarea.

Dragostea este puterea, energia trăirii spirituale manifestată prin sentiment, rațiune și voință față de sine, de lume și față de Dumnezeu, fiindcă „*Dumnezeu este iubire*" (I Ioan 4, 16); credința este un dar de la Dumnezeu, prin care primim și păstrăm ca adevăruri, toate cele scrise în Sfânta Scriptură și Sfânta Tradiție: „*Cel ce crede în Mine chiar de va fi și muri, viu va fi*"; speranța este așteptarea cu încredere a împlinirii tuturor binefacerilor, „*Hristos în voi, nădejdea slavei*" (Col. 1:26-27).

Virtuțile morale sunt deprinderi dobândite în practica vieții. Ele exprimă esența și perfecțiunea morală; controlează toate actele, faptele și atitudinile noastre, modelează și structurează întreaga noastră viață. Ele sunt: înțelepciunea, dreptatea, cumpătarea și tăria. Aceste virtuți se mai numesc și cardinale, fiindcă ele stau la temelia celorlalte virtuți și pe ele se reazemă viața cinstită. Opusul lor: prostia, nedreptatea, neînfrânarea, slăbiciunea.

Înțelepciunea este cea care ajută echilibrului vieții noastre, înfăptuirii de lucruri cinstite, prin prudență, prevedere; dreptatea presupune raportarea activităților noastre la respectarea normelor divine (Cuvântul lui Dumnezeu) și a normelor de drept juridic (stabilite de conducătorii țărilor); cumpătarea presupune stăpânirea poftelor, măsură în toate actele și faptele vieții (în mâncare, băutură, îmbrăcăminte, în vorbe, avuție și în tot comportamentul); tăria este virtutea morală care întărește sufletul și cugetul în urmărirea binelui; ne face capabili să depășim toate greutățile vieții.

Sf. Macarie cel Mare spunea că toate virtuțile sunt legate între ele, formând un lanț duhovnicesc, una atârnând de cealaltă. Ființa tuturor virtuților este însuși Iisus Hristos și El trebuie să fie etalonul comportamentului nostru.

În alt eseu afirmam că cinstea nu este o vocație (atracție înnăscută), dar este o opțiune dobândită prin educație sau autoeducație și prin voință. Cinstea ca atare este o virtute, una dintre cele mai complexe, pentru că în ea se adună și se sintetizează multe alte virtuți, este o calitate morală care include: înțelepciunea, dreptatea, cumpătarea, sentimentul demnității, corectitudinii și servește drept călăuză în conduita omului. Opusul cinstei este corupția. Un om cinstit luptă în viață pentru biruința binelui, pentru fericire. Orice comunitate omenească este echilibrată, sănătoasă și prosperă, atunci când se află în ea o majoritate de oameni cinstiți. *„Nu există moștenire mai prețioasă decât cinstea"* scria William Shakespeare.

Corupția, acest mare păcat omenesc, este definită ca fiind: decădere, depravare, desfrânare, destrăbălare, dezmăț, imoralitate, perversitate, pierzanie, stricăciune, viciu, deșănțare, descompunere, putreziciune, seducere... Sf. Ioan Gură de Aur (347-407) spunea că focul păcatului se stinge doar prin apa curată a virtuții. Se pare că în zilele noastre izvorul acestei ape a cam secat... focul se extinde, pompierii nu mai prididesc a-l stinge.

Politicienii definesc corupția ca fiind *„abuz de putere săvârșit în scopul obținerii unui profit personal, direct sau indirect, pentru sine sau pentru altul, în sectorul public sau în sectorul privat"*.

Majoritatea oamenilor privesc corupția ca fiind determinată de legi prost făcute și încălcate în mod sistematic de chiar cei care ar trebui să vegheze la aplicarea lor; clientelism și clici în competiție pe resurse. Sunt destui oameni abili în a eluda legile, neținând seamă de moralitatea necesară unui om care intră în afaceri și trag probabil după ei în mocirlă și pe alți oameni, profitând de lăcomia sau de naivitatea lor. Mă tot întreb, când și cum au dobândit acești oameni o atât de bogată cultură infracțională? Cum de s-au putut perfecționa într-un timp atât de scurt? Băieți deștepți, nu glumă! Bine sesiza cineva că astăzi *"bisericile și mănăstirile sunt aproape goale, în timp ce sălile tribunalelor, pușcăriile, tripourile, bordelurile, discotecile sunt mereu pline."* Chiar mă întreb unde or încăpea atâția nemernici? Dar au grijă judecătorii să le dea condamnări cu suspendări! Plătesc, fiindcă au de unde și stau bine-mersi acasă. Cam asta înseamnă, nu? Câte ore de muncă ar putea presta toți acești inculpați în schimbul acestor procese tergiversate, plimbări prin tribunale? Câtă energie pierd toți acești tineri în discoteci și bordeluri, în loc să practice diverse sporturi, să viziteze muzee, să caute săli de concerte, biserici pentru a se cultiva, sau să creeze ceva folositor prin munca lor?

Filozofii vremurilor au fost preocupați de integritatea morală a oamenilor, pentru binele societății în care trăiau. Socrate (470 î.Hr.-399 î.Hr.) afirma la vremea sa că oamenii nu sunt virtuoși de la natură, virtutea nu e chibzuință, adică judecata cumpănită, logică, ea nu se poate învăța, ci e dată oarecum prin har divin celor care o au; ceea ce îi călăuzește însă spre virtute este părerea adevărată.

Filozoful grec Aristotel (384 î.Hr.-322 î.Hr.), considera virtutea de două feluri: o virtute a rațiunii și o virtute morală; prima se dezvoltă prin învățătură și are nevoie de experiență și de timp, virtutea morală însă se capătă prin obișnuință. Astfel trage concluzia că nici una din virtuțile etice nu este dată de natură, căci nimic din ce aparține naturii nu poate fi schimbat prin obișnuință. Avem doar o dispoziție naturală să le primim în noi. Această dispoziție nu poate deveni realitate decât prin obișnuință: *„construind, devii un constructor, cântând la chitară devii un chitarist, tot așa prin acțiunea dreaptă devenim drepți, prin observarea măsurii devenim măsurați, prin acțiuni de curaj – curajoși."*

Virtutea morală a caracterului este însă un habitus, adică o deprindere care rămâne sub formă de dispoziție activă. *„Ea nu se învață!"*, este răspunsul lui Aristotel la problema care de la Socrate a preocupat toată filozofia greacă, anume de a ști dacă virtutea se poate învăța, căpăta prin știință. *„Cunoaște-te pe tine însuți"* spusese Socrate, fiindcă răul este făcut când nu cunoști binele; nu este o cunoștință căpătată, cât o deprindere, un stil al acțiunilor noastre obținut prin exercițiu.

Pentru a face bine, a fi cinstit, mai întâi trebuie

să te depărtezi de rău, de ispite. Cineva sfătuia: *"Acolo ține-ți căruța, departe de apa care clocotește și de vârtej"*.

Mai clar, din tabloul virtuților, cinstea s-ar putea cuprinde în cele două: justiție și prudență, iar necinstea: profit bazat pe înșelăciune. Rațiunea omului îi servește pentru a distinge și a alege ceea ce este bun. Pentru Aristotel viața trebuie condusă de rațiune, întrucât rațiunea aparține numai omului și cu ajutorul ei viața poate fi fericită pentru el.

Teologul, filozoful creștin, Fericitul Augustin (354-430) considera că sufletul care este de esență spirituală și nemuritor, poate contempla în el ideile eterne, această contemplare formând înțelepciunea, dar el poate contempla în el și adevărurile morale, aceasta însemnând că și adevărurile morale au o origine transcendentă; de origine divină fiind, ele sunt eterne, exprimă iubirea și calitatea lui Dumnezeu. Aceasta se traduce prin iubire în relațiile dintre oameni. Răul nu poate ființa definitiv, el fiind numai *"o lipsă"*, *"o neîmplinire"*, așa cum mai târziu avea să spună și Einstein.

Filozoful englez Francis Bacon (1561-1626) este intransigent și ne avertizează în scrierile lui: *"Nu aripi trebuie să se pună spiritului omenesc, ci plumb, căci cu prea mare ușurință se avântă în cele mai înalte abstracțiuni, pierzând orice contact cu experiența"*.

René Descartes, filozof și matematician francez (1596-1650), susținea că nu este necesar ca rațiunea noastră să nu se înșele; este de ajuns conștiința noastră să ne arate că nu ne-au lipsit niciodată hotărârea, voința și virtutea de a executa toate lucrurile pe care am judecat a fi cele mai bune și în acest fel virtutea singură este suficientă pentru a ne face fericiți în viața aceasta, fiindcă virtutea când nu este luminată îndeajuns de intelect poate fi falsă, poate să ne ducă pe drumul răului, or, tocmai rațiunea împiedică falsitatea rațiunii, considerând totodată că Seneca – marele moralist – nu a dat toate principalele adevăruri pentru cunoașterea mai ușoară a virtuții, pentru reglementarea dorințelor și pasiunilor noastre. Fac o paranteză amintind o îndrumare prețioasă a lui Seneca: *„Să exprimăm ceea ce simțim, să simțim ceea ce exprimăm; vorba să semene cu fapta"*.

Pe de altă parte, matematicianul, fizicianul și filozoful Blaise Pascal (1623-1662) ne spune să nu căutam siguranță și certitudine în rațiunea noastră; ea va fi totdeauna înșelată de inconstanța aparențelor. Suntem plini de lucruri care ne aruncă în afară: pasiunile ne împing în afară, obiectele din afară ne tentează și ne cheamă și astfel filozofii ar propovădui în zadar *„Intrați în voi înșivă!"*. Singurul lucru care ne mângâie în mizeria noastră este divertismentul și el este tocmai cea mai mare dintre mizeriile noastre, căci el ne împiedică să ne gândim la noi și ne duce spre pierzanie. Pascal a avut oscilații între raționalism și scepticism (era și foarte tânăr pe atunci; moare la numai 39 de ani), spre finalul vieții alegând credința. Din punctul lui de vedere, gândirea determină măreția omului: *„Omul nu este decât o trestie, cea mai slabă din natură, dar este o trestie care gândește"*. Concluzia lui este să evităm excesele – atât excluderea rațiunii, cât și neadmiterea ei. Despre inimă, Pascal spunea că *„Inima are rațiunile ei, pe care rațiunea nu le cunoaște"*. Tot el amintea că în lumea noastră *„Iisus a venit cu strălucirea ordinei sale."*

Filozoful german Immanuel Kant (1724-1804) afirma că virtutea – înțelegându-se acel ansamblu de calități umane printre care și cinstea – poate fi dobândită, ea nu e înnăscută, acest fapt ar reieși chiar din noțiunea ei, fără a fi nevoie să ne raportăm la cunoștințe antropologice din experiență, căci facultatea morală a omului nu ar fi virtute dacă nu ar triumfa prin puterea principiului în lupta cu puternicele înclinări contrare. Vorbind despre virtute, Kant concluziona: *„Ea este produsul rațiunii practice pure, întrucât aceasta în cunoștința superiorității sale, din libertate câștigă predominanța* *asupra înclinărilor"*.

Kant, cel căruia două lucruri îi umpleau mintea cu o veşnic înnoită şi sporită admirație şi venerație: *"Cerul înstelat deasupra mea şi **legea morală** din mine"* al cărei scop, spunea, nu se opreşte la hotarele acestei vieți, ci se întinde spre infinit (Critica rațiunii practice).

Publicat în reviste din: România, Statele Unite, Belgia, Canada.

Despre intelectuali

„Intelectualul nu este doar cel căruia îi sunt necesare cărțile, ci orice om căruia o idee – oricât de elementară ar fi ea – îi angajează și îi ordonează viața."
Andrei Malraux

Comunismul a creat acel odios sistem al securității în anul 1948, principalul instrument al represiunii împotriva poporului român.
ɔdalitățile prin care s-a exercitat teroarea au multiple: arestări, anchete, torturi,

condamnări, continuând cu teroarea psihologică – organizarea unei formidabile rețele de informatori, colaboratori, punerea la punct a unui sistem diabolic de diversiune și dezinformare a maselor, amenințări, șantaj și încheind cu presiunile făcute asupra întregului aparat de stat, economic și administrativ.

Au fost întemnițați, uciși în închisori și lagăre de muncă sute de mii de deținuți politici, oameni de toate vârstele și de toate categoriile sociale și profesionale, printre care foarte mulți intelectuali, așa-zisa „cremă a intelectualității românești".

Au avut loc persecuții religioase, manifestate prin lichidarea fizică sau aruncarea în temniță a preoților și credincioșilor, interzicerea unor culte, închiderea sau dărâmarea lăcașurilor de cult, precum și propaganda ateistă, presiuni asupra clerului, infiltrarea în rândurile membrilor cultelor a unor agenți ai Securității.

Gheorghe Gheorghiu-Dej în 1959 exprima atitudinea regimului comunist față de intelectuali: *„Trebuie să luăm intelectualitatea s-o educăm, s-o ajutăm să-și revizuiască cunoștințele, pozițiile, s-o transformăm cu încetul, cu răbdare. Iar cei care nu dovedesc atașament față de noua societate, să fie aspru pedepsiți".* Tot el mai exprimase: *„Cine sunt cu manifestări dușmănoase trebuie aduși pe ring, boxați bine, făcuți knock out și eliminați".*

Nicolae Ceaușescu nu uita să sublinieze în repetatele sale discursuri, că intelectualii, studenții, funcționarii erau *„pături ce trăiesc din munca celorlalți".*

Revoluția Română din 1989 a constat dintr-o serie de proteste, lupte de stradă și demonstrații care au dus la sfârșitul regimului comunist din țara noastră (cel puțin așa speram pe atunci!) și la căderea lui Nicolae Ceaușescu.

România a fost singura țară din blocul estic care a trecut la democrație printr-o revoluție violentă, în care conducătorii comuniști au fost executați. Tinerii din toate orașele țării au ieșit pe atunci în stradă și au strigat *„Libertate!"*. Au fost mii de răniți și morți. După revoluție, tinerii rămași în viață păstrau speranța în sufletele lor. Abia ieșiți din matca universităților, își căutau un drum drept, dar care era greu de găsit. În 1990 și 1991 au fost șase mineriade, cea din 13-15 iunie 1990 din București fiind cea mai sângeroasă și mai brutală, când forțele de ordine, susținute de mineri, au intervenit folosind violența împotriva protestatarilor din Piața Universității și a populației civile. În acele zile ale mineriadelor, cei care li se păreau minerilor a fi intelectuali (după fizic sau îmbrăcăminte), au fost bătuți în plină stradă, unii amenințați chiar cu moartea. Mineriadele au făcut ca tinerii să-și vadă umbrit viitorul și pe mulți, aceste mineriade i-au „alungat" din țară. Încă o dată, prin plecarea tinerilor, țara a pierdut din forțele sale și s-a făcut loc parveniților de tot felul să acceadă la putere și să ocupe funcții în conducerea instituțiilor. Puținii intelectuali rămași au început să se lovească între ei, instigați de forțe „malefice". Și la această dată ne găsim în aceeași situație, intelectualii sunt centrifugați spre marginea societății și provocați a se „duela" între ei; televiziunile aduc, de cele mai multe ori, în prim plan, oameni care nu fac cinste țării – pseudo-intelectuali –, aceștia manifestând o atitudine nonșalantă, lipsă de bun simț și decență, folosind un vocabular vulgar, în numele libertății de exprimare. În spațiul politic s-a întronat ura și răzbunarea, mai nou „otevizarea" (cuvânt provenit de la denumirea emisiunii de televiziune pline de vulgarități – OTV) tulbură mințile poporului cu promisiuni mincinoase, provocând degringoladă, amenințând ordinea pentru care mai luptă unii politicieni bine intenționați.

Faptic, în spitale medicii sunt bătuți de către pacienți, în școli profesorii sunt bătuți de elevi, în biserici se intră cu ranga, despre preoți, biserică și credință se scriu articole defăimătoare; unii intelectuali sunt criticați, „scuipați", din nou auzindu-se neroada lozincă de după revoluție: *„Noi muncim, un gândim!"*, lozincă preluată din comunism și fluturată în timpul mineriadelor! Cum adică? Orice muncă include o gândire; nu poți executa o muncă fără să gândești, fără să-ți folosești mintea. Doar nu suntem nici roboți și nici slugi ai instinctelor! Și, de asemenea, orice om care gândește, poate trece la acțiune, la materializarea gândirii sale. Deci, orice om normal gândește și muncește. Cu cât se gândește mai mult la ceva, cu atât mai puternică este emoția și crește probabilitatea ca gândul să se materializeze. Este valabil pentru orice îndeletnicire, fie a unei persoane cu studii superioare de specialitate, fie a unui muncitor specializat. Apoi, fără a ne pune gândirea la contribuție, cum vom reuși să ținem pasul concurenței de la nivel european și internațional în toate domeniile? Cine va executa activități de inovare și în ce mod? Intelectualii, prin chiar definiția termenului, sunt cei interesați de tot ce se poate adăuga cunoașterii lor, abordează problemele totdeauna din perspective noi.

În Dicționarul explicativ al limbii române intelectualul este definit ca *"Persoană care posedă o pregătire de specialitate temeinică și lucrează în domeniul artei, al științei, tehnicii etc."*.

Constantin Noica demonstrează în „Jurnalul de idei", că *"a gândi înseamnă a spune că asta nu e asta, iar actul de a spune că asta nu e asta – argumentat desigur – spre deosebire de animal pentru care asta e asta, dă gândirea și astfel începutul logicului".* Filozoful Nae Ionescu în „Cursuri de Metafizică" explică cuvântul „gândit": atunci când cineva gândește un lucru înseamnă că are un conținut de conștiință; dar a gândi un lucru, nu înseamnă că el este și cunoscut: *„Eu pot să gândesc un lucru fără să-l cunosc. A cunoaște un lucru înseamnă ceva mai mult, înseamnă întâi de a-l deosebi de tot ceea ce este altfel decât el, dar în același timp înseamnă a-l analiza și în ceea ce este el ca atare. Trebuie să-i aplic cele două operațiuni fundamentale carteziene: claritatea și distincția".* Ca o concluzie, nu trebuie făcută confuzia între a gândi și a cunoaște, dar pentru ca ceva să fie cunoscut, trebuie mai întâi gândit.

Prostimea, mahalagii (fiindcă, Doamne, societatea este atât de pestriță!), ies în față, ponegresc și defăimează personalitățile culturale ale țării, tot în numele așa zisei democrații. Oare se poate progresa în acest fel? Se pare că se repetă greșeala din comunism, se încearcă distrugerea intelectualității românești. Și pe atunci ca și acum, intelectualii, au fost și sunt considerați „dușmani ai poporului". Vrem să ne întoarcem în vremurile „de tristă amintire" și să înlocuim din nou oamenii de valoare cu pregătire și nivel ridicat de conștiință, cu oameni fără pregătire specială și cultură?

Eu una cred (sigur că părerea mea prea puțin

contează; înainte nu puteai spune adevărul, acum îl poți spune, dar nu interesează pe nimeni!) că oamenii de valoare ar trebui căutați, găsiți și respectați. Lor trebuie să li se acorde încrederea maximă, fiindcă nu degeaba au învățat ani de zile în școli (cei care au făcut-o din dragoste de învățătură!), nu degeaba au muncit cu profesionalism și dăruire în viață, nu degeaba au iubit oamenii cu care au venit în contact, nu degeaba au încercat să aducă picul de umanism printre oameni vindecându-i de boli și scăpându-i de moarte, instruindu-le copiii în școli, scoțând frumosul în evidență prin diferite forme ale meseriilor, artei sau ale scrisului. De la cine să cerem mai mult decât de la acești oameni instruiți, dăruiți umanității nu pentru a-și realiza un trai material excelent, ci pentru a excela în trăiri sufletești? Sunt convinsă că atâta timp cât vor exista astfel de oameni cu dăruire, responsabili pentru ceea ce se întâmplă în țară – pentru că ești cu atât mai responsabil cu cât înțelegi mai mult – se va putea realiza progresul.

Un teolog, doctor în științe, semna un articol despre intelectuali și fără a da o denumire termenului de intelectual, arăta ce înțelege el prin denumirea de intelectual, începând să-i critice: *„La ce sunt buni intelectualii? Evident că la nimic... bun. Într-o societate pe care nu o pot influența negativ (unicul lucru pe care s-ar pricepe* să-l facă), intelectualii sunt niște inutilități costisitoare. De când s-a auto-inventat specia lor, nu au făcut mai nimic util pentru societate". Frumos dar oferit intelectualilor din partea unui intelectual, dacă e vorba să-l definim după studii și diplome, nu? Într-adevăr, nu întotdeauna diplomele certifică intelectualul!

Rodica Zafiu, profesor universitar doctor la Facultatea de Litere din cadrul Universității din București, într-un articol mai vechi, vorbind despre intelectualitate, dădea exemple de definiții ale intelectualului, din care am reținut că: în Dicționarul Enciclopedic „Cartea românească" din 1931, I.A. Candrea definește intelectualul ca *„persoană care și-a cultivat mintea și se servește numai de inteligență spre a judeca lucrurile"*; dicționarele franțuzești definesc intelectualul ca *„individ care se apleacă asupra activităților intelectuale, spirituale, indiferent de nivelul de pregătire instituțională, în practică văzându-se ca fiind o persoană implicată în viața culturală și politică"*; dicționarele din engleză definesc intelectualul ca *„o persoană cu un intelect dezvoltat"*. Mai precizează că în perioada comunistă definițiile au fost înlocuite cu un sens marxist *„în variantă pur administrativă intelectualitatea fiind o pătură socială iar intelectualul o persoană care a urmat studii superioare"*.

Adevărat, noi știm cum se obțineau diplomele de studii superioare în perioada comunistă și cea post-comunistă, când un absolvent de facultate nu știa uneori să facă o cerere, nu știa să scrie, sau să se exprime corect românește. Aceasta nu era și nici nu poate fi cu adevărat o intelectualitate, ci *„un produs pe bandă rulantă"*, cum bine spunea cineva.

Scriitoarea Lucia McNeff, într-un articol „Despre luciditate și intelectualitate" precizează că a fi intelectual nu are nimic comun cu a avea o diplomă, o profesiune sau o specialitate, ci înseamnă, în primul rând, capacitatea unui individ de a fi lucid în ceea ce privește esențialul, a ceea ce se întâmplă în jurul său, de a fi liber în gândurile, ideile, valorile, actele sale. *„Nu foamea și frigul ne va ucide, și nici frica sau lașitatea, ci prostia..."* mai spune dumneaei. Și Einstein era sigur de infinitatea prostiei omenești: *„Două lucruri sunt infinite: universul și prostia, dar despre univers nu sunt așa de sigur."*

În 2009 s-a mai auzit un glas spunând despre intelectuali: *„Știu că termenii trebuie să includă cultură, știință de carte, rafinament, generozitate, noblețe înnăscută, umanism, umor, respect pentru valoare. Când te gândești la oameni cu astfel de calități, ți se pare și mai monstruoasă ura lumii românești împotriva intelectualilor și... filozofilor, o ură cu atât mai accentuată cu cât aceștia sunt din ce* *în ce mai puțini"*. O definiție frumoasă și un adevăr trist!

Adevăratul intelectual trebuie să fie un om echilibrat, tolerant, lipsit de orgoliu, cu principii clare și bine definite, în baza cărora acționează, conștient fiind de răspunderea pe care o are pentru viitorul țării. Unii sunt de părere că despre un om nu se poate spune că este intelectual în timpul vieții lui, ci doar când și-a asumat datoria și misiunea de intelectual până la capăt, deoarece timpurile în derularea lor au arătat, spre regretul nostru, că unii intelectuali au avut pe parcursul vremurilor atitudini neașteptate, care au mers de la acomodarea „călduță", până la pactizarea totală cu regimuri totalitare, atitudini care nu pot fi scuzate.

O minte sclipitoare, spunea că în viață trebuie să știi când poți să faci față unor situații și când este mai bine să nu te implici. De aici se poate deduce motivația tăcerii altor intelectuali, în anumite perioade, în care lipsa aplombului, a implicării a însemnat prudență, pe care unii au numit-o, pe nedrept poate, lașitate. Pentru Euripide, marele dramaturg al Atenei, prudența însemna adevăratul curaj.

În prezent, societatea trebuie să le dea tinerilor intelectuali cecuri în alb, fiindcă nu cred că avem timp să așteptăm o viață! Numai intelectualii tineri, beneficiari ai calităților mai sus enumerate, cu energia și dragostea lor de țară, și ținând cont de înțelepciunea oamenilor mai în vârstă, pot salva România.

Și nu orice fel de intelectual, ci intelectualul creștin care este prin excelență un om pentru alții, intelectul său fiind un dar dumnezeiesc, o binecuvântare divină a celui îndrăgostit de cunoaștere, având menirea de a fi un „sacerdotum creationis" pentru realizarea armoniei în jurul său.

Nichifor Crainic (1889-1972), gânditor creștin-ortodox, tânăr teolog fiind, simțise că secolul XX se îndepărta de Evanghelie, că așa-zișii „oameni de cultură" nu mai voiau să audă de „viață intelectuală bisericească". În 1913, Crainic afirma că un intelectual creștin *„nu trebuie să scape niciodată prilejul de a pune față în față lucrurile cele vechi ale credinței cu cele noi ale civilizației, de a privi prin prisma religiunii toată complexitatea acestei civilizații și de a scoate în relief cuvântul Evangheliei, clarificând astfel spiritele și introducând în viața modernă curentul viu și înviorător al credinței și moralei"*. Vedem ceva greșit în această judecată?

Dumitru Stăniloae (1903-1993) observase și el că intelectualitatea română s-a îndepărtat de credința poporului: *„Trebuie să sfârșim cu aceasta, trebuie să avem o altă intelectualitate. Trebuie să ne apropiem de spiritualitatea neamului nostru"*.

Ne aflăm într-o perioadă grea pentru țară și

rolul, în primul rând al intelectualilor, este să-și concentreze toate forțele pentru ieșirea cu bine din această perioadă, să se angajeze în politică, să dea dovadă de demnitate, de viziune clară, fiindcă așa cum spunea, după câte îmi amintesc, Jean-Jacques Rousseau, destinul fiecărui om înseamnă politică. Extrapolând, putem spune că destinul fiecărui popor înseamnă politică... bună sau greșită!

Publicat în reviste din: România, Statele Unite, Belgia, Canada.

Cabotinul și mârlanul

*„Dă-mi, Doamne, ce n-am gândit,
să mă mir ce m-a găsit!"*
proverb românesc

Mi-am amintit de titlul unei cărți citite în copilărie – adolescență, care mi-a suscitat interesul. N-am reținut autorul, dar am reținut titlul: „Cabotini și cabotine". Era scrisă pe la începutul secolului trecut, dovadă a existenței cabotinajului pe atunci, răspândit la francezi în special, de unde a și provenit denumirea, spun unii. O găsisem într-o librărie și întrebând librarul ce înseamnă cabotin și despre ce este vorba în carte, acesta s-a eschivat să-mi răspundă și așa cum sunt bărbații, mi-a răspuns cu o glumă: „Copilă, nici în farmacii farmacistul nu cunoaște denumirile tuturor medicamentelor". Ajunsă acasă, ca orice copil cuminte și interesat, am deschis dicționarul lui Șăineanu pe care-l aveau părinții în bibliotecă. Aidoma dicționarului din zilele noastre, era menționat cuvântul cabotinism, din franțuzescul cabotinage, însemnând atitudine, gest, apucătură de cabotin. Despre cuvântul cabotin, dicționarul menționează și astăzi că este actorul mediocru care urmărește succese ușoare prin mijloace facile; persoană care încearcă să se remarce printr-o comportare teatrală; în trecut, în Franța actorul ambulant se numea cabotin.

De fapt ce este un cabotin? Un om caraghios dar de care nu se poate râde. El nu este un tip amuzant, el este stupid, ignorant, nu departe de unul cretin, și care pozează într-o persoană „specială". Când vorbește, „spurcă" locul, cum spune românul, prin falsitate, minciună. Când materializează gândurile, produce ceea ce corespunde caracterului său de cabotin, adică ceva dezgustător, lipsit de valoare autentică.

Cabotinul pozează, „dă cu gura", vrând să

ademenească oamenii, dar pus în fața săvârșirii unui gest serios – pus la încercare cum s-ar spune – dă înapoi sau dispare, pur și simplu, din peisaj. Nu are simțul ridicolului, este doar orgolios. El vorbește sau înfăptuiește copiind tot ce este de prost gust, încercând să înșele simțul frumosului, adevărului.

Cabotinajului, acestui curent mai vechi, dar adaptat întru totul zilelor noastre, i se spune kitsch. În dicționar îl găsim ca termen folosit pentru a desemna arta de prost gust, pseudo-arta; reproducere sau copiere pe scară industrială a unor opere artistice, multiplicate și valorificate comercial; obiect (carte, tablou, statuie, statuetă, etc.) de proastă calitate. Răspândit azi și în lumea apuseană, definește un fenomen ce s-a impus pe primul plan al discuțiilor estetice – creația de nivel scăzut, arta de prost gust. Se spune că termenul de fapt este german și a apărut cu un secol în urmă, la München, în cercul pictorilor academiști, semnificând inițial o schemă, ceva ce nu era finisat. *„Astăzi el desemnează pseudo-arta, arta comercială, cea de un gust dubios."* Pentru lucruri deci, s-a găsit termenul corespunzător; dar pentru oameni? Pentru oameni a rămas același termen de cabotin, el cabotinul desfășurându-și, relevându-și inepțiile într-un mediu oarecare. Politica, de exemplu, e un mediu prolific pentru cabotinism. Dar nu numai politica! Avem astăzi suficienți cabotini și cabotine, în toate domeniile. Prostia, nepriceperea, infantilismul, lipsa sentimentului patriotic, amoralitatea, imoralitatea, corupția endemică la nivelul instituțiilor statului și clasei politice, otrăvesc societatea. Unii dintre acești cabotini, mai abili, știu să folosească naivitatea oamenilor din jurul lor, în interes personal. Creatorul unui Kitsch te înșeală, te minte, prezentându-ți vorbele sau faptele ca și când ar fi valoroase. Și culmea este că în loc să capete locurile pe care le merită, undeva la periferia societății, aceștia sunt lăudați, premiați, recompensați, trimiși în străinătate pentru a reprezenta cu persoana lor sau cu lucrările lor, țara noastră.

Iată aflăm despre statuia de pe scările Muzeului de Istorie: Împăratul Traian gol pușcă, și câinele cu apendice, a sculptorului Vasile Gorduz, deținătorul atâtor premii pe timpul vieții. Mulți se întreabă dacă este modernism sau obscenitate, modernismul fiind considerat ca o mișcare artistică care a inclus mai multe domenii, cu circa trei decenii înainte de anii 1910-1914, când artiștii s-au revoltat împotriva tradițiilor academice și istorice impuse și considerate standard ale secolelor anterioare, începând cu cele ale secolului al XIV-lea și culminând cu *„rigiditatea și «osificarea»* *academismului secolului al XIX-lea"*; iar obscenitatea nefiind altceva decât un curent vulgar care își scoate din când în când capul precum șarpele. Oricum ar fi încadrată o sculptură, ea trebuie să atingă coarda sensibilă a sufletului nostru și nicidecum să ne ducă spre trivialitate, vulgaritate.

Unii consideră că noi românii nu suntem evoluați din punct de vedere al toleranței față de erotism, cu alte cuvinte suntem needucați cu privire la sexualitate, dominați de tabuuri și prejudecăți, complet nepregătiți pentru o artă cu adevărat liberă din acest punct de vedere. Greșit! Poporul nostru a dovedit veacuri de-a rândul un bun simț, fie al omului simplu, fie al celui cultivat și el trebuie să primeze, pentru că este propriu acestui popor.

Statuia despre care am amintit a fost amplasată în plin centrul orașului București. Va fi admirată? Cred, mai curând, că oamenii vor spune că este artă de prost gust – kitsch. Dar câți bani s-au investit pentru transpunerea în bronz a monumentului kitsch?

Cu câtva timp în urmă am auzit de o altă operă a lui Vasile Gorduz care i-a îngrozit pe românii din Montreal – Canada. Statuia a fost inaugurată în prezența președintelui țării noastre în acel moment (2004) – Ion Iliescu, statuie ce îl înfățișează pe Mihai Eminescu ca pe un bolnav, îmbrăcat într-o cămașă de noapte, ca și cum ar fi scăpat dintr-un spital de nebuni. Este posibil să ne batem joc de poetul național, de cultura și istoria noastră? Și nu o face un străin, ci un cetățean al țării. Într-atât ne-am rătăcit sufletele încât am uitat că țara e mai venerabilă, mai sfântă decât chiar ne sunt părinții? Socrate spunea: *„mai presus de tatăl tău și mama ta și străbunii tăi e patria"*.

Distorsionată mi se pare aprecierea acestor opere de artă, din cauza celor care le inaugurează și care, cred că habar nu au de arta adevărată și apleacă urechea la spusele unor oameni cu adevărat bolnavi de distorsiune, care le induc gânduri inacceptabile pentru conștiința axiologică, dar prin deghizare, relativizare capătă șansa de a fi acceptate și declamate.

Mârlanul, fiindcă și despre el mi-am propus să scriu, este *„o persoană care vădește lipsă de educație, cu apucături grosolane; bădăran; mitocan; mojic"*. Care ar fi diferența între cabotin și mârlan? Fiindcă asemănări sunt destule. Dacă putem atribui cabotinului un fel de naivitate, fiind de multe ori inconștient de atitudinea sa, mârlanul este omul conștient de ceea ce face, poate fi și rău intenționat, jignește arătându-și superioritatea, are mârlănia „în sânge" și o face în mod dezinvolt, cinic, lezând adversarul care uneori nu se poate apăra din bun simț, bună creștere sau din respectul pe care îl are și el, tot „în sânge". Duelul este inegal, săbiile sunt diferite!

Scria cineva că banii sunt benzina mașinăriei uriașe care formează societatea umană de astăzi. Este cu adevărat combustibilul după care aleargă unii pentru a se asigura de „încălzire pentru veșnicie". Banul, obținut astăzi prin poziția privilegiată în societate, îi determină pe unii a-și perverti caracterul. Dacă l-au avut cândva integru! Mârlanii sunt cinici (cinism – despre care se mai spune că este o formă degradată a ironiei), disprețuiesc principiile elementare ale moralei, sunt mânați de o poftă aproape vicioasă a negării, de dorința de a demasca, a distorsiona, a lovi în punctele dureroase ale adversarului. Ei sunt maeștri în a păcăli lumea, *„există în ei ceva diabolic, un joc pervers al spiritului"*, spunea Emil Cioran. Și ideea de perversiune ne duce cu gândul la unele practici obscure și murdare, la răutate sau chiar sadism, distorsiuni, tenebre, care nu ar trebui să facă parte dintr-o viață normală, cu oameni normali.

Arthur Schopenhauer într-o carte a sa, scria: *„Se arată inteligent acela care cu proștii și nebunii nu stă de vorbă. Dar mulți vor spune ca dansatorul invitat la balul paraliticilor: Eu cu cine dansez?"*

Publicat în reviste din: România, Statele Unite, Belgia, Canada.

Învierea Domnului!
(Tristețe și speranță)

*„Din Eul răstignit de iubirea pentru celălalt,
curge viața veșnică."*
Marc-Antoine Costa de Beauregard

Trist poți fi atunci când ești singur, când ai nevoie de sprijin, de cuvinte mângâietoare sau când alături de altul fiind, suferi pentru suferința celui de lângă tine, suferi împreună cu el și încerci să-i ușurezi tristețea cu ajutorul cuvintelor, gesturilor... Triști suntem când ne amintim de momentele dureroase ale vieții noastre, sau ale celor pe care îi iubim. Triști suntem în această Săptămână a Patimilor lui Hristos, amintindu-ne de durerea și suferințele Sale: umilința de a căra propria-I cruce și a fi scuipat, piroanele bătute în membre, coroana de spini de pe cap, sabia împunsă în coaste... Și toate îndurate pentru ca noi să avem drum liber spre Dumnezeu. Dar, la capătul celălalt stă speranța care face ca sufletele noastre să poată primi bucuria Învierii. Prin cunoaștere înlăturăm tristețea din sufletele noastre. Avem nevoie de evadarea gândurilor către trecut și viitor. Iar trecutul înseamnă Tradiție și Nicolae Iorga spunea că *„Tradiția poate fi uitată, dar ucisă, nu!"* Și generația mea a trăit vremurile uitării... Omenirea s-a putut dezvolta, evolua, prospera datorită unui cod al valorilor, a unei tradiții culturale și spirituale. În momentul când sunt negate tradițiile culturale, oamenii se neagă de fapt pe sine, iar națiunea se poate confrunta cu o criză de identitate. Comunismul s-a opus cu vehemență oricărei tradiții. În Manifestul comunist al lui Marx – documentul principal al partidelor comuniste – se recunoaște pe față rolul malefic al doctrinei: *„Revoluția comunistă reprezintă ruptura cea mai radicală cu relațiile tradiționale; nu este de mirare că dezvoltarea sa* *implică ruptura cea mai radicală cu ideile tradiționale"*. Dar iată că roata vieții nu s-a blocat, ea ne-a readus tradițiile, sărbătorile... Și ele nu au putut fi ucise!

Tradiție, înseamnă trecut, o sumă de valori, concepții, obiceiuri sau credințe care se păstrează la un popor sau chiar la nivelul întregii umanități, concentrate fiind în jurul unui Adevăr. Există o tradiție Sfântă și o tradiție a poporului. Este bine să ne dăm seama de diferența lor, cu toate că amândouă slujesc *Binele, Frumosul și Adevărul*. Tradiția populară s-a transmis de-a lungul secolelor prin viu grai, inspirată din întâmplările, observațiile, experiențele acelor zile de demult, prin obiceiuri perpetuate (transmise de la o generație la alta), iar Sfânta Tradiție se referă strict la învățăturile lui Hristos, transmise Apostolilor și conținute în Sfânta Scriptură.

Ne aflăm în Săptămâna Patimilor și fiecare zi este marcată de Biserica prin slujbe minunate, numite Denii, numele lor venind de la slavonescul „vdenie", însemnând priveghere sau slujbă nocturnă. Prima dintre Denii se ține chiar în seara Duminicii Floriilor și este Denia pentru Lunea Mare. Ultima are loc în Vinerea Mare și este cutremurătoarea Denie a Prohodului Domnului, după care urmează Noaptea Învierii.

Niciodată nu trebuie să rămânem în brațele

tristeții, *„să nu plantăm copacul tristeții în inimile noastre"*, după cum ne sfătuia un poet, ci să avem în spate trecutul și în față *„cartea bucuriei"*, pentru a putea duce lupta pe mai departe, în această viață. Să întrevedem, să gândim un scop, cel mai mare fiind cel al mântuirii noastre, speranța să ne umple sufletul! A spera este ca și cum ți-ai construi o barcă, te-ai urca în ea și ți-ai propune să ajungi la malul celalalt. Poate să nu ajungi, să se răstoarne barca, să pierzi cârma, să întâmpini valuri mai mari sau mai mici, dar dacă știi să eviți pe cât posibil toate obstacolele și să lupți pentru înlăturarea lor, odată ajuns la celălalt mal, vei ști că viața pe acest pământ nu a fost zadarnică, că ai avut o menire și te-ai străduit s-o îndeplinești. Speranța este cea care ne călăuzește, ne presară-n drum flori și ne dăruiește energii dumnezeiești. În aceste zile triste, de sărbătoare religioasă creștină, așteptăm Învierea Domnului, ne pregătim sufletele pentru bucuria trăirii ei.

Sărbătoarea Învierii lui Hristos este numită și Paște sau Paști, interpretarea duhovnicească a cuvântului fiind acela de trecere. Ea a devenit o tradiție în viața noastră, a creștinilor, în viața Bisericii, fiind cea mai veche sărbătoare creștină, sărbătorită încă din epoca apostolică.

După credința noastră creștină, în această zi – Vinerea Patimilor – a avut loc moartea lui Iisus care a fost răstignit și a murit pe cruce pentru răscumpărarea neamului omenesc de sub jugul păcatului strămoșesc. Acestei zile i-am dedicat poemul:

Vinerea Mare a Patimilor lui Hristos./ Se-aude toaca./ Credincioșii se-ndreaptă spre biserici./ Încep slujbele religioase./ Îngerii coboară blând din cer,/ întind aripile deasupra capetelor noastre./ Își pregătesc glasurile,/ Preoții-nalță rugăciuni./ Se-aud cântări de cinstire, se-nfioreză întreaga fire./ Se-aprind lumânări,/ se luminează inimile și gândurile noastre./ Se cântă Prohodul.../ Îngerii triști cântă cu noi! Clopotul bate./ Pe cer trec nori alungați de vânt./ Păsări tresar din somn speriate./ Printre foșnet de aripi și unde sonore,/ lumânările noastre,/ unite-ntr-o singură lumină mare./ Învăluiți în propria lor lumină/ Îngerii sunt printre noi!/ Înconjurăm biserica împreună cu preoții,/ purtători ai sfântului Epitaf./ Ne oprim de patru ori/ și ne hrănim sufletele cu rugile lor./ Trecem pe sub Epitaf.../ Îngerii sunt cu noi!/ Biserica-i prea plină./ În jur roiesc enoriașii./ Vinerea Mare a Patimilor lui Hristos!/ Îngerii se află printre noi!

De secole rememorăm tristețea acelor zile, acelui timp – Patimile lui Hristos – Cel venit să ne lumineze, să ne dezvăluie sensul vieții, iar **Învierea Domnului** este un moment încărcat de lumină, de bucurie, seninătate, dragoste și speranță.

Biserica, așezată și înălțată pe Tradiția Apostolilor, propovăduiește această sfântă sărbătoare prin episcopii așezați de către Apostoli și urmașii acestora.

Ouăle roșii pe care le pregătim simbolizează mormântul purtător de viață al Domnului nostru Iisus Hristos, care s-a deschis la Învierea Sa din morți. De aceea, când se aprinde Lumina Învierii, când se sparg ouăle prin ciocnire la masă, când se întâlnesc oamenii pe străzi, creștinii își spun: *Hristos a înviat! – Adevărat a înviat!*

Publicat în reviste din: România, Statele Unite, Belgia, Canada.

Vremea orgoliilor

„Orgoliul se află în noi ca o forță a răului."
Victor Hugo

De multe ori se identifică orgoliul cu mândria și este bine de separat acești doi termeni. Orgoliul este definit conform Dicționarului: *„Părere foarte bună, adesea exagerată și nejustificată, despre sine însuși, despre valoarea și importanța sa socială; îngâmfare, vanitate, suficiență, trufie."* Între orgoliu și mândrie este uneori greu de stabilit granița și totuși ele diferă, orgoliul fiind un defect, iar mândria putând fi o calitate.

Orgolios este cel ce se încăpățânează să aibă dreptate, dorește să obțină puterea, se crede om performant, se laudă sau cerșește laude, este egocentric, egoist și fără credință în Dumnezeu. Orgoliosul e cel care se cunoaște cel mai puțin pe sine și căruia îi place compania oamenilor care îl flatează. Nu suportă să fie contrazis. E atât de plin de el, încât orice tentativă de a-l lămuri într-o problemă, va fi sortită eșecului. Cunoaște sau nu cunoaște, el crede că știe totul, răspunsul lui va fi întotdeauna: „Știu!".

Omul orgolios nu poate și nici nu merită a fi iubit. Între el și ceilalți se creează o distanță, el vrând să rămână credincios imaginii false pe care și-a creat-o singur despre sine. O energie a răului din sufletul său îi dirijează pașii.

Orgoliul este o abatere a planului mental, a intelectului. Ia naște din egoism și teamă de inferioritate. Individul ajunge să urască sau să invidieze, sau și una și alta. Acest păcat al omului – orgoliul - atrage după sine ipocrizia, vanitatea, setea de putere și alte stări malefice. Individul gândește astfel: *„Eu sunt mai bun decât tine. El nu e atât de evoluat ca mine!"*. Aceste gânduri se nasc în cel stăpânit de orgoliu. În spatele orgoliului se ascunde întotdeauna teama (conștientă sau inconștientă) de a nu fi acceptat, iubit, de a fi respins, judecat, criticat, teama de a nu fi la înălțimea pe care o așteaptă alții de la el, în fine, teama de a pierde.

Orgoliosul nu știe cine este cu adevărat, el este doar ceea ce se crede că este, de aceea cu greu va accepta să se schimbe vreodată. El nu știe să fie recunoscător și nici să ceară iertare dacă a greșit. Orgoliul este numit *„mândrie deșartă"* în Biblie, întrucât orgolioșii devin, în final, cei mai nefericiți oameni.

Gândul îmi fuge la talentatul pictor Salvador Dali, orgolios și imprevizibil, cum ajunsese să se plimbe pe străzile New York-lui cu un clopoțel, pe care îl folosea pentru a atrage atenția asupra sa; gândul că ar putea trece neobservat era pentru el la fel de insuportabil ca sărăcia și smerenia. Se mai spune că atunci când acorda interviuri, vorbea despre sine la persoana a treia, folosind formularea „divinul Dalí" sau pur și simplu „divinul". Nimeni nu contestă marele său talent, dar mult mai bine ar fi fost să nu fi alunecat în această patimă a orgoliului. Pentru omul care nu beneficiază de vreun talent, dar își induce această idee, orgoliul pare până la urmă, chiar ridicol.

Orgoliosul se recunoaște după felul în care vrea, în orice împrejurare, să aibă dreptate și să le arate celor din jur că ei, de fapt, greșesc. Vrea să dea impresia că numai el poate fi singurul deținător al adevărului, singurul câștigător.

Se spune că orgoliul este cea mai mare nenorocire a umanității. El a stat și stă la originea marilor tulburări din viața socială, a rivalității, urii și ranchiunei manifestate față de alții; a dus la conflicte sociale, războaie, datorită plăcerii, ambiției pentru putere.

Orgoliul a însoțit omenirea. Marile civilizații, marile imperii nu au fost scutite de nașterea unor oameni orgolioși care le-au condus destinele.

Ce se întâmplă când se întâlnesc doi oameni orgolioși? Își ascut săbiile și se pregătesc de luptă, fiindcă orgoliul presupune putere. *„Puterea nu corupe, dar ticăloșii dacă ajung într-un post de conducere, corup puterea"*, spunea Seneca la vremea sa. Petre Țuțea constatase că *„Politicul este legat de setea de putere"*. Și ce este mai grav, oamenii orgolioși sunt și încăpățânați și odată porniți spre luptă, greu, aproape imposibil să renunțe. Lupta poate începe și un proverb românesc spune: *„Când doi se bat, al treilea câștigă!"*

Orgoliul nu poate fi confundat cu mândria care este un sentiment de mulțumire, de satisfacție, de plăcere, de bucurie, chiar de demnitate, de încredere în calitățile proprii. Omul mândru își cunoaște limitele, ține seamă de bunul simț și se ferește a degenera în trufie sau orgoliu. Mândria, da, este o calitate! Să conştientizezi justa ta valoare, să o porţi cu modestie moderată: nici prea mândru, dar nici umil! Mândria te poate proteja de a nu fi călcat în picioare de oamenii obraznici. Şi, Doamne, cât de mulţi sunt!

Oamenii au cu ce se mândri: Patria, limba, casa, copiii şi munca pe care o fac. Progresul unei societăţi se realizează iubind toate acestea. Omul mândru este posesorul unei energii pe care o conştientizează şi pe care o poate folosi în scop lucrativ, benefic.

Multe exemple de mândrie putem da! Petre Ţuţea şi-a declarat dragostea pentru poporul său cu următoarele cuvinte: *„În grandoarea istorică a Poporului Român eu sânt o rotiţă invizibilă. Dar sunt!".* *„Limba română este patria mea"* a afirmat cu mândrie poetul Nichita Stănescu; *„Pentru mine, România nu e doar o ţară. E un destin"* – Octavian Paler; *„Prefer să mor în mocirlă într-o Românie Mare decât să mor în paradisul unei Românii mici"* – Mareşalul Ion Antonescu.

Exemplu de mândrie de patrie şi de modestie ne-a redat Eminescu în „Scrisoarea a III-a": voievodul român Mircea cel Bătrân – personajul real al acestei creaţii – este mândru nu pentru că este voievod, ci pentru că este domnitorul Ţării Româneşti. El dă dovadă de modestie, după cum descrie poetul: *„un bătrân atât de simplu, după vorbă, după port".* Deşi ştia că Baiazid a venit cu intenția de a-i cotropi țara, domnitorul i se adresează cuviincios, după datina străbună, dovedind ospitalitate și modestie, acestea fiind însușirile de seamă ale poporului român: *„Orice gând ai împărate, și oricum vei fi sosit,/ Cât suntem încă pe pace eu îți zic: bine-ai venit!"* Când este vorba însă de închinarea țării, el respinge cu demnitate pretențiile sultanului (demnitate însemnând a fi consecvent în ceea ce crezi) replicându-i: *„Despre partea închinării, însă, Doamne, să ne ierți..."* Jignirilor aduse de Baiazid le răspunde tot cu demnitate și cu mândrie: *„De-un moșneag, da, împărate, căci moșneagul ce-l privești/ Nu e om de rând, el este domnul Țării Românești".* Sentimentele de mândrie și de dragoste față de patrie, se mai exprimă în versurile: *„Eu? Îmi apăr sărăcia și nevoile și neamul.../ Și de-aceea tot ce mișcă-n țara asta, râul, ramul/ Mi-e prieten numai mie, iară ție dușman este/ Dușmănit vei fi de toate, făr-a prinde chiar de veste./ N-avem oști, dară iubirea de moșie e un zid/ Care nu se-nfiorează de-a ta faimă, Baiazid! "*

Pe fruntea oamenilor care nu-și cunosc limitele – orgolioșii – nu poate fi scris cuvântul „modestie". Numai omul modest și înțelept cugetă mult și înfăptuiește lucruri bune.

Publicat în reviste din: România, Statele Unite, Belgia, Canada.

Vizitarea orașului Baltimore

„A călători este, pentru cei tineri, o parte a educației; pentru cei mai vârstnici – o parte a experienței."
Francis Bacon

Viața ne deschide doar câteva porți spre a-i vedea frumusețile. Este zgârcită viața, dar măcar acel puțin văzut, să ne străduim să fie clar pentru noi și să ne rămână bine înrădăcinat în minte. Și să-l mărturisim! Pentru aceasta folosim de multe ori povestirea orală, ori scrierea, ca un dialog între cel ce povestește și cel ce ascultă, sau între cel ce scrie și cel care citește. Cu aceste gânduri am încercat să aștern pe hârtie o... povestioară.

În luna mai a acestui an, 2012, am avut prilejul de a vizita frumosul și interesantul oraș Baltimore, unul dintre cele patru aglomerări urbane ale megalopolisului american.

Au fost zile fierbinți, un mai extrem de călduros și care, poate și din acest motiv, a adus mulți vizitatori în acest oraș. Soarele strălucea puternic și ziua părea îmbrăcată într-o rochie țesută cu fire de aur... Priveam în jurul meu și observam viața în plina ei desfășurare, observam cât de fascinantă și perfectă părea vizitatorilor, în propria ei diversitate. Încetul cu încetul, ființa străină care eram, la început bulversată de priveliștea atât de complexă a ceea ce mi se dezvăluia, am simțit cum începeam să mă integrez în spațiul respectiv, urnindu-mă din locul în care mă fixasem și accelerând pașii, încercând să cuprind cu privirea toată trăirea, viața din jurul meu. Adevărat spunea un filozof chinez: *„orice călătorie, fie ea și de mii de mile, începe cu un pas!"*.

Baltimore, destinație turistică inedită, impresionantă, este un oraș fondat în anul 1729, numit după Lordul irlandez Baltimore – titularul fondator al Colony of Maryland; are un climat subtropical umed, iar Inner Harbor (portul interior) a fost cândva al doilea port de intrare pentru imigranți în Statele Unite și un important centru de producție. Astăzi portul vechi a devenit un loc de promenadă, cumpărături, divertisment. Este un oraș independent din statul Maryland al Americii, situat în partea centrală a statului, pe malurile râului Patapsco, râu care se varsă în golful Chesapeake, la o distanță de aproximativ 40 de mile (64 km) la nord-est de Washington, D.C. Populația orașului este de 636.919 locuitori, iar zona metropolitană are aproximativ 2,7 milioane de locuitori, ocupând locul 20 în țară. În zona asociată, Baltimore County, locuiesc alte câteva milioane de rezidenți. Este și astăzi unul din principalele porturi ale Statelor Unite, fiind situat mai aproape de marile piețe de mărfuri din partea centrală a țării decât orice alt port de pe coasta de est.

Am pornit spre strada numită Pratt, ne-am urcat în autobuzul gratuit care circulă pentru turiști făcând un tur al orașului, autobuz în care se mai urcă și săracii orașului pentru a nu plăti deplasarea, și ne-am dat jos după câteva stații, ajungând în chiar centrul orașului împânzit de construcții moderne din oțel și sticlă cu 30-50 de etaje, magazine de lux și hoteluri cu nume sonore (Marriott, Hilton, Sheraton). Printre ele se văd clădiri roșii cu forme stranii ce amintesc de fostele întreprinderi din secolul al XIX-lea, transformate ingenios în cluburi, muzee, birouri și magazine. Zgârie-norii nu sunt la fel de înalți ca și cei din New York, dar sunt foarte frumos amplasați și dau o notă aparte orașului. Am trecut pe lângă celebra universitate Johns Hopkins și Spitalul cu același nume – Johns Hopkins Hospital –, importante institute de cercetare din domeniul tratării și eradicării cancerului. În Baltimore este un mănunchi de Universități, printre care și importanta universitate – University of Maryland Baltimore – situată în inima orașului, ale cărei corpuri de clădire ocupă mai multe străzi, afiliată fiind spitalului University of Maryland Medical Center, de unde sunt aduși pacienții pentru cercetarea diferitelor cazuri medicale. Această mare și importantă Universitate (The best University!) are mai multe școli: școala de medicină, școala de stomatologie, avocatură, asistență medicală, farmacie, business și asistență socială.

Am ieșit din această zonă cu mari centre culturale și ne-am apropiat de port: aglomerație, oamenii circulă pe jos, cu vaporașe taxi, cu șarete și autobuze colorate, pline de anunțuri despre „turul orașului Baltimore". Pe deasupra apei trec spectaculoase poduri suspendate, poduri care se ridică atunci când trec vapoare de mare tonaj, dar și poduri mici, de promenadă, de pe care poți să admiri nenumărate iahturi și bărci cu motor.

Fiind un oraș bogat în tradiții nautice, *taxiul de apă* din Baltimore colorat în culori tradiționale alb și albastru, de peste 35 de ani face parte din integrala culturii și istoriei orașului și te transportă în diferitele puncte ale portului. Portul turistic își întinde limbile de apă printre clădirile din centru, iar pontoanele, cheiurile și trotuarele emană toată ziua un aer de stațiune de odihnă, cu toate că orașul este foarte aglomerat.

Am ajuns la Inner Harbor – portul turistic interior –, am luat bilete pentru croazieră și am privit pentru câteva momente înalta structură din piatră, cunoscută ca *Nevasta lui Lot*, aflată la intrarea în port, construită la ordinele guvernului britanic, după revolta din 1798, ca parte dintr-o rețea de faruri și semnalizatoare.

Portul turistic Inner Harbor găzduiește Muzeul Marinei, un muzeu impresionant, în care navele sunt ancorate printre clădirile din centru, iar pietonii, trecătorii, turiști veniți din toate colțurile lumii, trec pe lângă ele sau se opresc pe chei să le admire, să facă poze și citesc explicațiile înscrise pe panouri. La Muzeul Marinei din Baltimore se află singura navă americană care a supraviețuit bombardamentului de la Pearl Harbor în al Doilea Război Mondial.

Taxiurile de apă opresc în stații special amenajate. Poți să urci pentru câteva stații sau poți să faci turul orașului pe apă, să vezi totul dintr-o altă perspectivă. *Taxiul de apă* este mult mai mult decât o călătorie de plăcere; este o *instituție* în Baltimore; este și un mod plăcut de a privi și simți viața, plutind pe apă și trecând cu privirea centrele importante ale orașului din această zonă, pe care Inner Harbor le conectează și unde taxiul de apă acostează, precum:

Aquarium care adăpostește construcția impresionantă a Acvariului Național, cel mai mare acvariu din SUA și unul dintre cele mai mari acvarii din lume. Are forma unui inel cilindric cu cinci etaje. Găzduiește 16.500 de animale marine din 560 de specii diferite, printre care și o colecție impresionantă de rechini și magazine cu de toate, pentru toate vârstele. La intrare te întâmpină un munte artificial, o gură imensă de rechin și o cascadă care începe de la un etaj superior și se termină la parterul clădirii. Jos, la primul nivel, se află un restaurant specializat în fructe de mare, un spațiu amenajat pentru depozitarea hainelor și a bagajelor pe durata vizitei, un magazin de suveniruri, un altul pentru echipamente și costume de scafandru, o cofetărie și o cafenea. Prin întreaga clădire circulă lifturi şi scări rulante. Un adevărat oraş! Sus, la ultimul etaj, se află o mini junglă amazoniană în care trăiesc o mulţime de păsări exotice. Jungla este punctul de trecere din exteriorul spre interiorul acvariului central. Pe margini sunt birouri şi laboratoare de cercetări. În bazinul deschis de la parter trăiesc pisici de mare, broaşte ţestoase uriaşe, peşti, tigri, rechini şi delfini. În acvariile mici de la fiecare nivel şi în acvariul central se pot vedea peşti şi alte vieţuitoare marine care provin din toate mările şi oceanele lumii. Poţi admira flora şi fauna marină urcând până la jungla amazoniană, după care cobori în adâncuri și vezi tot ce trăieşte pe fundul mărilor şi oceanelor.

Este un spectacol fascinant, o lecţie despre planeta noastră şi lumea minunată a apelor. Nu-ţi vine să mai părăseşti locul!

În acvariul central pot fi văzuţi scafandri curăţând pietrele şi coralii, hrănind peştii şi verificând starea lor de sănătate. O fac din datorie, dar și din dragoste pentru aceste vieţuitoare care încântă privirea. Delfinii captivează privirile și interesul prin inteligenţa lor, stârnind admiraţia vizitatorilor. Vizita aici, în acest minunat Acvariu se încheie cu o cină exotică; *Harborplace* găzduieşte un muzeu conţinând istoricul navelor, plimbări pe jos printre corpuri de case delimitate prin străzi laterale și parcuri; *Science Centre* (Centrul științific) al Maryland-ului – locul unde se poate urca Federal Hill și unde poți fi absorbit de sutele de mii de metri pătrați de știință; *Rusty Scupper* oferă ochiului, dar nu numai ochiului! vinuri și mâncăruri vechi. Aici se poate vizita un muzeu excentric, amuzant pentru toate vârstele; *Pier 5* – locul unde se poate mânca bea și asculta concertele formației Pier Six Pavillion în lunile primăverii și ale verii; *Little Italy* – magazine, restaurante, cinematografe etc., unde se poate gusta „La dolce vita"; *Maritime Park* – spațiul cu restaurante și magazine plutitoare; *Harborview* – comparată cu o mică Havană; *Tide Point* – unde se poate parcurge o milă și jumătate de plimbare; *Fell's Point* – vechiul port cu apa adâncă, unde se găsesc nenumărate distracții spirituale, mâncare, cârciumi, muzică live, antichități, felurite magazine și spectacole; *Captain James Landing* – granița dintre Fell's Point și Canton și de asemenea poarta de intrare la alte magazine; *Canton Waterfront Park* – locul unde se poate oferi respectul veteranilor războiului din Coreea și îți poți manifesta bucuria având perspectiva apei oceanului. Nu lipsesc magazinele, barurile și restaurantele; *Fort McHenry* – locul de amintire a războiului din 1812, când americanii au întors atacul marelui și puternicului „Leu" englez. Războiul a fost un conflict militar între forțele

Statelor Unite ale Americii și cele ale Imperiului Britanic. Atunci americanii au declarat război pentru o serie de motive, incluzând dorința de expansiune în Teritoriile din Nord-Vest, acolo unde Marea Britanie acorda sprijin triburilor de Amerindieni și umilea astfel onoarea americană. Victoriile din septembrie 1814 și ianuarie 1815 au respins invaziile britanice din orașele New York, Baltimore și New Orleans.

În fiecare zi mii de rezidenți și turiști vizitează orașul și folosesc *taxiul de apă* pentru a lua cunoștință de „perlele" orașului. Oamenii care deservesc toate punctele vizitate sunt deosebit de politicoși cu vizitatorii. Ei declară cu mândrie că iubesc orașul lor și îi imprimă zilnic o energie care conferă orașului mișcarea continuă și prosperitatea; ei ajută, de fapt, să prospere business-ul.

În Baltimore auzi vorbindu-se toate limbile pământului. Peste tot sunt grupuri de turiști cu camere video și blitz-uri pornite. Valeții așteaptă clienții și parchează mașini rare, de colecție, lângă restaurante și hoteluri de lux. Oamenii circulă pe jos, cu vaporașe taxi, cu șarete și autobuze colorate, pline de anunțuri despre „turul orașului Baltimore".

Baltimore nu este doar centrul de afaceri și învățământul superior, este de asemenea deținătorul principalelor instituții culturale, cum ar fi Center Stage, Teatrul Lyric și Hipodromul.

Majoritatea muzeelor din Maryland sunt de asemenea situate aici: Muzeul Național de Medicină Dentară, Muzeul Evreiesc, Muzeul Național de Electronică și alte zeci de muzee (în total 50 la număr). De exemplu Muzeul de Artă din Baltimore care a fost fondat în 1914, construit în stilul Templului Roman, are o colecție de artă de renume internațional, conținând 90.000 opere de artă, inclusiv cea mai mare expoziție de lucrări de Henri Matisse din lume. Mai conține lucrări de Picasso, Cezanne, Manet, Degas, Gauguin, Van Gogh și Renoir.

Într-o duminică plimbându-ne prin oraș, am căutat Biserica Ortodoxă Greacă – Sf. Nicolae și am găsit-o chiar în inima orașului. Este una dintre cele 55 de biserici din Baltimore și una din cele 59 de parohii care aparțin de Mitropolia din New Jersey, funcționând de peste 58 de ani. Am ascultat Sfânta liturghie în limbile greacă și engleză, după care am asistat la pomenirea celor doi sfinți Constantin și maica sa Elena, a doua zi fiind chiar 21 mai, ziua în care, pentru meritele deosebite pe care le-au avut în legalizarea, sprijinirea și organizarea Bisericii creștine, sunt venerați ca sfinți, în Bisericile Ortodoxă și Romano-Catolică.

Înainte de începerea slujbei de pomenire au fost aduse icoanele celor doi sfinți în fața altarului: icoana lui Constantin cel Mare – întâiul împărat al creștinilor – cel născut în anul 274 în Serbia – devenit împărat peste întregul Imperiu Roman în anul 312 în urma bătăliei de la Pons Milvius (Podul Vulturului) din acel an, împotriva oștilor lui Maxențiu și icoana mamei sale – Elena.

Potrivit istoricilor, în ajunul luptei, Constantin a văzut pe cer, în timpul zilei, deasupra soarelui, o cruce strălucitoare pe care scria *„In hoc signo vinces"* (Prin acest semn vei birui). În noaptea dinaintea luptei, împăratului i s-a arătat în vis Iisus Hristos, care i-a cerut să pună pe steagurile ostașilor săi, pe scuturi și pe arme, semnul crucii. Constantin a ascultat și a obținut o victorie zdrobitoare, în ciuda uriașei diferențe numerice dintre cele două armate. Pe celebrul său arc de triumf ridicat la Roma se păstrează și astăzi cuvintele cerute de Constantin, să fie scrise: *„Instinctu divinitatis"* (Prin inspirație divină), ca semn de recunoaștere a rolului decisiv al divinității în obținerea victoriei.

Obosită, dar îmbogățită, am poposit la un restaurant din centrul orașului, unde ne-a servit o ospătăriță româncă, pe numele ei frumos – Cristina. Auzindu-ne vorbind românește, gingașa Cristina s-a bucurat că mai poate vorbi și limba ei de acasă, pe care nu o mai folosise de la sărbătoarea Crăciunului, când se dusese s-o vadă pe mama ei, rămasă în țară.

Am privit toate acestea și cu acel ochi nevăzut, prin tremurul gândurilor care se revărsau asupra acestei părți de lume...

M-am gândit că aici se află mormântul lui Edgar Alan Poe... La numai 40 de ani, acest mare poet a fost găsit căzut pe un trotuar în acest oraș, în stare de confuzie mintală și mort câteva zile mai târziu într-un spital de aici, din Baltimore (1849); decesul său nu a fost făcut public, poetul a avut parte de o înmormântare la care au fost prezente numai zece persoane. În 2009, după 160 de ani de la deces, celebrul poet a avut, în sfârșit parte, de o ceremonie funerară fastuoasă, bine meritată. Și mi-am amintit celebra sa poezie CORBUL:

„*Stând, cândva, la miez de noapte, istovit, furat de șoapte/ Din oracole cețoase, cărți cu tâlc tulburător,/ Piroteam, uitând de toate, când deodată-aud cum bate,/ Cineva părea că bate – bate-n ușa mea ușor./ «E vreun trecător – gândit-am – și-a bătut întâmplător. Doar atât, un trecător.»* [...] *Și de-atunci, pe totdeauna, Corbul stă, și stă întruna,/ Sus, pe albul bust, deasupra ușii mele, pânditor,/ Ochii veșnic stau de pază, ochi de demon ce visează,/ Lampa își prelinge-o rază de pe pana-i pe covor;/ Știu, eu n-am să scap din umbra-i nemișcată pe covor./ Niciodată – Nevermore!*"

Am privit, da, și mi-am spus că voi încerca să

povestesc și altora, cu cuvintele mele, după înțelegerea mea, frumusețile văzute, grandoarea acestui loc în care m-am simțit atât de mică, drept spus: ca o furnică!, când de emoție la sfârșitul celor vizitate, am strâns pleoapele ochilor de prea mult soare, dar și fiindcă lacrimile își anunțaseră exodul.

Da, bucuria are lacrimile ei!

(completare date: pliante, internet)

Publicat în reviste din: România, Statele Unite, Belgia, Canada.

Obrăznicie și cinism

„*Mulți oameni prefăcuți își pun prostia la adăpost prin obrăznicie; repede-i și tu, și o să se întâmple cu ei ceea ce se întâmplă balonului împuns cu acul.*"
Honoré de Balzac

În societățile răvășite de comunism nu se putea vorbi de buna-cuviință, copiii erau educați exact opus acestui comportament, adică în cel al lipsei bunei cuviințe, al obrăzniciei. Astăzi se culege ceea ce s-a semănat. Moștenitorii comunismului nu se lasă învinși! Li s-a transmis lozinca: *"Tot înainte, tovarăși"* și cu o viteză furibundă preiau acum controlul asupra tuturor instituțiilor, activităților și practicilor din societatea românească, făcând să dispară valorile liberale, și așa fragile, ale noii societăți.

Obraznicii au diferite profesii și diferite vârste. Când vorbesc, ei își umflă pieptul cu „aerul obrăzniciei". Obraznicul este omul lipsit de respect, de scrupule față de cei din jurul său, dar care nu uită uneori să se aplece în fața unei persoane de la care vrea să obțină un profit, la un moment dat. Este, deci, cameleonic. Este nesimțit fiindcă nu-i pasă de lovitura pe care i-o dă celui de lângă el și nici de reacția acestuia.

De cele mai multe ori obrăznicia este rezultatul unei educații greșite din familie. În general copiii răsfățați devin obraznici. Și au fost destui copii răsfățați înainte de 1989, copiii protipendadei comuniste. Au fost și mai sunt părinți care încurajează obrăznicia, considerând că în viață trebuie să înveți să te descurci cum poți mai bine, lovind în dreapta și-n stânga ta, călcând chiar peste cadavre, nesesizând granița între îndrăzneală și obrăznicie. În acest mod copiii ajung să devină oameni aroganți în societate, atitudine pe care elvețianul Carl Gustav Jung a caracterizat-o ca fiind „inflație psihică". Faptul că individul nu conștientizează acest defect de caracter, denotă lipsă de inteligență, compensată, de cele mai multe ori, de prostie. Iată cum proverbul *„Obraznicul mănâncă praznicul"*, în trei cuvinte, exprimă plastic situația în care o persoană impertinentă obține ceea ce dorește, deși nu merită, de multe ori prin minciună, dar persoanei nu-i pasă de ce spun alții! Amintesc că, mult mai târziu, proverbului, Nicolae Iorga îi adăugase: *„...dar plătește cu obrazul"*. Care obraz? Obrăznicia a ajuns la cote alarmante. Vedem insolență, necuviință, aroganță, nerușinare, tupeu, atitudini opuse bunei cuviințe.

Obrăznicia, da, am văzut că poate fi un mod de a-ți trăi zilele vieții! „Făt frumos" a bătut din picior și a grăit: *„Vreau! Exact asta vreau! Ce nu se poate și la noi? Vreau democrație, asta înseamnă democrație! Că tu vorbești la telefon? Foarte bine, am să vorbesc și eu!"* Adică, noi nu suntem voi! Da, dar suntem totuși într-o familie! A fost dorința și accepțiunea noastră. Cum ne permitem să ne exprimăm astfel?

Obraznicul este și cinic! Cinismul, conform dicționarului, este atitudinea de ignorare ostentativă a moralei și a conveniențelor sociale general acceptate, mărturisire obraznică și sfidătoare a unor fapte sau gânduri condamnabile, atitudine care sfidează regulile morale ale societății, nerușinare, meschinărie, sfruntare. Este denumită în acest mod și concepția filozofică - doctrina filozofilor cinici - care a existat, la bază având o atitudine cinică față de societate. Cinicii acelor vremi au fost adepții școlii filozofice antice întemeiată de un elev al lui Socrate, pe principiul: *„Să trăim conform naturii"*, cu alte cuvinte - restrângere la nivelul animalității, cu dispreț față de principiile elementare ale moralei.

A fi cinic astăzi, înseamnă a judeca cu un pragmatism exagerat problemele și a vedea doar beneficiul material pe care-l poți obține, uzând de orice mijloace. Cinismul este un rău care prinde rădăcini în sufletul omului, alungând în totalitate sentimentul dragostei, al corectitudinii, se dezvoltă cu rapiditate și creează o distanță între individ și cei din jurul lui. Exprimat în alte cuvinte, cinismul este ca plesnitul peste obraz cu dosul palmei, cinicul crezând că își poate spăla, în acest mod, sufletul, de mizeriile adunate în el. Văzut din punct de vedere teologic, cinismul este incompatibil cu credința în Dumnezeu.

Carl Gustav Jung, în calitate de psiholog și psihiatru, în cartea sa „Tipuri psihologice" scria: *„Noi suntem atât de needucați, încât avem nevoie de legi exterioare și de un temnicer, respectiv de un părinte, ca să știm ceea ce este bine și să săvârșim ceea ce este drept."* Dar ne-a lipsit și ne lipsește!

Poetul englez William Blake afirma: *„Există două clase de oameni: fecunzii și devoratorii."* Poate fi cinicul un om fecund? Nu! El devine cu adevărat – un devorator!

Filozoful și eseistul nostru, Emil Cioran, spunea: *"Cinicul e mânat de o poftă aproape vicioasă a negării, de voința de a demasca. Există în el ceva diabolic, un joc pervers al spiritului"*. Cu adevărat, există în sufletele oamenilor cinici grăunțe de răutate, de multe ori bine mascate, bine fardate. Tot el mai spunea: *"Cinicii au fost maeștri în irezolvabil, căci lipsa lor de sfială în fața cunoașterii îți trezește imaginea unor setoși de boli incurabile."*

Cinismul este, firește, o manifestare a avidității, a cruzimii, după afirmațiile lui Nietzsche este *"una dintre cele mai vechi desfătări ale umanității, pentru că procură cea mai înaltă voluptate a sentimentului puterii"*. Cu alte cuvinte este similară barbarismului, animalității.

Poate că viziunea lui Salvador Dali, de la sfârșitul secolului XX, se potrivește și zilelor noastre: *"Nu eu sunt clovnul, ci această societate, monstruos de cinică și inconștient de naivă, care joacă jocul seriozității pentru a-și ascunde mai bine nebunia"*.

Naivi am fost? Inconștienți am fost? Naivi vom fi? Orbi vom fi, inconștienți vom fi? Cum este posibil ca într-o zi să spui: *"Dacă se va dovedi că am plagiat voi demisiona"* și peste câteva zile să afirmi cu nonșalanță că nici nu te gândești la demisie. Unde este corectitudinea, onoarea, respectul față de societate?

Și s-a auzit un glas: *„Am copiat? N-am copiat! Ei și ce dacă am copiat? N-ai copiat și tu? De la Aristotel și Platon toți copiază!"*. A se reține ordinea! Anul nașterii lui Platon este 427 î.Hr., iar cel al lui Aristotel este la 384 î.Hr. Trebuie să fi cunoscut un pic de matematică, un pic de religie, un pic de istorie, un pic de... Dar așa este uneori când ne ia gura pe dinainte și ne lipsește judecata sau acel minim de diplomație să putem realiza că rănim judecata oamenilor cu bun simț. Gândim cu voce tare atunci când ar trebui să filtrăm gândurile și apoi să le strigăm.

O comisie acreditată să judece confirmă plagiatul și e imediat desființată... Se emit ordonanțe de urgență în serie, se fac schimbări fără respectarea procedurilor legale – nici nu mai știu toate schimbările fiindcă ele s-au produs și se produc zilnic, în lanț, un adevărat atac împotriva instituțiilor statului, împotriva regulilor democratice, împotriva justiției independente.

Tăvălugul trebuie oprit! Țara are nevoile ei de care nu se mai ține seamă.

Publicat în reviste din: România, Statele Unite, Canada.

Festivalul de Dans American – 2012

"Dansul este un poem în care fiecare mișcare este un cuvânt."
Mata Hari

Îmi place dansul! *Cine nu simte muzica îl crede nebun pe cel ce dansează*, spunea, pe drept, cineva.

Dansul este mișcarea grațioasă a omului, a lumii care îl înconjoară, a cosmosului. Totul din jurul nostru dansează și noi toți ne mișcăm dansând, conștient sau inconștient, unii mai frumos, alții mai urât, unii mai grațios, alții mai dizgrațios. Mișcarea este cea care se revoltă contra stării de repaus. Corpurile care dansează pierd pentru câteva clipe echilibrul, în căutarea lui fiind. Corpul dansatorului consumă combustibilul interior – al sufletului – și pe cel exterior – al trupului –, invocând permanent dezechilibrul prin sărituri, aruncări și coliziuni și tinzând spre atingerea clipei de echilibru prin grație. O mică – mare nebunie frumoasă, aș spune! La fel ca în orice artă, la fel ca în arta iubirii, fluidul din suflete curge continuu căutându-și zăgazul...

A început Festivalul de Dans American – ADF 2012. În data de 16 iunie 2012 am vizionat la Centrul Artelor Performante din Durham, spectacolul Companiei Stephen Petronio, constituită dintr-o trupă de dansatori superbi, cu o muzică uluitor de frumoasă a compozitorului Nick Cave (Edward Nicholas "Nick" Pestera născut în 1957 – muzician Australian, scriitor actor, compozitor) și beneficiind de arta vizuală, spectacol intitulat UNDERLAND.

Coregraful Stephen Petronio a creat inițial spectacolul în 2003 pentru Sydney Dance Company, la cererea acesteia, pe textele muzicale ale australianului Nick Cave, având de pe atunci credința că va fi proiectul său mult visat. Mai târziu, datorită talentului afirmat și voinței sale, spectacolul a trecut sub patronajul propriu al Companiei Stephen Petronio.

Stephen Petronio – directorul artistic al acestei companii - s-a născut în New Jersey, a început dansul în 1974, a devenit prim dansator și astăzi se poate mândri cu o frumoasă carieră de peste 25 de ani. Purtător al numeroaselor premii, este lăudat în lumea întreagă pentru coregrafia sa provocatoare, mișcarea – atletismul și coliziunea dansatorilor –, muzica superbă pe care o folosește precum și artele vizuale.

În cele 60 de minute de suspans, pe un fundal pe care se derulează un film plin de simboluri, pe o muzică cu ritmuri diferite, plăcută auzului, cu dansatori talentați, costumați sugestiv, s-a derulat în spațiul scenic fascinantul spectacol „Underland". Imaginativ, el poate fi asemuit subconștientului nostru, partea ascunsă a creierului și, în același timp, partea care ne influențează în mod decisiv pe tot parcursul vieții. Aici se duce lupta între bine și rău, creierul captează în permanență informațiile din jurul nostru, emoțiile, senzațiile, imaginile, sunetele și gusturile, pentru ca apoi, ele să fie clasate și organizate. Programarea lui pozitivă poate să facă adevărate minuni, deoarece el pune la muncă conștientul, voința noastră, raționamentul nostru.

Dansatorii încep primul dans în momentul în

care pe fundal, un bec luminează pentru o clipă întunericul, apoi explodează în mii de fragmente ce în final se vor recompune; alt dans în care paharul se sparge în mii de bucăți, precum miliardele de celule din creierul omului; următorul dans se desfășoară pe fundalul unui cer la început cu un nor alb, strălucitor, bine definit și care se împrăștie, devine întunecat, ia forma unei tornade, ca în final să revină la forma lui inițială, recăpătându-și echilibrul pierdut.

Într-o viziune filozofică s-ar putea gândi la acea zonă de ordine fractală existentă între haosul necontrolabil și ordinea excesivă a lui Euclid, fractalul fiind o figură geometrică sau un obiect ale cărui părți au forma sau structura întregului, la o scară diferită și putând fi ușor deformate.

Presupun că aceasta a fost ideea coregrafului și a realizatorului artei vizuale – Ken Tabachnick, precum și a directorului tehnic Joe Doran.

Luna – stăpâna nopții – apare și ea sub diferite forme: luna nouă, în creștere - favorabilă în plan sentimental și care îi aduce aminte Luminii că are nevoie de întuneric pentru a exista și a străluci, moment în care fluxul ajunge la maxim și sensibilitatea tuturor organismele vii este amplificată; ea va amplifica stările negative, acesta fiind și motivul pentru care este interzis a se face dragoste în perioada de influență nefastă a Lunii Pline... Și întrucât cuplurile par a nu respecta această interdicție, se confruntă cu probleme și tensiuni, exprimate sugestiv prin dans. În sfârșit – faza de descreștere, revenire la luna nouă... Focul este cel care mistuie sufletele, el se extinde, se manifestă prin dorințe perverse, dar inconștientul se orientează spre obținerea din nou a echilibrului, omul scapă de tentațiile negative ale dragostei perverse, a banului pervers, atotcuceritor. Și din nou fragmentele împrăștiate ale luminii se recompun, acel bec va lumina întunericul UNDERLAND-ului, totul recăpătându-și echilibrul pierdut și dorit.

În spațiul coregrafic dansatorii au executat minunate sărituri și piruete, împrăștiind, printre lumini, forța umană - fizică și spirituală.

Am simțit că au fost clipe în care dansatorii pierdeau granița ființei lor, când se contopeau pentru o clipă cu Cosmosul.

Dansatorii, muzica expresivă, arta vizuală și costumația inspirată, toate la un loc, au creat un ansamblu modern plin de sensibilitate și profund înțeles.

Felicitări Companiei Stephen Petronio! Felicitări organizatorilor acestui Festival – Directorului ADF – Jodee Nimerichter!

Publicat în reviste din: România, Statele Unite, Belgia, Canada.

PILOBOLUS
Altă pagină a Festivalului de Dans American –
2012

„*Orice grație este un avânt, o bucurie a înălțării.*"

Emil Cioran

Despre Pilobolus am mai scris anii trecuți, cu ocazia desfășurării Festivalului de Dans American – AFD 2010 și 2011, ca despre o Companie remarcabilă prin programele sale strălucitoare și provocatoare, pline de imaginație, spirit, de explorare atletică și colaborare creativă.

Dansatorii se aruncă în aer, cad, execută fascinante piruete, totul făcut cu precizie, dovadă a exercițiului intens și al talentului. De fapt, toți dansatorii își dăruiesc întreaga tinerețe acestei obositoare dar fascinante arte.

Spuneam, mai demult, că dansul este o artă veche. Pentru omul primitiv dansul exprima un mod de gândire, precum și un stil de viață. Prin dans omul transmitea celor din jur ceea ce simțea cu ajutorul „limbii universale a corpului".

Toate evenimentele din viața omului primitiv: nașterea, moartea, războiul, alegerea conducătorilor, însănătoșirea bolnavilor etc., erau sărbătorite prin dans. De la figuri simple și gândire simplă, dansul a ajuns în zilele noastre să exprime o gândire complexă prin figuri variate și pline de expresie ale trupului, prin starea exuberantă și plină de grație a dansatorilor. Emil Cioran spunea: „*A simți că poți totul, că absolutul e în mâna ta, că exuberanța ta este exuberanța acestei lumi, că ritmul universal palpită în tine frenetic și intens, că tu ești lumea, că existența nu e conceptibilă decât în măsura în care trece prin tine... este desigur a realiza o formă de bucurie greu de bănuit și care este un monopol al celor dotați cu sensibilitate magică.*" Într-adevăr, dansul include acea sensibilitate magică!

Să ne amintim că denumirea Companiei vine de la un fung căruia îi place soarele, având o remarcabilă abilitate de a se orienta spre sursa de lumină și care crește prin pășuni, dar nu numai. Acest fapt ni se amintește în prezentarea spectacolului, prin imagini sugestive, fungii fiind prezenți peste tot, înmulțindu-se și răspândindu-se prin și peste tot ce alcătuiește viața omului.

Compania Pilobolus are sediul în Washington Depot, Connecticut. Și-a început activitatea în 1971 ca o companie de dans de grup și a dobândit curând un renume, pentru calitățile extraordinare, obținute evolutiv în acest secol al 21-lea, având trei nuclee de activitate: Teatrul de dans Pilobolus, Serviciul de Creație Pilobolus și prețiosul Institut de dans Pilobolus.

În data de 7 iulie 2012, în sala Centrului Artelor performante din Durham (Durham Performing Arts Center), Carolina de Nord, am putut viziona spectacolul acestei companii. Compania s-a prezentat într-un mod nou în această stagiune a Festivalului de Dans American.

În prima parte au fost dansurile intitulate: AZIMUTH, SKYSCRAPERS și SWEET PURGATORY. În a doua parte, după pauză: THE TRANSFORMATION și AUTOMATON.

Azimuth ne-a fascinat privirile. Dar și

gândurile. Pe fundalul scenei a apărut un cerc având în mijloc un astru, iar pe scenă fiecare dansator cu câte un segment de cerc, simbolizând părți ale pământului (azimut – curbură, arc de orizont), executând superbe mișcări de dans, mișcări de jonglerie, într-un univers geometric și artistic frumos alcătuit, dansatorii fiind mereu în căutarea unui echilibru cu bolta cerească, desprinzându-se de sol prin minunate sărituri și torsionări ale trupului, în dorința de a sfida gravitatea și de a găsi cât mai curând armonia dintre cer și pământ. Aici, jongleria practicată în aria circului a fost ridicată cu măiestrie la rangul de artă.

Dansul este cel care uzează întotdeauna legile fizicii. În teoria einsteiniană, gravitația nu mai este efectul interacțiunii unor corpuri materiale, ci al curburii continue spațiu-timp; corpurile nu se atrag unele pe altele, ci pur și simplu urmează liniile geodezice ale spațiu-timpului; mișcările nu mai sunt cauzate de forțe, ci de constrângeri de ordin geometric. Gravitația, susținea Einstein, este o „undă" care se propagă local, din aproape în aproape. Coregrafia se pare că a urmărit această idee în realizarea dansului.

În dansul intitulat *Skyscrapers* perechile de dansatori au avut o frumoasă costumație în ton cu coloritul fundalului cu imagini urbane, în așa fel încât privirile ne-au fost fascinate de apariția fiecărei perechi care exprima un altfel de moment al întâlnirii a doi îndrăgostiți. La sfârșitul dansului, dansatorii cu costumele divers colorate au reapărut dansând într-un ritm alert, pe fundalul ecranului care se perinda cu viteză accelerată, însoțind coloritul corespunzător al costumației dansatorilor veseli, fericiți.

Sweet purgatory a fost un superb poem pe muzica inconfundabilă a compozitorului și pianistului rus al secolului XX-lea – Dmitri Șostakovici, dans executat pe sunetele Simfoniei de cameră Opus 110a. Adevărat balet modernizat, desfășurat pe un ecran cu păsări migratoare în zbor! A fost partea care mi-a plăcut cel mai mult. „*De gustibus non est disputandum!*"

The Transformation a constituit partea amuzantă a acestui spectacol, sugerând modul în care poate fi manipulat un om, transformarea lui făcându-se din om în animal.

Automation a fost un dans al oglinzilor, desfășurat ca o călătorie spre o lume viitoare, necunoscută. Fiecare dansator cu oglinda sa. În timpul dansului mi-am amintit poezia pe care am scris-o cândva:

Oglinda mea e mica parte/ Din oglinda lumii./ Chipul meu privit în ea/ E-o mică parte/ Din chipul lumii./ Timpul dăruit oglinzii mele,/ Poate fi numărat în clipe;/ Timpul dăruit oglinzii lumii –/ Tot restul vieții./ Alunecăm încet-încet/ În spatele oglinzilor,/ În spatele oglinzii lumii-ntregi,/ Spre altă oglindă/ Mult mai luminoasă/ În care nu se mai regăsesc/ Nici durerile,/ Nici chinurile noastre.

Spectacolul a fost un amestec fericit de creativitate, umor și dramă. Felicitări Companiei!

Publicat în reviste din: România, S.U.A., Belgia, Canada.

VERTIGO

Altă pagină a Festivalului de Dans American –
2012

„*Respirația este începutul și sfârșitul vieții.*"
Noa Wertheim

Fondată în Ierusalim de către Director artistic și coregraf Noa Wertheim împreună cu partenerul ei, Adi Sha'al, în 1992, trupa israeliană Vertigo Dance Company și-a făcut debutul în cadrul Festivalului de Dans American (ADF) cu frumosul şi dinamicul dans, Mana. De-a lungul anilor Compania a primit numeroase premii, inclusiv cel al Ministerul Educației din 1998 acordat pentru Coregrafie, iar în 2003 – Premiul Landau pentru Arte Performante (Performing Arts).

Cuvântul Mana este tradus din aramaică ca navă de lumină. *„Corpul omului este ca o navă care posedă o lumină interioară"*, a spus Noa Wertheim. În acest dans creat cu trei ani în urmă, ea explorează dualități: masculin-feminin, lumină-întuneric, interior-exterior, unghiular-circular. Mai explicit, Mana urmărește lupta individului de a restabili echilibrul, în primul rând cu el însuși. *„Adevăratul învingător este acela care se învinge pe sine însuși"*, a spus-o Confucius. Voltaire avea convingerea că lupta cu noi înșine este cea mai înverșunată luptă, fiindcă: *„te afli în ambele tabere"*. Cu alte cuvinte, este necesar a afla adevărul din noi, ca să putem ajunge a ne înțelege semenii și a putea trăi în armonie.

În acest dans se urmărește transformarea interioară a ființei, nava de lumină existând în fiecare suflet, ea salvând în final omul de întunericul amenințător.

Spectacolul din data de 14 iulie 2012, susținut în sala Centrului Artelor performante din Durham (Durham Performing Arts Center) din Carolina de Nord, a fost o surpriză plăcută, interesant și provocator, având o simbolistică care te pune pe gânduri. Fiecare a fost liber să-și dezvolte imaginația după fantezia trezită de simțuri.

O oră de dans continuu, în care mișcările dansatorilor sunt pline de energie, impuls și fluiditate. Individul – dansatorul – luptă în primul rând pentru propriul său echilibru, fizic și existențial. O continuă zbatere în scopul deslușirii liniei de cerc, construirii apoi a unei spirale de energie și intensificării ei. Ritualul fizic evoluează de la partea osaturii aflată la baza trunchiului – pelvisul, spre centrul corpului – axul în jurul căruia, simbolic vorbind, se învârtește întreaga lume.

Se cunoaște că, pe lângă omul zilelor noastre rămas religios, mai există și acel om modern, care se simte și se pretinde în general areligios, dar care dispune încă de o întreagă mitologie ascunsă, care lucrează în sufletul său. Și gândul te poate duce și la Arborele ce simbolizează viața, tinerețea, nemurirea, înțelepciunea. De exemplu, Arborele Nemuririi din Vechiul Testament, al Înțelepciunii tot din Vechiul Testament, arborele putând exprima tot ceea ce omul religios socotește real și sacru prin excelență și care leagă pământul de cer. Dansul exprimă libertatea și echilibrul dorit de către trup cu brațele sale, în lupta cu contrariile acestei lumi pe de o parte și existența piciorului puternic fixat în pământ (pardoseala scenei), pe de altă parte. Există continua iluzie că dansatorii pot zbura în aer.

Costumele dansatorilor, lungi, de culoare neagră, cu volane ca niște aripi, par a avea rolul de a ajuta – ușura zborul dar și de a îngreuna aterizarea care se face totuși, ca și cum ai apăsa surdina unui pian. Par niște lilieci – mamifere zburătoare – ale căror aripi sunt de fapt niște mâini. Este o luptă între libertate și lanțul cu care este omul pironit. Am avut, pentru o clipă, senzația că văd bărci ancorate la mal, pe care le mișcă valurile, dar ele nu se pot avânta în larg, fiindcă sunt ancorate de țărm; și altele plecând în larg, luptându-se cu valurile... Și mi-au venit în minte versurile poetului Mihail Eminescu: *„Dintre sute de catarge/ Care lasă malurile,/ Câte oare le vor sparge/ Vânturile, valurile..."* Vânturile, valurile fiind metafora destinului iar catargele – lupta omului în viața-i trecătoare; veșnice rămânând doar: *vânturile, valurile...* Gând schopenhauerian care m-a părăsit repede!

Piesele muzicale ale compozitorului Ran Bagno au corespuns perfect liniei narative a spectacolului.

Coregrafia spectacolului de dans mai explorează casa și vecinătatea ei, lumea interioară și cea din afară, o ușă care desparte cele două lumi, cea a libertății și cea a înlănțuirii, aceeași dorință și aici, de a zbura și obstacolul de a fi țintuit. Dansatorii intră și ies pe ușa casei. Mircea Eliade vorbea despre pragul din locuințele omenești: *"Trecerea pragului casei este însoțită de numeroase rituri: oamenii se închină ori îngenunchează dinaintea lui, îl ating smerit cu mâna... Pragul are "paznici": zei și spirite care apără intrarea atât de răutatea oamenilor, cât și de puterile diavolești ori de boli. Jertfele către "paznici" erau făcute pe prag, și tot aici se făceau și judecățile, în unele culturi paleo-orientale (Babilon, Egipt, Israel). Pragul, ușa arată în chip nemijlocit și concret continuitatea spațiului; de aici decurge marea lor importanță religioasă, care se explică prin faptul că reprezintă simboluri și vehicule ale trecerii... Nu se poate trăi fără o "deschidere" spre transcendent; altfel spus, nu se poate trăi în "Haos". În clipa în care contactul cu transcendentul s-a întrerupt, existența în lume nu mai este posibilă..."* De aceea, poate, există acel simțământ sfânt al proprietății, *"nimeni nu–și schimbă locuința fără o strângere de inimă, pentru că nu este ușor să–ți părăsești lumea..."* Nici cea interioară, nici cea exterioară!

Casa dispusă pe fundalul scenei sub formă de pentagon, cu o ușă mare în mijlocul ei, se deplasează înainte – înapoi și pe lateral. Deplasările sunt efecte cinematografice care te fac să poți privi din diferite unghiuri dansul celor opt dansatori. Un balon mare, negru lucios, umplut cu heliu se ridică de pe umerii unei dansatoare îmbrăcată în costum negru, trăgându-i ușor brațele, genunchii, în sus. Mișcările ei grațioase, ușor robotizate, atrag un dansator. Tragerea în sus a trupului dansatoarei de către balon se produce din când în când, ea nu este suficient de puternică și, dansatoarea se prăbușește pe scenă (pământ), semn al chemării partenerului. Timid la început, el se apropie ezitant. Ea dansează, el se clatină, nu știe încă să răspundă chemării ei. Acest duet constituie tema centrală a compoziției. Dansatoarea se află în brațele bărbatului pentru puțin timp și din nou mișcarea se repetă ca un leit motiv. Eliberați de balon, acesta plutește peste acoperișul casei ca un astru prevestitor, sugerând o călătorie mistică prin lumină și întuneric, între cer și pământ, între libertate și constrângere, în așteptarea acelei nave de lumină – Mana... Nava de lumină nu poate fi altceva decât iubirea care prin imensa ei putere face acceptabilă dualitatea, transformă, creează echilibrul și armonia pentru care luptă ființele în viață. Lupta contrariilor, între Yin și Yang, atracția dintre ele, echilibrul perfect obținut, iată semnificația acestui dans! Yin reprezentând elementul feminin asociat nopții, apei și pământului, Yang reprezentând elementul masculin asociat luminozității, focului și vântului – exprimarea forței cerești. Energia este în continuă curgere și transformare, iar în decursul acestui proces ea îmbracă aspectul Yin sau Yang, în funcție de condițiile în care se manifestă. Yin și Yang pot fi recunoscute, dar nu pot fi întru totul separate, nimic nu este în întregime Yin sau Yang; în fiecare ființă există și opusul său. În general, cunoașterea principiului Yin-Yang și recunoașterea lui în natură și în interacțiunile dintre oameni aduce o mai bună înțelegere a vieții și a posibilităților pe care le avem în crearea unei atmosfere armonioase atât în exteriorul, cât și în interiorul nostru. Pe de altă parte, în Univers, echilibrul este menținut prin această lege a contrariilor, legea acțiunii și reacțiunii. Se spune că dacă lupta dintre ele s-ar încheia, nu ar mai fi posibilă existența Universului.

Alternanța dintre lumină și întuneric, mișcările precise ale unor dansatori executate pe lateral, în același timp ce alți dansatori se mișcă pe vertical, mișcări lente și rapide, săriturile, aruncările, prinderile, răsucirile trupurilor dansatorilor, creează un joc coregrafic fascinant.

Un dans cu adevărat amețitor! Un Vertij! O oră fermecătoare de dans! Și nava de lumină mult așteptată, care va salva sufletele!

Publicat în reviste din: România, S.U.A., Belgia, Israel, Canada.

Încurcați în socoteli

"Niciodată nu se minte atât de mult ca înaintea unor alegeri, în timpul unui război sau după o vânătoare"
Georges Clemenceau

Zilele acestea mi-am amintit de un tablou care mi-a plăcut când am vizitat Muzeul Național de Artă al României, tabloul pictorului Octav Băncilă, intitulat „Încurcat în socoteli". Un școlar în fața unei table pe care este scrisă o înmulțire: 249 x 87. Școlarul descurajat, stăpânit de un sentiment de neputință, de neîncredere în sine, este depășit de problema unei înmulțiri cu atâtea cifre!! și lasă capul în jos. Dacă ne gândim, este reacția corectă a unui suflet curat, care preferă să nu scoată nici un cuvânt, evidențiindu-se neputința, dar totodată sinceritatea copilului. Copilul nu încearcă să fabuleze sau să mintă. El este onest. Desigur se simte detașat emoțional de ceea ce se întâmpla cu el față de ceilalți colegi din clasă. Pe de altă parte, de vină poate fi învățătorul școlii care nu a știut să-l învețe, sau capul bietului băiat care nu a putut pricepe! Ce va face în viitor? Probabil învățătorul va avea mult de muncit cu el spre a nu rămâne repetent, a nu părăsi clasa... Dar ceea ce ne interesează este reacția corectă a copilului, și în general a tuturor copiilor, de a fi incapabili să înțeleagă minciuna sau perfidia oamenilor, iar când se izbesc de ele, li se pare că cei maturi văd lucrurile diferit de cum văd ei. Bunul simț încă îi ghidează pe copii la acea vârstă fragedă, după care intervine educația, prin care se încearcă a-i face să înțeleagă că trebuie să discearnă între adevăr și minciună, atenționându-i totodată asupra repercusiunilor respective. Încurcat în socoteli, bietul copil!

În zilele noastre, vai!, citesc în ziar, un licean de 16 ani dintr-un cartier bucureștean se dovedește a fi cel mai tânăr votant din țara noastră. Președinta secției de votare l-a primit cu brațele deschise, se menționează în articol. I-a luat buletinul și l-a trecut pe listă, deși CNP-ul și celelalte date probau clar vârsta tânărului. Și băiatul a glumit: „*N-au ce să-mi facă pentru că-s minor. Am fost la vot pentru că așa a vrut mușchii mei, că-s mai șmecher. Le-am demonstrat că-s mai deștept*". Iată factorul educațional al tinerei sau, și mai tinerei generații. De la cine iau exemplu toți acești tineri?

Despre mizeria oamenilor maturi, incapabili, vanitoși, nesinceri, mincinoși se poate vorbi mult. Când ai în față astfel de indivizi simți că te afli în fața unor case ruinate, din care cu greu s-ar mai putea reface ceva. Și te cuprinde sentimentul amărăciunii.

Să ne întoarcem la vremurile trecute și să ne amintim de „simpaticul" Ghiță Pristanda, personajul din piesa de teatru „O scrisoare pierdută" a lui Ion Luca Caragiale – comedie realistă de moravuri sociale și politice, în care este ilustrată dorința de parvenire a burgheziei în timpul campaniei electorale pentru alegerea de deputați. Caragiale a satirizat sclipitor incultura, imoralitatea, corupția și, până la urmă, prostia omenească. Oamenii politici se agitau și pe atunci în campania electorală, se iscau conflicte între reprezentanții opoziției – Cațavencu și grupul „intelectualilor independenți" – și membrii partidului de guvernământ – Ștefan Tipătescu, Zoe, Zaharia Trahanache, Farfuridi și Brânzovenescu, personaje ridicole prin tot ceea ce spuneau și făceau. Piesa s-a jucat prima oară în 1884.

Iată că a trecut aproape un secol și jumătate și politicienii vremurilor noastre manifestă aceleași trăsături de caracter. Se pare că am trăit și trăim în aceeași epocă caragialească, foarte puțin altfel nuanțată. S-au mai mișcat niște „fluturi", da, au mai bătut din „aripi", dar am rămas trăitorii lumii lui Caragiale, o lume acum mai puțin naivă și mult mai perfidă!

Ghiță Pristanda, polițaiul orașului, este tipul slugarnicului, prezent în piesă de la început până la sfârșit în toate momentele cheie ale acțiunii. El este ridicol, „scrofulos la datorie", conștient că trebuie să-și servească șeful, nu din conștiința datoriei, ci mai ales dintr-o etică susținută de interesul personal: *„famelie mare, renumerație mică, după buget"*. Funcționar servil, încalcă legea din dispoziția superiorilor. Este dual, arogant sau umil, în funcție de împrejurări, de persoana în fața căreia se află, pendulează cu o șiretenie primitivă (des întâlnită și în zilele noastre!) având ca scop propriul interes. Lipsit de demnitate și de coloană vertebrală, se pune bine și cu NaeCațavencu în eventualitatea că acestuia i-ar izbuti șantajul; îl „perie" de câte ori are ocazie. Se pretează la furtișaguri, ghidânduse după spusele nevestei: *„Ghiță, Ghiță, pupă-l în bot și-i papă-i tot..."*. Comicul situației este ilustrat în scena numărării steagurilor pe care ar fi trebuit să le cumpere pentru a pavoaza orașul, în cinstea apropiatelor alegeri. Pristanda primește bani pentru patruzeci și patru de steaguri, însă el cumpără numai *„vreo paișpce... cinșpce"*. Ca să justifice modul de cum *„a tras frumușel condeiul"*, Pristanda numără steagurile arborate de câte două ori și adună greșit, numai să-i iasă la socoteală patruzeci și patru: *„Două la primărie, optșpce, patru la școli, douăzeci și patru, două la catrindală la Sf. Niculae, treizeci"*. Ticul verbal precum cel „curat" frizează prostia, servilismul, făcându-l penibil și, cum am mai spus, ridicol: *„curat mișel"*, *„curat murdar"* etc. Numele său comic (atenție!) – Pristanda, cu accentul pe ultima vocală *a* – sugerează principalele sale trăsături de caracter: servil și lipsit de personalitate, pristanda articulat – pristandaua – fiind un joc popular, caracterizat prin baterea pasului pe loc, sugerând, iată, lipsa progresului.

Dar, *„revenind la oile noastre"*, oamenii legii din țara noastră au indicii că numeroase persoane au votat de mai multe ori la referendum și în ziarele din aceste zile se specifică: *„Pentru ca referendumul să fie validat cu numărul de persoane care s-au prezentat la urne duminică, ar trebui ca din* *listele electorale pe baza cărora s-a organizat acest scrutin să dispară 1.374.412 de persoane. La urne s-au prezentat 8.459.052 persoane, ceea ce a reprezentat 46,24% din numărul celor înscriși pe liste, adică 18.292.514. Pentru ca cei 8,45 de milioane de alegători să întrunească majoritatea celor prezenți la vot, ar trebui ca numărul total al cetățenilor cu drept de vot să se reducă la 16.918.102, ceea ce înseamnă că din listele actuale trebuie să se evaporeze 1.374.412 de votanți."*

Băiatul lui Băncilă se încurcase la o înmulțire, oamenii noștri maturi se încurcă la adunări și scăderi. Încurcați în socoteli, mai sunt, Doamne! Și Pristanda le-ar spune: *„Grea misie, misia de polițai... Și conul Fănică cu coana Joițica mai stau să-mi numere steagurile..."*

De regulă, se spune că *„minciuna se consideră o acțiune intenționată pentru a produce confuzie, a oferi false speranțe, a determina o anume acțiune sau a crea o anume stare intelectivă, socială ori afectivă care servește într-un fel sau altul mincinosului"*. Minciunile pot fi spontane sau pot fi premeditate. Despre minciunile premeditate se spune că sunt cele care sunt considerate a fi mult mai devastatoare și de neiertat. Și-atunci?

Capacitatea de a minți a fost observată de multă vreme în dezvoltarea umană. Toți filozofii au condamnat minciuna, afirmând: *„Când unul minte, compromite încrederea în societate"*.

Oare nu se poate renunța la minciună și la ipocrizie? Și cum ar arăta atunci societatea noastră? Sfinții Părinți ne învață că minciuna demonică nu este opusul adevărului ci pervertirea acestuia. Doar cunoaștem celebra deviză folosită în politică *„Scopul scuză mijloacele",* atribuită lui Machiavelli. Or, minciuna demonică se pare că se suprapune perfect pe instinctele oamenilor. Iar *„oamenii, mai ales în politică, se ghidează nu după nevoi, ci după instincte…"* Doar un pic de rațiune și demnitate ne trebuie pentru a înțelege că scopul nu poate scuza mijloacele.

Cu numai câțiva ani în urmă scriam despre acest glonț – minciuna – care părăsește țevile armelor celor care luptă împotriva adevărului, într-un volum de versuri:

Minciuna stă cu toți la masă!/ Ne scăldăm toți în minciuni;/ cu minciuni încercăm/ să ne salvăm/ din încrengătura altor minciuni./ Adevărul nu ne mai este/ demult prieten!/ Ieri învățam dedublarea,/ obediența,/ mimam prostia/ apărându-ne vulnerabilitatea,/ credința./ Astăzi,/ minciuna, obrăznicia/ au devenit boli incurabile./ Fericirea - redusă la sex, hrană și-adăpost./ Animalitate! Falsă fericire!/ Oare din ignoranță?/ Dintr-un melanj/ de credință și necredință?/ „Atotputernicii" repudiază adevărul,/ când sunt descoperiți/ spun că sunt greșeli reparabile/ perpetuând în necugetări,/ în lipsa de demnitate./ Cu nesinceritatea, şovăiala/ şi născocirile lor,/ pot deveni „nebunii caselor noastre",/ iar noi ne putem întoarce/ de unde ne-am săturat/ a mai fi.

Publicat în reviste din: România, S.U.A., Belgia, Spania, Canada.

Despre toleranță

"Dragostea înseamnă îngăduință"
Marc Levy

Cuvântul toleranță vine din latinescul tolerare care înseamnă a suporta. Noțiunea de toleranță a apărut în istoria culturii europene la începutul secolului al XVI-lea, în strânsă legătură cu gândirea umanistă, întruchipată în mai multe personalități, ca de exemplu cea a olandezului renascentist umanist, preot catolic, critic social, profesor Erasmus din Rotterdam (1469-1536) care a adoptat o atitudine împotriva ignoranței, superstițiilor și structurilor autoritare tradiționale; a filozofului britanic John Locke (1632-1704) care a combătut absolutismul și tirania, apărând libertatea și dreptul și a văzut în puterea legislativă forța supremă căreia trebuia să i se supună puterea executivă și cea federativă, având menirea să apere comunitatea împotriva primejdiilor din afară; a poetului, romancierului, filozofului Voltaire (1694-1778) care a scris pamflete politice, lansând o adevărată cruciadă intelectuală împotriva fanatismului religios și nu numai. Amintesc o frază din scrierile sale: *„Soarta națiunilor a depins adesea de buna sau proasta digestie a primului ministru".* De asemeni scriitorul, filozoful german Gotthold Lessing (1729-1781) a pledat și el pentru toleranța față de alte religii ale lumii, apărând în acest mod, libertatea religioasă. Alfred Fouillée (1838-1912) considera că evoluția nu poate fi obținută fără psihic, adică sentimentul, dorința, gândirea în libertate, că libertatea nu poate fi câștigată decât progresiv și nu poate fi concepută izolat, ființa perfectă în sine fiind aceea care este bună pentru ceilalți, oamenii trebuind să lucreze împreună pentru *„triumful bunătății morale".*

Adevărata toleranță, în spirit umanist,

înseamnă însă mai mult decât o simplă „suportare", ea presupune respectul opiniei contrare și este strâns legată de libertatea persoanei. Prin toleranță se respectă deciziile altor oameni, grupuri, popoare, religii, alte moduri de gândire și puncte de vedere, alte stiluri și moduri de viață. Astfel, garantarea necesității spiritului de toleranță este valabilă în politică, dar depășește acest domeniu. Petre Țuțea arăta că *„burghezul umanist al Renașterii, burghezul și proletarul vremii noastre, continuatori ai spiritului lui, sunt străini de ordinea reală întemeiată pe gândire, societate și natură"*, specificând totodată calea pavată pentru zilele noastre: *„...gratuitatea, rătăcirea, desfrâul, pierderea libertății reale și mântuirii sub imperiul haosului, absurdului, al venirii de nicăieri și mersului spre nicăieri"*.

În lumea modernă, toleranța este fără tăgadă necesară. Ea reprezintă armonia în diferențe. Toleranța înseamnă bun-simț, înseamnă a renunța la egoism și a înțelege că ceea ce pentru tine este poate lipsit de importanță, pentru altul poate fi semnificativ. Lipsa toleranței înseamnă egoism, iar egoismul este sursa răului în această lume. Trist este să constatăm că el sporește o dată cu civilizația ce pare să-l stimuleze și să-l întrețină. Egoismul va descrește, afirmă unii, doar atunci când viața morală va predomina asupra vieții materiale. Când se va înțelege că egoismul este cauza care naște orgoliul, ambiția, lăcomia, invidia, ura, gelozia, comportamente care rănesc puternic și produc tulburări în relațiile sociale, provocând permanente disensiuni, distrugând încrederea, făcând din prieten un adversar, atunci și numai atunci se va înțelege că acest viciu este incompatibil cu fericirea, cu siguranța propriei noastre vieți. Egoismul este considerat ca o acțiune al cărei rezultat este dorit numai de persoana respectivă, opusă fiindu-i acțiunea altruistă, rezultatul căreia este dorit de mai mulți. Promovarea toleranței și modelarea atitudinilor față de diferite opinii se fac acasă în cadrul familiei, în școli și la locul de muncă, mijloacele de informare în masă având și ele un rol constructiv, favorizând dialogul și dezbaterile libere și deschise, evidențiind pericolul intoleranței.

Toleranța înseamnă până la urmă armonie. Ea este virtutea care face ca pacea să fie posibilă, contribuind la înlocuirea învrăjbirii cu pace, lumină și armonie. Filozoful grec presocratic Empedocle spunea: *„Armonia este produsă din mai multe lucruri. Discordia produce mai multe lucruri dintr-unul singur"*. Esența armoniei constă în a aduna sunetele într-o simfonie, iar a discordiei în a dezbina, a auzi sunete false.

Toleranța nu poate fi concepută numai ca o concesie, ci omul tolerant este cel care adoptă o atitudine de recunoaștere și respect a persoanei umane și libertăților ei fundamentale. De aceea ea trebuie practicată de către indivizi, grupuri și state.

Înainte de apariția noțiunii de toleranță, se vorbea despre „bunul-simț" ca fiind cel ce făcea de multe ori regulile, atunci când părerile erau contradictorii. Nicolae Steinhardt amintea că Biserica întotdeauna a mers pe drumul echilibrului și al bunului simț, iar *„pe cărările sofisticate au mers ereziile"*. În ce constă bunul-simț? *„Într-un lucru foarte simplu, anume că poți să ceri dovada tuturor lucrurilor și tuturor afirmațiilor"*, afirma cineva; este în mod sigur un conținut interior al nostru, pe care unii îl au, alții au nevoie să-l aibă.

Istoricul Neagu Djuvara a vorbit de curând despre cinste, educație, punctualitate, încredere, bun-simț, onoare, despre energiile neamului nostru, despre importanța și păstrarea cuvântului dat și respectarea promisiunilor, despre speranță, cât și despre schimbarea dramatică pe care comunismul a produs-o în acest sens, distrugând spiritul puternic înrădăcinat al neamului nostru.

Îmi povesteau bătrânii că pe vremea lor, când cineva promitea un lucru, cuvântul lui era sfânt și nu aveai nevoie de consimțământul în scris. Acea expresie „pe cuvânt de onoare" nu era luată în derâdere. Astăzi oamenii și-au pierdut onoarea, parcă și-au pierdut propria busolă, mulți sunt dezorientați, nu știu cum să acționeze, ce vicleșug să folosească, nu știu care este calea cea dreaptă pe care trebuie să meargă.

Biblia nu ne vorbește de toleranță, dar ne vorbește de dragoste, despre respectul și considerația pe care trebuie să o ai față de cel de lângă tine, despre o schimbare a omului, despre renunțarea la egoism, la păcate, acele negații ale virtuților care nu sunt plăcute Divinității.

Oamenii au crezut că au ajuns la altruismul suprem iubindu-se între ei, dar a trebuit ca cineva să le deschidă ochii și să-i învețe că întreaga realitate a lumii trebuie iubită, îmbrățișată, făcută să retrăiască prin conștiința noastră. *„La un astfel de altruism nu se ajunge decât prin etape"*, ne spune filozoful italian Giovanni Gentile (1875-1944).

Toleranța nu ne va duce spre o societate mai bună, ea poate duce spre anarhie, susțin unii, și va implica statul polițienesc în rezolvare. Așa să fie oare? Care ar fi explicația logică? Poate că toleranța nu rodește pentru toți, puțini fiind cei care îi înțeleg binefacerea și în acest caz va fi necesară implicarea mai multor factori?

Thomas Mann scria despre cele două principii

disputate în lumea noastră: „*Forța și Dreptul, Tirania și Libertatea*", dar numai cel de al doilea principiu poate înlesni toleranța, dragostea. Noi românii avem și un proverb: „*Dragoste cu de-a sila nu se poate*"; ea se propagă doar în starea de libertate, integrată și ea în bunul simț omenesc. În acest mod, toleranța devine un factor civilizator, tinzând către o umanitate evoluată.

Ajungem cu gândirea la respectul necesar care trebuie să îmbrace toleranța cu haina sa. El privește totdeauna numai persoanele și nu lucrurile pentru care am putea avea admirație, chiar iubire sau teamă. De fapt și omul poate fi iubit, temut sau admirat, dar respectul este numai al omului pentru om. Scriitorul francez Bernard Le Bouyer Fontenelle (1657-1757) spunea: „*Înaintea unui nobil eu mă plec, dar spiritul meu nu se pleacă, dar înaintea unui om simplu la care remarcăm cinstea, caracterul frumos, poate superior nouă uneori, spiritul se pleacă.*" Cine nu a întâlnit în viața sa astfel de oameni?

Respectul este un atribut pe care nu-l putem refuza; chiar dacă în afară nu-l manifestăm întotdeauna, îl simțim în interiorul nostru. Așa ar fi normal, să acordăm respect celor din jurul nostru! Și ar mai fi normal să întâlnim cât mai mulți oameni care să fie demni de respect. Rar se întâmplă astăzi! Oamenii intuiesc starea jalnică din jurul lor, dar nu se străduiesc să-i depisteze cauza adevărată, aducând învinuiri false sau direcționându-le fals, neținând seamă de respect, toleranță, armonie, dragoste, neconștientizând faptul că vinovată este *„starea necontrolată, neadevărată a plonjonului nostru"*, a fiecăruia dintre noi, în viața nouă, schimbată, cu politici sociale capricioase și de multe ori imprevizibile.

Dar, după cum în viață lucrurile se desfășoară având la bază principiul luptei contrariilor, după această perioadă de manifestare a egoismului, lipsei de respect, ură și vanitate, se speră că va veni și vremea când oamenii vor manifesta altruismul, respectul, dragostea și modestia. Nu „cu de-a sila" ci din convingere! Meditând asupra vieții, simțul realității îi va ajuta la vindecarea marilor dezamăgiri, vor deveni mai înțelepți, mai puțin orgolioși, mai împăcați cu sinele și cu semenii lor.

Publicat în reviste din: România, S.U.A., Belgia, Canada.

Politețea

> *„Politețea este pentru spirit*
> *ceea ce grația este pentru trup."*
> Voltaire

În aceste zile frumoase ale lunii septembrie, când vara și-a făcut ultimele bagaje și a plecat tot „în călduri" fiind, iar nori nervoși vizitează cerul după atâtea zile secetoase, iată că evenimentele politice se succed, lumea se agită. Lupta politică devenită acerbă în ultimele luni ale acestei veri fierbinți, a agitat spiritele și în Parlamentul European întrunit zilele acestea. Jurnaliștii au catalogat atmosfera în diferite moduri, precum: *„USL a exportat bălăcăreala în Parlamentul European – Politica", „Gâlceava de Dâmbovița la Strasbourg"* etc. Mândria exagerată, lipsa de politețe și-au arătat fețele în luările de cuvânt ale unor politicieni. După tot bâlciul referendumului, minciunile și fariseismul multora, ar fi fost cazul să se fi schimbat comportamentul într-unul de atenție cuvenită, analiză, dialog cuviincios, înțelegere a situației și a se auzi, poate, eventuale scuze, pentru greșelile pe care unii le-au făcut. Sau așa cum se pomenește în jargon stradal – definit ca *„drog cu trimitere în realitatea paralelă"* – să fi avut *„ciocul mai mic!"*. Dar, dimpotrivă, s-au auzit învinuiri, ofense, buricări din partea unor persoane care înțeleg libertatea în felul lor, călcând în picioare părerile opuse dar și sfaturile celor care s-au integrat în conducerea destinului unei Europe unite, pentru care am optat și noi. Poate ar fi fost cazul ca năravul recent, cel al dezbinării, să nu-l fi dus acolo, departe de țară, să fi spălat rufele întâi în familie. Poate mai multă politețe nu ne-ar fi stricat? Vorba lui Nicolae Steinhardt: *„Dacă nu putem să fim buni, să încercăm măcar să fim politicoși."*

Politețea este o atitudine, o disciplină a vieții

care se învață. Un om politicos este un om demn. Politețea nu este fandoseală, ipocrizie, cum afirmă unii, ci este o datorie; datoria omului de a-și șlefui caracterul, de a adopta un comportament civilizat dictat de conștiință, care înclină balanța spre dreptate. Un om nepoliticos este un om murdărit, se manifestă grosolan, uneori chiar agresiv, în vorbe sau gesturi. Politețea trebuie să redevină un imperativ al societății moderne, pentru ca regulile de conviețuire socială, principiile și normele de muncă și comportare într-o societate liberă, să poată fi respectate. Un om politicos este un altruist; el sacrifică uneori câte ceva de la sine, în favoarea aproapelui său.

Corectitudinea, această calitate a omului de a se comporta într-un mod cinstit, demn, este un element necesar politeții, dar este în primul rând o manifestare de respect față de celălalt. Omul care a învățat politețea devine sincer, calm, senin, luminos, deschis, atent, dar totodată încrezător în forțele proprii și în buna-credință a celorlalți.

Politețea se impune omului civilizat, prin înțelegerea necesității de a găsi un limbaj comun cu alți oameni. Ea implică controlul instinctului barbar care sălășluiește în fiecare dintre noi. Octavian Paler mărturisea sincer: *„Căutam să ascund noaptea din mine (bănuiesc că toți* *introvertiții au o noapte interioară, prin care bâjbâie și pe care o ascund de alții, deoarece nici ei nu știu ce ascunde ea)"*. Dar ce ne facem cu extrovertiții care nu au probleme în a-și ascunde ceva? Autodisciplinarea se poate transforma, cu timpul, în a doua natură a omului; deprinderea devine reflex, reacțiile devin automatisme binefăcătoare.

În această idee, filozofii greci propovăduiau prețuirea esențialului din interiorul nostru, nu înșelătoarea aparență, ci stăpânirea de sine ce duce la adevărata forță și fericire; conducerea vieții potrivit bunului-simț și rațiunii, nu atitudinea ambiguă dictată de instinct. *"La orice ademenire exterioară răspunde cu o virtute interioară"*, sfătuia filozoful grec stoic Epictet. Omul trebuie să-și fixeze un model de conduită, adică o regulă și un comportament ideal, cărora să se conformeze atât în singurătatea lui, cât și între oameni. Este necesar să căutăm în jurul nostru atmosfera de înțelegere, de civilitate, de solidaritate cu cei corecți. Dar, față de cei care manifestă rea voință cu privire la politețe, fermitatea este justificată și chiar necesară.

Un om politicos este un om stăpân pe purtarea și pe reacțiile sale, sigur de el, mișcându-se liber, dezinvolt. Necunoașterea regulilor de politețe se poate manifesta și prin nesiguranță, bâjbâială, lipsă de fermitate sau dimpotrivă – excesul ei. Să ne gândim la ieșirile neașteptate ale oamenilor timizi, la replicile ironice ale unora; nu sunt ele motivate de lipsa factorului educațional, cel al politeții? Politețea trebuie aplicată în toate locurile și momentele vieții noastre, pe cât posibil, ea ținând seamă și de cunoscutul proverb: *"Ce ție nu-ți place, altuia nu-i face."*

Trist este când privim și pe ecranele televizoarelor oameni care ne dau lecții nu de politețe, ci de lipsa ei, de neobrăzare, oameni care, așa cum spunea tot Octavian Paler, se manifestă instinctual, îndemnând la călcarea în picioare a politeții, adică la nerespectarea regulilor de conviețuire avute până acum de poporul nostru. Cu îngusta lor minte, dar cu insistență, vor să schimbe în rău principiile care au condus societatea românească, prețuită cândva nu numai pentru însușirile sufletești cu care oamenii din această țară vin pe lume, ci și după nivelul spiritualității la care poporul nostru a izbutit să se ridice de-a lungul veacurilor.

Constantin Noica, în mod șăgalnic spunea: *"Eram și noi, ca animalele, ființe sigure pe noi și pe instinctele noastre, și-a venit să ne zăpăcească spiritul, cu problemele lui, cu isprăvile lui."*

Se știe bine că din fire românul este în primul rând credincios și cuviincios, are o fire blândă, este darnic, răbdător și încrezător în soarta lui și a țării în care s-a născut. Credința profundă a poporului nostru în menirea sa istorică trebuie să reînvie din acele însușiri sufletești cu care a fost dăruit de la natură. Ce i-a însuflețit pe acei oameni trăitori cândva, să îndure oboseala, jertfele, lipsurile și suferințele, de care pomenea și Mihai Eminescu? Credința ce o aveau în eternitatea țării! Și credința nu i-a înșelat, căci ceea ce era veșnic în țara noastră, *"viază și astăzi și va via și în viitor"*; lucrurile bune trebuie să se întâmple, iar oamenii să se bucure de ele.

Trebuie găsite mijloacele prin care se poate realiza pacea internă. Vor fi preferate legile care să decurgă din idealuri frumoase. Găsirea de idealuri cât mai frumoase trebuie să fie ocupația cea mai nobilă hărăzită omului pe pământ; *"Ea constituie prestigiul parlamentarismului"*, după cum se exprima un filozof român. Acolo, în parlament, trebuie să-și găsească locul oamenii care respectă idealurile poporului și care au credință în Dumnezeu, oameni curajoși, cu judecată dreaptă, căci orice judecată greșită ne poate compromite. Și mai este ceva foarte important și anume, să se înțeleagă cine din exterior ne vrea binele și cine dorește a ne pune piedici în atingerea acestui bine.

Să nu ne iluzionăm cu calități exagerate, dar să fim încrezători în cele pe care le avem. Nu este bine nici să ne decepționăm – se aud destule glasuri în prezent –, deși aceste momente nu pot lipsi cu desăvârșire din viața noastră. La ora actuală, oamenii obișnuiți sunt decepționați de conducători și conducătorii de oamenii pe care-i conduc. Decepția a depășit pragul și a trecut în mizerabilul spațiu al urii. Se urăsc oamenii, clanurile, pentru interesele lor meschine, materiale. Sunt destui oameni *"fără Dumnezeu"* cum se spune la noi, cei trăiți în comunism și tinerii născuți și educați în mod ateist.

Avem nevoie de o spiritualitate care să scoată la lumină virtuțile adevărate ale sufletului românesc, să nu le îngroape printr-o veșnică blamare. Spiritualitatea este cea care poate pune în valoare sufletul nostru, cunoscutele sale calități. Hegel într-o lucrare a sa atenționa: *"...orice spiritualitate, orice conținut al conștiinței, este produs și obiect al gândirii; religia și moralitatea, în primul rând trebuie să fie date omului și pe calea sentimentului – și ele sunt în realitate așa."*

Unul dintre filozofii noștri, vorbind despre începutul secolului XX, spunea: *"Vremea maimuțărelilor a trecut, fiecare popor rămâne să-și realizeze prin însușirile sale proprii, menirea pe care i-a dat-o Dumnezeu."* Iată că această *"vreme a maimuțărelilor"* a reapărut și asistăm la un joc periculos pe scena vieții noastre politice. Snobismul, lipsa de politețe și ignoranța se manifestă în toate domeniile, la toate nivelele, exemplul cel mai sugestiv fiind gusturile și alegerile deviate de la bunul-simț. Credința trebuie să înflorească în sufletele generației noi. Oamenii care ne conduc trebuie să fie și ei conduși de Dumnezeu, adică, atunci când iau o hotărâre, ea să fie pe placul celui de Sus și al poporului pe care îl conduc. Un comportament moral ar face ca sufletul să se elibereze de angoase, ajungând la liniște, înțelegere, la un singur scop nobil pentru țară, iar „războaiele" dintre indivizi s-ar potoli.

Avem nevoie de coeziune socială bazată pe respect, politețe, pe spiritualitatea care, repet, definește fondul nostru sufletesc comun. Iată ce am putea exporta și nu comportamentul opus, al celor puțini, dar care, din nefericire, astăzi ne conduc destinele.

Dezbinarea continuă nu poate aduce decât răul, degradarea.

Europa ne cerea și ne cere în continuare să fim ceea ce suntem: *„pe rădăcinile noastre proprii; cu destinul nostru propriu"*, dar să respectăm angajamentele făcute, pentru a se putea auzi în final o frumoasă „simfonie".

Armonia pornește de la cetățenii fiecărei țări. Nu este ușor a construi o clădire după un proiect nou! Rădăcinile nu ni se vor putea smulge niciodată, fiindcă ele sunt prea bine înfipte în pământul țării! Suntem la noi acasă! Un scriitor scria într-un articol de revistă: „*...Rădăcina* *actualei porniri antioccidentale se găsește în mlaștina național-comunismului..."* Da, comunismul s-a năruit, dar moștenirea sa a rămas! Mai sunt, de ce să nu recunoaștem, cei în a căror minte sclerozată, mai fâlfâie lozinca: *„Lumina ne vine de la răsărit!"*

Unde ne este gândirea clară, unde ne sunt aparatele de măsură? Starea de sărăcie nu ne dă dreptul la degradarea comportamentului, a moralei. Pe morală și pe credință trebuie să se sprijine gândirea, gesturile și acțiunile noastre. Adevărurile morale de origine divină fiind, rămân eterne, imuabile.

Și să nu uităm nici proverbul românesc: *„Politețea este cheia de aur care deschide toate ușile!"*

Publicat în reviste din: România, S.U.A., Belgia, Canada.

„*Respectă să fii respectat!*"

„Respectul față de ceilalți, un respect plin de modestie și politețe, este prima condiție a adevăratei egalități."
F. M. Dostoievski

Dicționarul explicativ al limbii române definește respectul ca fiind atitudine sau sentiment de stimă, de considerație sau de prețuire deosebită față de cineva sau de ceva, spre deosebire de politețe care este o comportare conformă cu buna-cuviință, prin care se înțelege o atitudine de amabilitate. Nu trebuie confundate, deoarece este vorba de nuanțe și așa cum spunea Petre Țuțea: *"Nuanțele amplifică gândirea, fiindcă ne permit să percepem separat calitățile care nu pot exista separat în corpurile sau în obiectele concrete întâlnite și pe care le transformă în obiecte ale gândirii."* Respectul, acest sentiment se apropie mai mult de admirație.

Citind unele articole apărute în ziarele din țară, privirea-ți alunecă fără să vrei spre comentariile articolelor și, pur și simplu, te trec fiorii. Poate și voit uneori, pentru a citi „Vox Populi", deh!

Și mi-am zis că este incredibil cât de jos poate ajunge un om care are libertatea de a se exprima. De ce nu contrazicem cu argumente exprimate în cuvinte civilizate și preferăm să ne scuipăm și să ne înjurăm unii pe alții ca niște brute? Comentatorii, sub anonimat de cele mai multe ori, își permit libertatea să reverse tot veninul din suflete. Suficient venin, preaplin venin! Și lectura devine contagioasă. Deși ești scârbit, parcă vrei să vezi până unde se poate ajunge cu gândul veninos, ce cuvinte ai mai putea întâlni să-ți „îmbogățești" vocabularul.

Limbajul scris sau vorbit este singura modalitate de materializare a gândirii noastre și cred că el trebuie folosit în sensul respectului, al demnității omului civilizat. D. Drăghicescu în cartea sa „Din psihologia poporului român", apărută la începutul secolului XX, scria: „*Fineţea și vioiciunea spiritului a dezvoltat în caracterul românului, mai cu seamă, un spirit critic amar, distructiv...*" „*Să fi rămas la acel stadiu, încă era bine*", scrie-acum cineva bine inspirat.

Nu se respectă nici ziarul, nici autorul articolului, nici ideea pentru care a trudit într-un mod ziaristul, nici ceea ce au scris ceilalţi comentatori în limitele bunului-simţ, nu se mai respectă nimic! Se scrie după cum „*îşi dau drumul la gură*" *(to run off at the mouth* – spune englezul). Doar suntem în democraţie, doar suntem liberi să vorbim cum vrem, să jignim cât şi cum vrem, nu este necesar să ne cenzurăm cuvintele; de ce să-l respect pe cel din faţa mea, de ce să ţin cont de emoţiile lui, de ce să nu-l mint, ce mă împiedică să-l desconsider, să-l păcălesc, să-l înjosesc? De ce să-mi respect limba? De ce să respect oamenii de valoare ai ţării? Să fie acesta modul de a gândi al omului, omul modern pentru care a trudit societatea?

Avem libertatea de a gândi şi simţi în conformitate cu propriul nostru eu, este adevărat! De asemenea avem libertatea de opinie deschisă, adică de a exprima public ceea ce simţim şi gândim. Avem libertate, dar trebuie să acceptăm şi nişte limite ale libertăţii, altfel echilibrul social nu este posibil. Să ne dorim o libertate civilizată, nu haotică. Libertatea se face cu alegere înainte de acțiune: gândești, te autocenzurezi și apoi te exprimi. Acest principiu trebuie să funcționeze și în politică. Așa ne putem respecta între noi, așa ne vor respecta și cei din afara noastră, căci nu lipsa de respect este trăsătura caracterului românului, ci dimpotrivă! De la Socrate cel ce a produs o adevărată reformă în gândirea antică când a văzut gravat pe frontispiciul Templului din Delfi cuvintele *„Cunoaște-te pe tine însuți"* și mai apoi Religia care ne-a vorbit despre primirea lui Hristos și trăirea creștină profundă ce pot produce revelația sinelui, omul a încercat să se cunoască, să se înțeleagă, pentru a putea evolua; același lucru petrecându-se la nivelul națiunilor.

„Cunoaște-te pe tine însuți" înseamnă și recunoașterea propriilor greșeli și slăbiciuni; cere o voință continuă și seriozitate, pentru depășirea vanității care conduce adeseori la iluzia asupra ta însuți. A fost și este o nouă abordare a cunoașterii despre esența omului, ca omul să știe nu numai ce este, ci mai ales ce vrea. Este cea dintâi cerință pe care ne-o poruncește rațiunea, este temelia cunoașterii și a înțelepciunii.

Între oamenii civilizați există minime raporturi de respect reciproc, formule de prețuire, de respect, de decență, de bun-simț. În mass-media este din ce în ce mai evidentă această eludare a termenilor decenți, evitarea intenționată a reverențelor de limbaj, poate și pentru a se vedea în ce lume trăim? O oglindă a vieții? Vorbirea stradală nu poate fi aceeași cu cea scrisă, nu poate fi adusă cu predilecție pe ecranele televizoarelor. O cenzură proprie este necesară, din respect pentru semeni, pentru cei superiori – ierarhia trebuie totuși respectată! – și pentru demnitatea limbii noastre. Altfel există pericolul unei decadențe morale și spirituale. Avem atâtea tonuri de exprimare, atâtea pronume de politețe în limba română care exprimă o atitudine de respect, de apropiere sau de distanță față de persoanele cărora ne adresăm: mata, dumneata, dumneavoastră, Domnia ta, Domnia voastră, Maria voastră .... Am avut voievozi, am avut regi, dar nimeni nu îndrăznea, din bun-simț, să le spună pe nume, să-i strige pe nume. Cu alte cuvinte, respecți ceea ce merită să fie respectat și... respectă pentru a fi respectat! Bunul-simț ar trebui să ne fie cântarul care să ne spună până unde poate fi denaturat acest respect. Au apărut, după cum semnala cineva, substitute: pentru doamnă: cucoană, duduie, băi, tanti; pentru domn: nene, băi, măi. Sau adresări de genul: *„Domnu, domnu de la ziar!"* Ne-a plăcut? Sau amuzanta expresie, dar nu lipsită de geniu: *„Neica nimeni!"* Mai recent aflu tot din ziare o „frumoasă" amenințare făcută în Parlamentul României: *„Am să-ți dau o scatoalcă de am să te trec* *prin peretele de acolo".*

Chiar dacă nu toate persoanele merită, totuși avem nevoie de respect pentru liniștea noastră și pentru a nu inflama relațiile dintre noi. Din păcate, în democrație, oamenii obraznici, cu tupeu, speculează buna credință a semenilor și dau drumul vorbelor fără nici un pic de control. Antidotul acestei maladii răspândite ar fi educația și cultura. Cât despre democrație, cum ar zice românul despre nevasta cu care trăiește: Bună, rea, e nevasta mea!

Respectul este o componentă foarte importantă în orice relație, în orice comunicare, fie că e vorba de căsătorie, prietenie, familie, serviciu. Comportamentele agresive nu vor apărea în căsătorie, nu ne vom pierde nici prietenii, nu vor exista tensiuni la locurile de muncă dacă se va păstra un respect sincer față de celălalt, fiindcă, trebuie să recunoaștem, există relații în care suntem implicați de-a lungul vieții și în care va fi întotdeauna nevoie de respect.

Avem puterea să ne facem respectați prin felul în care înțelegem viața și modul în care ne comportăm? Ne este necesară decența în vorbire, în scriere, precum și în alte manifestări? Acestea sunt întrebările asupra cărora ar trebui să reflectăm.

Respectul trebuie acordat oamenilor nu după averile strânse și nici după puterea dobândită, ci în primul rând pentru calitățile sufletești, întrucât acestea valorează mai mult decât faima. Un proverb românesc spune: *"Omul nu după haine, ci după fapte dobândește cinste"*. Oamenii care merită respectul sunt cei care muncesc, creează, se țin de cuvânt, nu mint, nu înșeală și nu fură, sunt echilibrați, nu-și pierd cumpătul, nu țipă ori nu ridică tonul la alții atunci când lucrurile nu ies așa cum le place lor, au un simț al discernământului și nu au în vedere numai împlinirea propriilor dorințe, ci se mai gândesc și la ceilalți, își cunosc locul și rostul pe lume, admit când greșesc, știu să ceară iertare și să ierte. De ce să-i lovim, să aruncăm cu pietre în ei, când toți suntem făcuți din lut și ne putem sfărâma atât de ușor? Respectăm meritele unora dintre noi? Și dacă nu știm a le respecta, cum își vor putea valorifica oamenii meritele?

În zilele noastre *"avem o criză spirituală manifestată și printr-o criză de autoritate, culmea, pe fondul unei inflații de autorități. Trăim într-o lume a autorităților fără autoritate. Și autoritatea persoanei umane suportă o eroziune socială în decorul general compus din tot mai mulți indivizi și din tot mai puține persoane. Cum s-ar spune: multă lume, puțini oameni!"*, ne spune Pr. Alin-Cristian. *"Fără educație și fără Dumnezeu, persoana devine individ, cuvântul devine vorbă, mintea devine creier, sufletul devine trup... de necuvântător, iar limbajul devine onomatopee. [...] Aurul se cunoaște după culoare, păsările după tril, oamenii după cuvânt..."*

Publicat în reviste din: România, S.U.A., Belgia, Canada.

Ziua recunoștinței (Thanksgiving Day)

> *„Recunoștința este miezul dragostei*
> *față de cei care ne iubesc,*
> *a dragostei față de semenii noștri,*
> *de la care ne vin multe ocrotiri*
> *și binefaceri nespus de plăcute."*
> Silvio Pellico

Este toamnă, anotimp pe care-l îndrăgesc. Toamnă blândă, generoasă. Mă duc în pădurea din apropiere. O potecă umbroasă îmi călăuzește pașii la intrare.

Continui drumul printre copacii bătrâni, călcând peste frunze maronii, ascultându-le scrâşnetul, ca un răspuns la gândurile mele. Sus, cerul este mai mult acoperit de crengile groase, răsfrânte, ale copacilor acestei păduri bătrâne. Poteca urmăreşte conturul lacului. Mă opresc pe podul de lemn, mă sprijin de balustradă şi privesc văluritul blând al apei lacului şi aştept vietăţile acestui lac... Gâşte, raţe sălbatice vin plutind liniştit, aşteptând fărâmiturile de pâine... Apoi pleacă mulţumite, într-un zbor liniştit, planând deasupra apei. Dincolo de lac, copacii îşi arată măreţia şi frumuseţea culorilor în lumina caldă a soarelui, de la galbenul pal până la roşul intens amestecat cu verdele brazilor fără de bătrâneţe. Pădurea este ca o cetate cu povestea vieţii ei îndelungate. Ce bogăţie spirituală, mută! Gândesc că oamenii, de obicei, evaluează material vârsta unei păduri, după numărul şi grosimea arborilor, după întinderea suprafeţei lor etc. Dar poeţii? Poeţii o cântă şi-i înţeleg frumuseţea şi bucuriile, dar şi durerea singurătăţii. Numai poeţii aud suspinul, şoaptele frunzelor... Privesc oglinda lacului. În ea se răsfrânge cerul, mulţumit de sine.

O pasăre cântă legănându-se pe o ramură. Soarele trimite miriade de raze ce vibrează, ca râsul unui zeu fericit, dansând pe trunchiurile zbârcite ale arborilor, încălzindu-le frunzele rămase. Pădurea toată pare mulțumită. Și gândesc că cerul așteaptă liniștit rugile noastre de mulțumire – *Recunoștința*!

Cicero spunea că recunoștința este una din importantele virtuți, chiar „*părintele*" lor. Și cred că ea poate fi definită în acest mod datorită simplității, sincerității și purității ei. Recunoștința este un mod de a ne bucura de ceea ce suntem, de ceea ce ni s-a dat, de ceea ce am dobândit prin muncă și strădanie. Ne ajută să vedem partea bună a vieții și ne dă curajul de a merge mai departe.

Joi, 22 noiembrie a acestui an, este ziua Recunoștinței sau Thanksgiving, zi de sărbătoare a poporului american, zi de reflecție, prilej de închinare și adorare a Domnului Dumnezeului nostru.

Istoria acestei sărbători începe cu primii coloniști englezi care s-au stabilit în America de Nord, în anul 1620. Ei au sosit la bordul unui vas, a urmat o iarnă geroasă și jumătate din numărul lor – se spune – au supraviețuit foametei și gerului. În anul următor au avut parte de un timp prielnic, o recoltă bogată, ceea ce a prilejuit sărbătorirea, ca semn al recunoștinței.

Thanksgiving Day a fost proclamată sărbătoarea națională a Americii de către Abraham Lincoln (1809-1865), cel de al 16-lea

Președinte al Statelor Unite ale Americii, cel care dădea înțeleptul sfat: *„Asigurați-vă că picioarele vă sunt puse în locul potrivit, apoi stați ferm!"* (*Be sure you put your feet in the right place, than stand firm!*).

În decembrie 1941, Congresul SUA a adoptat o rezoluție prin care a 4-a zi de joi din noiembrie a devenit oficial sărbătoarea națională a Statelor Unite ale Americii (național însemnând că aparține acestei națiuni). Milioane de curcani vor fi sacrificați pentru această zi, deoarece cu aproximativ 400 de ani în urmă, la masa festivă s-a servit CURCAN. Este adevărat că pelerinii foloseau această denumire pentru orice pasăre sălbatică. Cu timpul însă, tradiția s-a fixat asupra acestei păsări – curcanul –, din bunătățile de la masa tradițională nelipsind nici dovleacul, merișorul, porumbul, varza, scoicile, cartofii.

Dar alături de toate acestea servite la masa festivă, trebuie aduse mulțumiri lui Dumnezeu pentru ceea ce suntem, cum suntem, unde suntem, mulțumiri celor care ne ajută să ducem un trai civilizat, în liniște și libertate. Să ne rugăm pentru noi și pentru ei, ca Dumnezeu să ne călăuzească pașii spre bine!

Cu aceste gânduri părăsesc pădurea, Lacul Lynn din Raleigh. În fața mea, pe poteca maronie, trec veverițe. Se opresc, ridică cozile lor stufoase: *„Punct - virgulă, punct - virgulă!"*. Un vânticel începe să bată aruncând ace de pin din copaci, și frunze maronii cu o geometrie fermecătoare. Gânduri de recunoștință mă însoțesc: Recunoștință datorez întâi țării în care m-am născut și am trăit cea mai mare parte din viață, recunoștință datorez țării care m-a primit și care mă ajută să-mi duc traiul pe mai departe! Mulțumesc Ție Doamne!

Publicat în reviste din: România, S.U.A., Belgia, Danemarca, Canada.

Ravagiile uraganului Sandy

"Peste zvârcolirile vieții, vremea vine nepăsătoare, ștergând toate urmele. Suferințele, patimile, năzuințele, mari sau mici, se pierd într-o taină dureros de necuprinsă, ca niște tremurări plăpânde într-un uragan uriaș."
Liviu Rebreanu

Uraganele – furtuni tropicale de mare intensitate – iau naștere atunci când o furtună se deplasează deasupra oceanului. În contact cu apa mai caldă, energia furtunii crește, ia naștere un vânt rotativ care, dacă depășește 119 km/h este considerat uragan. Uraganele apar în oceanele Atlantic, Pacific și Indian, la latitudini de 10-30 de grade și au denumiri diferite, în funcție de regiune. De exemplu, în Asia de est uraganul se numește taifun. Uraganele pot dura de la o zi la cca. o lună, după cantitatea de energie înmagazinată. În afara temperaturii apei, un rol important îl are și forța care conferă furtunii mișcarea de rotație specifică. În funcție de intensitate, uraganele sunt clasificate pe cinci trepte. Un uragan de categoria 1 are o viteză a vântului cuprinsă între 119 și 153 km/h, unul de nivelul 5 depășește 251 km/h, iar efectele sunt devastatoare: copaci smulși din rădăcină, vehicule și alte corpuri grele ridicate în aer, valuri marine foarte înalte, inundații puternice etc. În momentul în care atinge țărmul, uraganul poate provoca pagube uriașe, afectând suprafețe de ordinul sutelor sau miilor de km pătrați, cum a fost cazul în anul 2005, când uraganul Katrina a afectat sudul SUA, cu un impact maxim asupra orașului New Orleans. În Atlanticul de nord, sezonul uraganelor începe în luna iunie și durează până spre sfârșitul lunii noiembrie, când oceanul se răcește și nu mai poate beneficia de energie suficientă. Într-un sezon mediu, se pot produce aproximativ șase uragane, din care două sunt de categoria a treia sau mai mari (peste 178 km/h). În ultimii ani, în special după 1995, numărul uraganelor puternice s-a mărit. Oamenii de știință pun această intensificare pe seama încălzirii globale. Experți din cadrul Agenției americane pentru studiul oceanelor și condițiilor atmosferice (NOAA) au anunțat din timp că vor fi între 12 și 17 furtuni tropicale în perioada 1 iunie - 30 noiembrie a acestui an 2012. Două au fost uraganele Chris și Ernesto, în iunie, care au atins Peninsula Yucatan (în sud-estul Mexicului) și au cauzat importante pagube materiale datorită ploilor și intensificării puternice ale rafalelor de vânt. Peste 5 milioane de oameni din Statele Unite au rămas atunci fără curent electric și mai multe orașe au fost inundate.

Un proverb spune că „*banii pe care îi aduc vânturile, îi iau apoi uraganele*". Cam așa a fost și acum, cu acest uragan Sandy, abătut asupra părții de N-E a Statelor Unite. Au murit câteva zeci de persoane din cauza rafalelor violente de vânt și a inundațiilor provocate de către uragan. Localitățile afectate au fost cele din statele New York, New Jersey, Pennsylvania, Virginia și Carolina de Nord. Aproximativ 250.000 de locuințe au rămas fără electricitate în seara zilei de 29 octombrie, în Manhattan, dar și peste un milion de persoane la nivelul statului New York au rămas în beznă, din cauza unor pene de electricitate provocate de către uragan și remedierea va necesita timp. 29-30 octombrie 2012 a fost cea mai lungă noapte la New York. Incendiile provocate de scurtcircuite și penele masive de curent au agravat problemele create de inundațiile masive care au afectat coasta de nord-est a SUA. Au murit oameni, majoritatea loviți de copaci în cădere. Foarte mulți au fost salvați de la pieire datorită efortului celor care au avut menirea să salveze, să protejeze populația. La New York, spun unii, mirosul de fum era foarte puternic pe străzile inundate. Zeci de clădiri au ars din temelii în Queens din cauza incendiilor, pompierii luptându-se din greu cu flăcările. În New York generatoarele au fost distruse, iar apa a inundat subsolul unui spital făcând necesară evacuarea unui număr de pacienți. Vântul a bătut puternic, iar mijlocul Manhattan-ului arăta ca și cum ar fi fost străbătut de un râu. Orașul Atlantic City, din statul New Jersey, părea o prelungire a Oceanului Atlantic, după cum scria CNN. Algele și aluviunile pluteau în apa până la genunchi care acoperea străzile orașului. Milioane de americani au stat în întuneric (cartierul Manhattan fiind cufundat complet în întuneric) și în frig în casele lor din cauza lipsei de electricitate. Unele mașini erau complet în apă.

Metroul din New York a fost inundat pentru prima oară de când a fost construit, în urmă cu 108 ani. Efectele uraganului Sandy s-au făcut simțite nu numai pe întreaga coastă de est, dar și mult spre vest, până în zona Lacului Michigan. Ploi puternice au afectat statul New England și parte a Vestului Mijlociu, iar viscolul a adus zăpadă în munții din Virginia de Vest. Multe curse aeriene au fost anulate. Uraganul a provocat distrugeri pe scară largă pe coasta de est a SUA și Președintele Statelor Unite a decretat în data de 30 octombrie, stare de „catastrofă majoră" în statele New York și New Jersey, unde orașele au fost inundate și circa 8 milioane de oameni au rămas fără curent.

Dar, întotdeauna, după furtună, vine vreme bună! Și gândul mi-alunecă spre una din reflecțiile lui Gide: *„Aveam nevoie de un plămân, mi-a spus copacul; atunci seva mi s-a prefăcut în frunză, ca să pot respira prin ea. Apoi, după ce am respirat, frunza mi-a căzut, iar eu n-am murit... Fructul meu cuprinde întreaga mea concepție despre viață."*

Publicat în reviste din: România, S.U.A., Belgia, Danemarca, Canada.

Corul „Tenebrae" (Tenebrae Choir)

„Adu-ți aminte de Domnul Isus Hristos."
Apostolul Pavel (2 Tim.2:8)

Muzica bisericească pe care o ascultăm în marile biserici, în preajma Altarelor, într-o atmosferă de sobrietate mistică, are întotdeauna o intonație de o frumusețe rară.

În data de 4 noiembrie 2012, în Catedrala Universității Duke (Duke University Chapel) din Durham, Carolina de Nord, am putut asculta un concert de muzică religioasă – Corul TENEBRAE – subtitrat „Rahmaninov și tradiția Rusă Corală".

Catedrala construită între anii 1930 și 1935 este impresionantă. Poziționată în inima campusului vestic al universității, măsoară 291 feet lungime, 63 feet lățime și 73 feet înălțime, neținând cont de înălțimea turnului. Este un exemplu de arhitectură neo-gotică în stil englezesc, caracterizată prin arcuri mari, bolți nervurate și contraforturi care permit crearea unor spații mari și deschise, neîntrerupte de coloane pentru susținere. A fost construită din piatră vulcanică, cunoscută ca piatră albastră de Hillsborough și are 17 nuanțe de la ruginiu la gri. Ferestrele bisericii – 77 la număr – au sute de vitralii frumoase cu figuri și scene biblice. Băncile din interiorul bisericii asigură locuri pentru 1600 persoane. În interior au fost instalate două orgi, prima în 1976 – „Flentrop" – și cea de a doua, de dimensiuni mai mici, „Brombaugh" în 1996.

Aici se țin slujbele liturgice în fiecare duminică, la care participă și corul universității, unul din cele mai mari și active coruri din țară, fiind constituit din 150 de membri – studenți din facultăți, cadre didactice dar și alți cântăreți de la Universitatea Duke și comunitatea din Durham.

Muzica religioasă de concert face parte din muzica cultă și unul din genurile sale este concertul coral pe care l-am ascultat în această Biserică cu acustică divină.

Pe poteca care urca spre Biserică, crengile firave ale copacilor se agitau fermecător de asimetric și blând; lumina zilei scăzuse simțitor; sufletește eram pregătiți pentru o seară cu muzică liturgică.

Am intrat în Biserică, am găsit câteva locuri libere, am privit interiorul bisericii, crucea luminată și cele trei scene biblice din Altar și ne-am bucurat de tăcerea prevestitoare a unei „furtuni" magice.

La ora anunțată, cinci după amiază, a început concertul programat **TENEBRAE CHOIR** (Corul Tenebrae), sub conducerea directorului artistic Nigel Short. Programul a inclus muzică liturgică cu preponderență a compozitorilor ruși.

Dinspre pronaosul Bisericii tăcerea a fost spartă, spațiul străpuns de sunetele unei voci puternice de bas, cântând piesa **All-Night Vigil** (Privegherea de toată noaptea) de Serghei Rahmaninov: *„Amin! Veniți și vă închinați Domnului! / Veniți să ne închinăm și să cădem la Hristos, Împăratul nostru și Dumnezeul nostru..."* cântat în limba slavă bisericească și de către ceilalți coriști care au apărut pe rând și au traversat Biserica înaintând spre altar în semiîntunericul Bisericii, unul câte unul, ținând fiecare partitura în mâini, luminată de două lămpi de neon fixate de partitură. Ajunși în fața altarului, au început să cânte în limba slavonă **Great Litany** (Marea Liturghie) a lui Rahmaninov, în întregime, un canon realizat între diacon și cor: *"Binecuvântată să fie Împărăția Tatălui, a Fiului și a Sfântului Duh, acum și pururea și-n vecii vecilor! – Amin! – În pace să ne rugăm Domnului. – Doamne miluiește! – Pentru pacea Domnului și salvarea sufletelor noastre, să ne rugăm. – Doamne miluiește!..."* Iar noi, ascultătorii, ne-am integrat în acel dialog cu divinitatea... Au urmat piesele lui Rahmaninov: **The Cherubic Hymn** (Imnul Heruvic) cântat în limba engleză: *"Sfânt, Sfânt, Sfânt,/ Veșnic binecuvântat Domnul Dumnezeu Atotputernic,/ Sfânt, Sfânt, Sfânt,/ Dumnezeu în trei persoane,/ binecuvântată, binecuvântată Trinitate..."*, **Blazhen muzh** (din All-Night Vigil): *"Binecuvântat este omul ce nu umblă în sfatul cel rău. Aliluia. Domnul cunoaște calea celor neprihăniți, iar calea celor răi va pieri. Aliluia..."* Piesele lui Rahmaninov – **Bogoroditse Devo**, **Nyne otpushchayeshi** – au fost intercalate cu piesele altor compozitori: Chesnokov, Kalinnikov, Mealor, Pärt, Ceaikovski și Kendov.

Cele 18 voci – soprane, alto, tenori și bași – au executat o muzică liturgică impresionantă, redând tradiția rusească. S-au auzit textele în limbile slavonă, engleză și latină.

Robustețea muzicii compozitorului, pianistului

și dirijorului rus **Serghei Vasilievici Rahmaninov** (1873-1943) ne-a impresionat puternic, el fiind considerat unul dintre ultimii reprezentanți ai romantismului în muzica clasică rusă. Influențat de Ceaikovski, Rimski-Korsakov și alți compozitori ruși, muzica lui are un lirism pronunțat, expresivitate, ingeniozitate, precum și o paletă de tonuri bogat colorate. În timpul Revoluției ruse din 1917, pierzând averea, a plecat din Petrograd la Helsinki și un an mai târziu, în statele Unite. Între 1918 și 1943 a trăit în Statele Unite, dar și în Elveția, completându-și activitatea cu doar șase compoziții. Rahmaninov a scris lucrări pentru pian și orchestră, concerte, Rapsodia pe o temă de Paganini, simfonii, precum și alte lucrări orchestrale, lucrări pentru pian solo care includ 24 Preludii și care traversează toate cele 24 chei majore și minore, sonate pentru pian, lucrări pentru două piane, patru mâini, *Rapsodia Rusă*. A mai scris lucrări corale, printre care *Liturghia Sfântului Ioan Gură de Aur* și *Privegherea de toată noaptea,* cunoscută sub numele de *Vecernie*, sau *All-Night Vigil*, aceasta din urmă fiind una dintre lucrările sale cele mai apreciate, influențată de cântece rusești ortodoxe, lucrare în care a reprodus sunetele foarte variate ale clopotelor. Rahmaninov a dorit ca această piesă să fie cântată la înmormântarea lui. A murit în 1943, în Beverly Hills, California, înainte de a împlini 70 de ani. La înmormântarea lui, un cor a cântat *Privegherea de toată noaptea*. A vrut să fie îngropat în Elveția, dar condițiile din cel de al doilea război mondial au făcut ca această cerere să nu poată fi îndeplinită și a fost înmormântat la New York.

Nu pot încheia fără a-i creiona sumar și pe ceilalți compozitori ai pieselor ascultate: **Pavel Grigorievici Chesnokov** (1877-1944, Moscova) a fost de asemenea un compozitor rus, dirijor de corală și profesor. El a compus peste 500 corale, dintre care peste patru sute corale sacre, finalizate până la vârsta de 30 ani, adică până în preajma revoluției ruse, deoarece sub regimul comunist nimeni nu a avut dreptul să producă orice formă de artă sacră. Ca atare, a mai compus o sută de coruri laice. Catedrala din Moscova, în care el a dirijat corurile, a fost distrusă. Acest lucru l-a afectat atât de mult, încât a încetat definitiv să mai compună. Am ascultat piesa lui – **Izhe Heruvimi,** op.9:No.7, impresionantă prin acel final: „*...noi suntem aproape de a primi Împăratul tuturor, escortat invizibil de ceata de îngeri./ Aliluia, aliluia, aliluia!*"(piesa cântată în limba slavonă) și **Sveti tihi** (lumină lină), Op.9: No.21 cu finalul: „*O, Fiu al lui Dumnezeu, întreaga lume Te glorifică!*".

Vasily Kalinnikov (1866-1901) a fost compozitor, dirijor și pianist; piesa ascultată în limba engleză a fost – **I will love thee** (Te voi iubi): *"Te voi iubi, oh, Doamne, tăria mea./ Domnul este stânca mea, cetatea mea..."*

Paul Mealor, născut în 1975 la North Wales, a studiat la Universitatea din New York, apoi a studiat compoziția la Copenhaga, la Academia Regală de Muzică. Din 2003 a devenit profesor la Universitatea din Scoția. Primul său album se intitulează „O lumină Tender" – o colecție de imnuri sacre corale.

Am ascultat trei piese în latină: **Salvador mundi** (Salvatorul lumii), în care s-a auzit strigătul unei superbe voci de soprană – *"Deus noster"* –, rămânând cu vibrația corzilor vocale timp de câteva secunde bune și care a fost precum penetrarea unei raze de lumină prin întuneric; **Locus iste** (Acest loc), în care am putut remarca un registru mai amplu; și **Ubi caritas et amor** – o lucrare caldă, liniștită: *"Unde este caritate și dragoste, acolo este Dumnezeu. Dragostea lui Hristos ne-a adunat într-unul singur./ Să ne bucurăm și să fim mulțumiți./ Să ne temem și să iubim pe Dumnezeu cel viu./ Și să ne putem iubi unul pe altul, cu o inimă sinceră. Amin."* Piesa „Ubi caritas et amor" a avut premiera cu ocazia nunții regale a Prințului William de Wales cu Catherine Middleton.

Arvo Pärt, născut în 1935, este un compozitor estonian, unul dintre cei mai de seamă compozitori de muzică sacră. Sursa de inspirație a muzicii sale este cântul gregorian. Din cauza regimului sovietic a emigrat întâi la Viena și apoi s-a stabilit în Berlin. Opera sa se împarte în două părți, una în stil neo-clasic, influențată de Șostakovici, Prokofief și Bartok, cea de a doua în care el folosește sunetele clopotelor, o muzică caracterizată prin simple armonii, note singulare care constituie baza armoniei Vestice. Sunt lucrări de Tintinnabuli – un procedeu al compoziției muzicale descoperite de el –, ritmări simple și care nu schimbă tempo-ul. În loc de limba natală estonă el folosește limba latină sau slavonă utilizate în liturghia ortodoxă.

Lucrările sale sunt inspirate de texte religioase. Una dintre ele – **The Beatitudes** (Fericirile) am putut-o asculta în acest concert. Acordurile orgii auzite în acest cor, au creat o stare emoțională, către sfârșitul piesei corul auzindu-se unduitor de frumos: *„Fericiți cei săraci cu duhul/ că a lor este împărăția cerurilor..."* și terminându-se cu *„Amin."*

Piotr Ilici Ceaikovski (1840-1893) a fost un compozitor rus ale cărui lucrări au inclus simfonii, concerte, opere, balete, muzică de cameră, corală cu texte Ortodoxe Ruse din Sfânta Liturghie. Ceaikovski are un stil personal, inconfundabil. În compozițiile sale nu a ținut cont de principiile care au guvernat melodia, armonia și fundamentele muzicii din Europa de Vest, intrând în contradicție cu ele și obținând originalitate și succese mari ale publicului.

Totuși, viața lui Ceaikovski a fost punctată de crize personale și chiar de depresie. A murit subit la vârsta de 53 de ani. A scris multe lucrări îndrăgite de publicul muzicii clasice, inclusiv *Romeo și Julieta*, cele trei balete (*Spărgătorul de nuci, Lacul lebedelor, Frumoasa din pădurea adormită*), Concertul pentru pian, Concertul pentru vioară, simfonii de o rară profunzime și operele bine cunoscute: *Regina de pică* și *Eugen Oneghin*. În acest program am ascultat **Legend The Crow of Roses** (Legenda nașterii lui Iisus).

Nikolay Kendov (1871-1940) a fost și el un compozitor rus de muzică liturgică. Una dintre cele mai cunoscute lucrări ale sale este **Otche Nash** (Tatăl Nostru), cu care s-a încheiat această minunată muzică liturgică: *"Tatăl nostru care ești în ceruri,/ sfințească-se Numele Tău..."*, cântată în limba slavonă. Kedrov s-a născut în Sankt Petersburg pe vremea imperiului rus, în familia unui Arhiepiscopului ortodox rus. După Revoluția din Octombrie a emigrat și a locuit întâi la Berlin și apoi s-a stabilit în Franța. Repertoriul din exil a inclus cântări liturgice ale Bisericii Ortodoxe Ruse.

Muzica este cea mai perfectă formă de comunicare între oameni. Patriarhul Bisericii

Ortodoxe Române spunea într-o cuvântare a sa: *„Se cunoaşte faptul că muzica, în general, şi muzica sacră în special, este izvor de pace profundă, de bucurie sfântă, dar şi de sănătate sufletească şi trupească. Ascultată în stare de rugăciune, muzica liturgică devine terapie, contribuie la alinarea suferinţei sufletului şi a trupului."*

Închei spunând că există oameni credincioşi, dar şi necredincioşi care atunci când intră într-o Biserică şi ascultă slujba, sau un astfel de concert, izbucnesc în lacrimi. Lacrimile se ivesc uneori din mustrări de conştiinţă, alteori sunt declanşate de sunetul mângâietor sau tulburător al cântului religios, sau, iată – de cele 18 voci superbe care au atins unda binelui şi au adus lumină în sufletele oamenilor veniţi să asculte.

Publicat în reviste din: România, S.U.A., Belgia, Danemarca, Canada.

Decență sau vulgaritate?

„Există o decență care trebuie păstrată în cuvinte ca și în ținută."
Francois Fénelon

Dicționarul explicativ al limbii romane definește DECENȚA: *respect al bunelor moravuri, bună-cuviință; pudoare.* Ca atare, omul decent respectă regulile de bună purtare, conveniențele și morala. Un om cu un suflet sensibil este imun la vulgaritate, fiindcă vulgaritatea jignește, umilește. Vulgar este omul neșlefuit, precum o piatră care zgârie, rănește, fiindcă este colțuroasă.

Nu avem cum să cerem tuturor să se încadreze în niște norme sau linii trasate de societate, deoarece există printre noi unii care vor să iasă din tipare, să epateze într-un fel, fie din cauza unui dezechilibru mintal, fie din lipsa bunei creșteri, fie din cauza unor trăsături vicioase de caracter, iar pentru acest comportament sunt priviți și catalogați, în cel mai blând caz, ca fiind niște oameni ciudați. Dacă nu ar face rău societății, sigur că nu ne-am alarma, dar se întâmplă tocmai contrariul – umilesc conduita normală de bun-simț a majorității oamenilor. Și poate că ei nu ar exista sau ar fi în număr foarte mic printre noi, dacă societatea în ansamblu ar fi una normală; dar se pare că ei se înmulțesc în condițiile unei societăți anormale, după cum societatea devine din ce în ce mai puțin normală din cauza înmulțirii numărului lor.

Metoda brutală cu care acționează acești oameni, stilul pe care-l adoptă, este o sfidare la adresa bunului simț, a bunei cuviințe. Iată că râsul lor sfidător, vorbele de amenințare, limbajul de cea mai joasă speță – limbaj de mahala – tonul vorbirii – urlet uneori – sau îmbrăcămintea, obiectele preferate, poziția corpului, gesturile în intimitate, dar și în societate – vădesc vulgaritate.

Bine ar fi ca în folosirea cuvintelor, dar și în toate manifestările noastre, să ne comportăm cu decență și responsabilitate. Să dezaprobăm aspectul, atitudinea și limbajul agresiv.

Decența se învață! Nu ne naștem nici decenți, nici cu caracterul frumos format! Socrate spunea că *„oamenii nu sunt virtuoși de la natură"*, iar Aristotel adăugase la faptul că virtuțile noastre nu ne sunt date de către natură, constatarea că din contra *„ele sunt date contra naturii, dar avem dispoziția naturală să le primim în noi"*. Adică o deprindere *„un stil al acțiunilor pe care-l căpătăm prin exercitarea lor, prin modul în care-l realizăm"*, cu care să căutăm să fim altfel și în felul acesta se poate întâlni „mijlocia" pe axa pe care se mișcă voința sufletului nostru; măcar aici, dacă nu putem ajunge în cealaltă parte – opusă! Tot Aristotel arăta că trebuie evitate trei lucruri în viață: *„răutatea, lipsa de reținere și primitivitatea animală"*.

În zilele noastre rămân valabile aceste percepte filozofice. Omul nu este ad litteram trup și spirit, ci după cum trupul intră în acțiune – să-i spunem într-un proces trupesc – și spiritul are întregul său proces spiritual, ca atare omul nu este ceva împlinit, ci este în continuă lucrare. Filozoful Giovanni Gentile spunea: *„Omul este om întrucât se face om."* A fi oameni înseamnă a ne crea pe noi înșine, a ne crea viața, beneficiind de libertatea dăruită de Divinitate.

Se coboară atât de jos, încât putem auzi înjurături din gura unor oameni de la care ne-am fi așteptat să fie exemple de comportament civilizat, cuviincios și unde? – într-un mediu unde s-ar fi cerut decență... Cum de ies din gura lor înjurături, drăcuieli, uneori chiar blesteme? Cum se naște această plăcere diavolească, înscrisă în sentimentul unei vieți neîmplinite sau râvnite? Scriam cândva – și nu mă dezmint – că oamenii devin din ce în ce mai răi, capabil omul fiind să lovească și să ucidă pe cel de lângă el, cu cuvinte – scrise sau grăite –, cu propriul corp, cu arme, în special atunci când interese de ordin material sunt în joc.

A dispărut toleranța, sentimentele nobile, decența, a dispărut morala după care s-au ghidat străbunii noștri atâtea veacuri! Cuvintele, gesturile nu mai sunt spiritualizate, în așa fel ca să-l facă pe cel de lângă noi să înțeleagă, să-l mângâie, să-l alinte... Nu ne mai apropiem unii de alții prin acel sentiment de iubire, nu mai suntem înamorați de bine, de înalt...

Am avut o colegă de facultate care înjura printre dinți când nu-i convenea ceva – și multe nu-i conveneau – și am întrebat-o într-o zi: „De ce înjuri?" „Să-mi vărs focul, să-mi treacă nervii!" „Dar de unde ai învățat să înjuri?" „La mine în casă nu era zi fără înjurături! Mama-l înjura pe taică-meu că se mișca încet și n-o făcea fericită, tata o înjura pe mama că n-are minte să-nțeleagă!" Și-am înțeles cum în acea familie lipsea iubirea și respectul și cum s-au imprimat cuvintele în mintea ei.

Când am lucrat în fabrică, am întâlnit un coleg, inginer, fiu de preot, care înjura. Și erau unii care îl priveau admirativ pentru curajul de a sfida educația pe care o primise de la părinți, aceea a bunei cuviințe și a credinței. Era pe vremea comunismului! L-am întrebat odată: „De ce înjuri?" „Fiindcă sunt un om sincer! Eu sunt prieten cu muncitorii din secție: ei înjură, eu înjur..." Cunoșteam atmosfera și am realizat învoirea sufletului său cu gândul rău.

Am cunoscut un intelectual, profesor la un liceu care la cinci minute trebuia să-l pomenească pe „cel rău". Și l-am întrebat și pe acesta: „De ce drăcuiți tot timpul?" „Da, așa fac? Nu-mi dau seama, dar, oricum, cei din familia mea nu se sfiau să mai și drăcuiască! Probabil că mă «răcoresc»!" Și-atunci am realizat evoluția păcatului, de la atacul gândului rău, până la obișnuința cu el.

Am avut o vecină care înjura, drăcuia și am întrebat-o pe un ton glumeț: „De unde ați învățat atâtea înjurături «frumoase»?" „Din piață, dragă doamnă! Du-te și dumneata de vezi ce se bate la gura ălora de acolo!"

Și m-am tot întrebat, de ce oare oamenii nu pot găsi un mijloc decent de defulare? De ce au ajuns să considere normală o astfel de atitudine, încât nu-i deranjează? De ce toate aceste emoții nu le transferă în cuvinte frumoase, într-un strigăt către Dumnezeu, într-o rugăciune? Și dacă greșim – fiindcă nu este om să nu greșească – de ce nu folosim scuzele sau acel atât de frumos cuvânt: „Iartă-mă!"?

Fără educație, important fiind acceptul ei (spun aceasta întrucât de multe ori auzim câte un părinte plângându-se de copilul său: *„Îi intră pe-o ureche și-i iese pe cealaltă!"*), omul rămâne pradă fanteziei sale, iar fără credință în Dumnezeu fantezia poate lua căile cele mai urâte, ale păcatului, ale vulgarității, iar păcatul este lucrarea diavolului, a întunericului. În Romani 13:12 scrie: *„Să ne dezbrăcăm dar de faptele întunericului și să ne îmbrăcăm cu armele luminii".*

Cauzele păcatului se spune că sunt mai multe: natura noastră animalică, anxietatea, înstrăinarea existențială, lupta economică, individualismul, ispitirea de către Diavol. Oare nu ne putem da seama că toate aceste cuvinte și manifestări vulgare, indecente, sunt curse ale Răului? Că prin ele ne înstrăinăm de aproapele nostru și de Dumnezeu? Apostol Pavel spunea: *„Duhul vorbește lămurit că în vremile cele de apoi, unii se vor* *depărta de la credință, luând aminte la duhurile cele înșelătoare și la învățăturile demonilor"* (I Timotei 4, 1).

Un om decent este un om curat sufletește și trupește; el nu se murdărește, nu se încredințează vulgarității pentru a șoca, a se refula, a păcătui.

Părerea mea este că ne lipsește evlavia, acea atitudine de respect și duioșie față de cineva sau de ceva, despre care pomenește Thomas Mann în cartea sa „Doctor Faustus": *„Libertatea pe care o avem înseamnă și libertatea de a păcătui, iar evlavia înseamnă a nu face uz de această libertate, din dragoste pentru Dumnezeu, care a trebuit să ne-o dea".*

Publicat în reviste din: România, S.U.A., Belgia, Danemarca, Canada.

La mulți ani, stimate domn Ben Todică!

„Cine ce dorește să îl dăruiască
far'de-ntârziere pronia cerească."
Anton Pann

Scriitor, editor, artist independent, Ben Todică de naționalitate română, cetățenie română și australiană, trăitor pe meleagurile îndepărtate ale Australiei, s-a născut la 23 noiembrie 1952, în satul Iezer, comuna Puiești, fostul județ Tutova, astăzi județul Vaslui din România. Zilele acestea împlinește șase decenii de viață și poate privi în urmă cu mândrie, printre suferințe și clipe de singurătate, frumoasele sale realizări, fiindcă așa cum afirma Ioan Miclău din Australia, în prefața cărții „Între două lumi" a domnului Ben Todică: *„Suferința fiind de fapt o calitate prin care se manifestă însăși viața... este inima creativității, combustibilul ei"*. Dumnealui îl sfătuia să-și adune scrierile cu adânci rădăcini morale și creștine *„căci de aceste scrieri și îndemnuri are nevoie azi tinerimea românească, tinerime prin care se va lega valul veșnicului nostru neam românesc, așa cum era pe vremurile când era un Rai al Europei"*.

Ben Todică trăiește azi în metropola Melbourne din Australia, alături de soția sa – Mingming Dong și de copii – Carol, Eric și Guardeni Todică. Este un adevărat artist, un gânditor, un visător dar și constructor de armonii în lumea în care viețuiește.

Cineastul Ben Todică are zeci de filme realizate, cu teme reale alese din viața comunității româno-australiene, printre care și cutremurătorul film „Drumul nostru", România fiind pentru el o continuă sursă și bogăție spirituală, o țară plină de oameni buni și milostivi, harnici și nemăsurat de ospitalieri.

Ben Todică s-a dovedit a fi și bun mânuitor al condeiului și cuvântului. A scris multe și variate articole, publicate și împrăștiate prin multe publicații literare românești. Din fericire, am putut citi cea de a doua carte a sa intitulată „Între cele două lumi", ediția 3-a 2012, editura Mușatinia – Roman. M-au impresionat cuvintele scrise în „Destăinuirea" (o numesc eu) din prefața cărții: *„Pentru mine fuga în vest a fost egală cu mușcătura din mărul pomului oprit..."* Amintindu-și de țara sa, cu mare sinceritate, scrie: *„...pot spune că toată perioada de 27 de ani petrecută în Australia a fost luminată precum licuriciul luminează întunericul pe ici, pe colo, pulsând și permanent tăind bezna într-un plâns nedefinit."*

Sentimentul mândriei de a fi român îi este înrădăcinat în suflet, dar și speranța: *„România viitorului e a tuturor românilor. În orice loc de pe pământ unde e un român e o micuță Românie și totalitatea lor o formează un întreg."*

Abordând tema Valorii, atât de importantă pentru zilele noastre, menționează: *„România e o țară mică. Nu se poate opune! Dar se poate conserva așa cum numai ea știe s-o facă de mii de ani – prin trezire, realizare și promovare – Promovarea valorilor sacre!"* Este convins că noi românii am învățat să privim înainte și să simțim divin, că fiecare dintre noi, ori unde s-ar afla, își aduce contribuția la schimbările lumii, *„precum fluturele care din mișcările aripilor sale a declanșat un uragan în partea opusă a pământului... Să nu uităm că noi* *toţi suntem dăruiţi de la Dumnezeu cu potenţialul FLUTURELUI".* Se pare, că nu îi este străin acel „efect al fluturelui" şi nici aspectele „teoriei Haosului" care semnalează că la cea mai mică schimbare a parametrilor iniţiali, se produce un comportament complet diferit în sistemul complex, ca atare avem de-a face cu incertitudinea – cea care ne provoacă de obicei mari suferinţe – şi care ne arată că situaţia iniţială a unui sistem complex nu poate fi determinată cu precizie, prin urmare nici evoluţia lui. Dar... avem „potenţialul Fluturelui!" Nu putem ştii, putem doar intui! Iată cum ne izbim de limite! Fac o digresiune amintind spusele unui savant rus: *„Nu se pot prevedea limitele cunoaşterii şi previziunii ştiinţifice."* Da!, mişcarea aripilor unui fluture, poate schimba multe! Şi câte mişcări ale fluturilor nu le vom fi cunoscând! Şi-atunci cum să decidem corect în acţiunile noastre? mă întreb.

Îmi vin în minte spusele lui Lucian Blaga: *„Eu nu strivesc corola de minuni a lumii.../ eu cu lumina mea sporesc a lumii taină -/ şi-ntocmai cum cu razele ei albe luna/ nu micşorează, ci tremurătoare/ măreşte şi mai tare taina nopţii,/ aşa îmbogăţesc şi eu întunecata zare/ cu largi fiori de sfânt mister/ **şi tot ce-i neînţeles/ se schimbă-n neînţelesuri şi mai mari/ sub ochii mei..."***

Dar să revin la personalitatea domnului Ben

Todică, în aceeași notă – filozofică, dar cu alt specific. Dumnealui se întreabă: *"Cum poți avea acces la o națiune; cum poți îngenunchea un popor?"* și tot dumnealui răspunde: *"Elimină-i cultura! Ia-i identitatea!" "Existăm pentru că avem o cultură!"*

Vorbind despre Eminescu, afirmă: *"Eminescu este parte din ADN-ul poporului român"*. Îl doare, așa cum ne doare și pe noi, că unii dintre români – scriitori, filozofi – îl declară nerelevant, pe când alții, străini de neamul nostru, *"ar da orice să-l aibă pe Eminescu ca act de identitate"*.

Întâmplări ale vieții, pe care le și semnalează, l-au făcut să simtă că nu este singur și vorbind despre întrajutorare: *"E atât de important să știi că nu ești singur!"* Cât privește Credința, se exprimă înduioșător: *"Cred că toate sufletele sunt din același tată. Nu lăsa pe nimeni să-ți spună altfel. Nu lăsa pe nimeni să-ți spună că ești nimic. Dacă ai un vis trebuie să lupți pentru el, să-l protejezi pentru că e copilul tău. Totul e posibil în viață dacă tu crezi și insiști. CREDINȚA, nu uita, E ETERNĂ! E FORȚA!"* Subliniază un adevăr recunoscut: *"Majoritatea științelor fug de Dumnezeu din principiu; se consideră «științe exacte» (adică limitate) fără a recunoaște că toate descoperirile sunt făcute printr-un dialog aprins și pătimaș cu EL"*.

Am citit versuri care mi-au plăcut, din cartea Robii pământului: *"Când luna atârnă de boltă, năucă,/ Vin caii în stepă, trec caii-nălucă./ Zvârluga de păstrăvi din apa de munte/ Sunt gata ca omul și soarta s-o înfrunte."... Walpurgica noapte cu cai fără șa,/ Ce frig e de-o vreme în inima mea."* (din poezia: „Nechezat de Cai în Noapte")

Și închei cu impresionantele versuri: *„Noi am plecat din țara mamă,/ acolo au rămas munții căruntii,/ văile cu florile, turmele cu oile,/ pădurile cu doinele, mormintele cu crucile".*

La mulți ani, stimate domn BEN TODICĂ! Iată că nu sunteți singur! Aveți prieteni!

Publicat în reviste din: România, S.U.A.

Master Corale – 2012

> *„Muzica este o lege morală.*
> *Ea dă suflet universului, aripi gândirii, avânt închipuirii, farmec tinereții, viață și veselie tuturor lucrurilor. Ea este esența ordinii, înălțând sufletul către tot ce este bun, drept și frumos."*
> Platon

Marți 11 decembrie 2012, ora 19:30, la Centrul Artelor Performante din orașul Raleigh – Carolina de Nord, „Master Corale", prescurtat NCMC, a susținut Concertul vocal-simfonic intitulat JOY OF THE SEASON.

Corala fondată în anul 1942 și devenită performantă în toți acești 60 de ani de la înființare, este considerată ca fiind o capodoperă, cu un cor format din 170 de voci ale Corului simfonic, 22 de voci ale Corului profesionist de cameră și cu acompaniament orchestral. „Master Corale" colaborează cu orchestre simfonice, companii ale operei, balet și producții de turnee. Directorul muzical Alfred E. Sturgis – în această funcție din anul 1993 – este și dirijorul acestei Corale, formație deosebită, cu un palmares impresionant și cu numeroase concerte susținute de-a lungul timpului.

Scriam și anul trecut la audierea acestei Corale, despre un studiu făcut care estimează un mare număr de coruri în SUA, începuturile cărora sunt făcute în școli, datele statistice arătând felul și rolul educației, precum și implicarea familiilor în artă – cărămizile din care se zidește viața copiilor și adulților – ajutându-i la formarea și consolidarea abilităților sociale, la implicarea în viața comunității.

Lucrările corale americane sunt deosebit de variate și bogate, având diverse surse de inspirație, elaborând în acest mod concerte grandioase.

Concertul din ziua respectivă a inclus *Corul simfonic, Corul de Cameră* alcătuit din minunate voci – soprane, altiste, tenori și bași, precum și *Orchestra* formată din instrumente cu coarde, instrumente de suflat și instrumente de percuție. Dintre instrumentele cu coarde și arcuș, impresionant! – 10 viori, 3 viole, 2 violoncele; instrumente de suflat – contrabas, flaut, oboi, clarinet, fagot, corn, trompetă, trombon, timpan; instrumente de percuție – harpă și pian.

În prima parte a programului am ascultat Suita de concert din ***The Polar Express***, piesă a lui Silvestri și Ballard – aranjament muzical Jerry Brubaker – executată de orchestră; ***Angels we have heard on high*** – aranjament muzical Barlow Bradford – executată de Corală și Orchestră; ***Gaudete***, un colind de Crăciun, cântec religios, polifonic (îmbinare melodică a mai multor linii melodice) din perioada medievală – aranjament muzical Richard Price – piesă ale cărei cuvinte au sunat duios și vestitor: „*Gaudete, gaudete! Christus est natus/ Ex Maria virgine, gaudete!...*" și ***The Shepherd's Carol*** – superbă, angelică – de Bob Chilcott, executate de Corul de Cameră NCMC; ***Gloria and Et in terra pax*** – una dintre cele șapte piese cu tentă populară, familiară, de muzică sacră scrise de Antonio Vivaldi (1678-1741), compozitor italian, preot catolic, considerat reprezentantul barocului muzical venețian, cel care a contribuit la evoluția concertului către forma lui solistică: „*Gloria in* *excelsis/ Gloria in excelsis Deo./ Et in terra/ Et in terra pax/ hominibus bonae voluntatis./ Gloria to God in the highest/ and on earth peace/ tom en of good will"* și **Sussex Carol** – aranjament muzical – Bradford, impresionantă piesă muzicală!, ambele piese executate de Corală și Orchestră.

Din „L'enfance du Christ" (Copilăria lui Hristos) am ascultat piesa executată de orchestră – **Flight Into Egypt** de Hector Berlioz (1803-1869), strălucit reprezentant al creației franceze, compozitor, scriitor și critic, unul dintre corifeii romantismului muzical și încă o piesă de Berlioz din „L'enfance du Christ" – **Shepherd's Farewell**, interpretată de Corală și Orchestră, cu intervenția inspirată a instrumentelor de suflat.

Au urmat alte două piese **Child of the Stable's Secret Birth** a compozitorului contemporan de muzică clasică Thomas Hewitt Jones și **Christmas Roundelay** a compozitorilor David Warner și Mack Wilberg.

În scurta pauză mă gândeam câtă dreptate avea filozoful care spusese că viața fără muzică ar fi o greșeală. Dispărând armonia sunetelor, apăruse zgomotul scaunelor și vocilor noastre...

După pauză am ascultat piesa **Good Christian Men Rejoice**, aranjament muzical Darmon Meader, **White Christmas**, aranjament Kirby Shaw, interpretate de Corul de cameră; **Away in a Manger** și **Have Yourself a Merry Little**

Christmas, aranjamente Bradford și interpretate de Corală și Orchestră; *Grinch!* ***A Christmas Choral Medley***, aranjament Andy Beck, o piesă veselă cu ritm vioi, interpretată de Corul de Cameră; ***It's the Most Wonderful Time of the Year***, compozitor David T. Clydesdale, interpretată de Corul de cameră și Orchestră. A urmat veselul și antrenantul cânt ***Nutcracker Jingles***, aranjament Chuck Bridwell, interpretat de Corală și Orchestră; ***Sing We Joyous*** aranjament Gary Fry, la care audiența sălii a fost invitată să cânte împreună cu corul și orchestra. S-au putut auzi cuvintele cântecului: *„Deck the hall with bought of holly,/ Fa la la la la la la la la/ This the season to be jolly,/ Fa la la la la la la la la..."* după care s-a aplaudat frenetic și la sfârșit piesa ***Joy to the World***, aranjament Joseph Willcox Jenkins, executată de tot ansamblu, cu un final forte, înălțător.

Ne-a încântat cu ținuta modestă și interpretarea de excepție a acompaniamentului muzical, pianista Susan Mc. Claskey Lohr, care acompaniază soliști și coruri de la vârsta de 10 ani. A primit titluri în educație muzicală și performanță pianistică la Universitatea din Kentucky, locul în care s-a născut și a studiat.

În cele două ore ale concertului, dirijorului Alfred E. Sturgis cu stilul său energic, vesel, pozitiv a reușit să realizeze vibrația nu numai a instrumentelor și a corzilor vocale existente în formație, ci și a inimilor celor care au umplut sala de concert.

Muzica este, după cum afirma Ludwig van Beethoven, mediatorul între viața spirituală și cea trupească. În lumea de astăzi când interesele pentru confortul personal și pentru dobândirea puterii au prioritate, iată că există și posibilitatea de a ne scălda sufletele în apa curată a muzicii și a credinței, credința fiind rădăcina spiritualității, a legăturii tainice cu divinitatea.

Pe lângă importantele cuceriri ale cunoașterii, ale tehnologizării, efortul de afirmare și dezvoltare a personalității umane include, fără tăgadă, rolul muzicii în peisajul vieții sociale. Amintirea, retrăirea evenimentului Nașterii Domnului în atmosfera unei săli de concert se face cu iubire, cu omenie, însușiri care stau la baza credinței sănătoase, păstrată încă vie în sufletele multora dintre noi.

Publicat în reviste din: România, S.U.A., Belgia, Danemarca, Canada.

Atac criminal

> *Teama-i obsesia de care nu se izbăvește*
> *cel căruia credința îi lipsește!*

Nu a trecut mult timp de la un incident armat, când a fost redeschis subiectul armelor de foc, ușurința cu care ele se procură, folosind reclame comerciale, de genul: *„Armele nu ucid oameni; oamenii ucid alți oameni"* și din nou, iată, America este însângerată! Din nou omor în masă, baie de sânge în Newtown, statul Connecticut, cu 26 de victime, dintre care 20 de copii împușcați într-o școală. Adam Lanza, acesta este numele atacatorului, în vârstă de 20 de ani, și-a omorât mama, vineri, 14 decembrie, după care a mers la o școală elementară din Newtown și a împușcat mortal cele 26 de persoane, apoi s-a sinucis.

Mă întrebam de fiecare dată și mă întreb și acum, pe bună dreptate, dacă este în regulă ca un tânăr care nu poate merge la școală, să poată merge la un magazin să-și cumpere o armă, sau armele să fie la dispoziția copilului, a tânărului, în casa în care locuiește cu părinții – în acest caz. Îl controlează cineva dacă este în deplinătatea facultăților mentale atunci când se duce să-și cumpere un om o armă, sau atunci când acestea se află la dispoziția lui? I se cere un astfel de certificat? În fond, pentru ce are nevoie omul de armă? Pentru a se apăra? Trăim în junglă? Beneficiem de libertate nelimitată? Câtă ură trebuie să se fi acumulat în sufletul acestui tânăr de numai 20 de ani, pentru a putea recurge la asemenea gest? Ce se poate face pentru ca asemenea acte de violență să nu se mai repete?

Aminteam cândva de spusele unora, cum că violența ar fi răutatea genetică care trebuie stăpânită prin voință și prin educație. Dar dacă nu avem voință și nici educație? Indiferent, dacă le avem sau nu le avem, nu ar fi bine să căutam a ne îndrepta fața spre credință și a ne călăuzi pașii după ea? Cunoașterea legilor divine bazată pe duhul blândeții, înțelepciunii și iubirii, ar putea salva aceste suflete! Fiindcă cert este că sunt suflete rătăcite! Numai cunoscând sentimentele nobile, opuse violenței, prostiei, urii, pot merge pe calea cea bună, se pot vindeca de aceste boli ale sufletului. Numai astfel se vor convinge că nu trebuie să pună mâna pe armă pentru a-și domoli ura, setea de răzbunare. Recurgerea la violență este un mod de a te sinucide, de a renunța la viața aceasta care are și frumusețile ei, la oamenii și natura care ne oferă dragoste la tot pasul, dar care trebuie căutată, găsită, apreciată. Ar trebui să fim mai iubitori unii față de ceilalți, conștientizând scurtimea și valoarea acestei vieți. Omul are nevoie de libertate, dar trebuie în primul rând să respecte legile bunei cuviințe, altfel echilibrul social nu este posibil. Buna-cuviință și comportamentul civilizat în societate nu pot fi separate de moralitate; un comportament frumos este și moral, iar moralitatea stă la baza relațiilor sociale.

Copiii, tinerii se joacă de multe ori de-a uciderea și părinții nu observă această plăcere a lor, ba uneori chiar este încurajată. Mai demult jocul de-a uciderea și uciderea din realitate se deosebeau enorm. Astăzi, odată cu progresul tehnologiei calculatoarelor, virtualitatea și realitatea s-au apropiat foarte mult. Ce să mai spunem de filmele din care nu lipsesc actele de violență! Pentru regizori, violența, îmi pare, că a ajuns ca „sarea și piperul" – condimentele necesare pentru a da gust unui film. Ajuns în spațiul audio-vizualului sau al celui cibernetic, conștiința omului se schimbă și crimele virtuale trec ușor, pe neobservate în lumea reală. Efectele sunt dureroase, dar cauzele sunt prea puțin analizate. Scriitorul român Mircea Eliade (1907-1986), istoric al religiilor, scriitor, filozof și profesor român la Universitatea din Chicago, scria printre altele: *„Comportarea religioasă a oamenilor contribuie la menținerea sfințeniei lumii"*. Viața ne demonstrează valabilitatea acestei afirmații.

Legea dă dreptul oricărui cetățean să-și cumpere unelte pentru atac. Bun, nebun, de voie, de nevoie, cu bani îți cumperi arme după bunul plac. Ați văzut cu câtă plăcere, chiar dragoste își aleg unii armele? Oare nu este aceasta o dragoste perversă? Tradiție? Teamă? Trufie? Cred, mai curând, că este instinctul sălbatic din noi, de sute de ani perpetuat. S-au schimbat atâtea-n jurul nostru, în viața noastră, dar noi, în noi, nu ne-am schimbat. Nu dialogăm cu propriul suflet, nici cu sufletele din preajma noastră, ne lipsește respectul față de noi înșine și față de cei de lângă noi. Pe semne sălbăticia, ura, invidia, se află adânc înrădăcinate. Și nu ne străduim a ne transforma, a ne înălța sufletește. Dar paralel cu această gândire cu aspect uman, o încercare de modificare a legislației regimului armelor și munițiilor, cred că ar fi bine venită în lume. De ce armele să nu se afle doar în mâna celor specializați și apți a le folosi?

Violență repetată, iată unde poate duce libertatea fără de conștiință. Cu ce i-au greșit victimele, acei copii nevinovați? Viața unui copil e ca floarea al cărei boboc stă să-nflorească și vine, iată, un vânt al morții, într-o școală unde copiii învață ce-i bucuria și cum s-o trăiască. Un vânt al nebuniei care a răpit făpturi plăpânde, trupuri nepângărite, nelăsându-le să crească, să se-mplinească, iar viețile atâtor părinți dintr-o dată năruite... Ne doare, sigur că ne doare și pe noi cei mulți care trăim aceste zile sub puternica impresie a acelei tragedii.

Dar, speranța, cea care nu moare niciodată, ne face să fim încrezători în măsurile care se vor lua, pentru ca aceste fapte reprobabile să nu se mai repete, oamenii afectați să-și regăsească liniștea dorită, să poată uita acest episod atât de dureros pe care l-au trăit.

Publicat în reviste din: România, S.U.A., Belgia, Danemarca, Canada.

„Of, Doamne, Doamne!"
(163 de ani de la nașterea lui Eminescu)

„Suntem români, vrem să rămânem români și cerem egală îndreptățire a națiunii noastre."
M. Eminescu

Mihai Eminescu a bucurat nația noastră cu doar 39 ani de viață, dar cu o imensă activitate literară. 46 de volume, aproximativ 14.000 de file au fost dăruite Academiei Române de Titu Maiorescu în 1902. A fost poet, prozator și jurnalist român, cea mai importantă voce poetică din literatura română.

Ion Caraion scria: „Eminescu este imponderabil și muzică".

Ion Luca Caragiale spunea că Eminescu avea un temperament de o excesivă inegalitate, oscilând între atitudini introvertite și extravertite: când vesel, când trist; când comunicativ, când ursuz; când blând și când aspru; mulțumindu-se uneori cu mai nimica și nemulțumit alteori de toate... *„Ciudată amestecătură! – fericită pentru artist, nefericită pentru om!"*

Titu Maiorescu i-a promovat imaginea unui visător cu o extraordinară inteligență, ajutată de o foarte bună memorie.

Constantin Noica îl considera etalonul poeziei românești spunând că *„Arborii nu cresc până în cer. Nici noi nu putem crește dincolo de măsura noastră. Și măsura noastră este Eminescu. Dacă nu ne vom hrăni cu Eminescu, vom rămâne în cultură mai departe înfometați."*

Mihai Eminescu (Mihail Eminovici) s-a născut la 15 ianuarie 1850, la Botoșani și a decedat la 15 iunie 1889 la București. A fost al șaptelea dintre cei unsprezece copii ai căminarului Gheorghe Eminovici, provenit dintr-o familie de țărani români din nordul Moldovei, coborând (pe linie paternă) din Transilvania, de unde familia a emigrat în Bucovina, din cauza exploatării iobăgești și a persecuțiilor religioase. Aproape toți frații și surorile i-au murit. O posibilă explicație este aceea că în secolul al XIX-lea speranța de viață depășea cu greu vârsta de 40 de ani, epidemiile de tifos, tuberculoză, hepatită erau frecvente, chiar sifilisul era considerat boală incurabilă până la inventarea penicilinei.

A urmat școala primară la Cernăuți, primele două clase probabil într-un pension particular. Apoi a fost înscris la liceul german din Cernăuți, singura instituție de învățământ liceal la acea dată în Bucovina anexată de Imperiul Habsburgic.

Se înființează curând o catedră de română și este ocupată de profesorul Aron Pumnul, cărturarul ardelean care a făcut parte din conducerea Revoluției Române de la 1848 din Transilvania, cel care a redactat programul revoluției lui Avram Iancu și care s-a refugiat în final la Cernăuți. La moartea acestuia Eminescu a publicat primul său poem, *La moartea lui Aron Pumnul*, semnat Mihail Eminoviciu; avea 16 ani. Debutează în revista Familia, din Pesta, a lui Iosif Vulcan (jurist și scriitor din Ardeal), cu poezia *De-aș avea*. Iosif Vulcan îl convinge să-și schimbe numele în Eminescu, adoptat mai târziu și de alți membri ai familiei sale.

Între 16-19 ani călătorește din Cernăuți la Blaj,

Sibiu, Giurgiu, oprindu-se la București, luând astfel contact cu realitățile românești din diverse locuri. În această perioadă se angajează ca sufleor și copist la teatru, unde îl cunoaște pe Ion Luca Caragiale.

Între 19-22 ani este student la Viena, la Facultatea de Filozofie și Drept, ca „auditor extraordinar". Audiază cursuri ale diferitelor facultăți, frecventează cu mult interes biblioteca Universității, având o sete nepotolită de lectură. În acest oraș se împrietenește cu Ioan Slavici și o cunoaște pe Veronica Micle.

Se întoarce în țară și se înscrie la Universitatea din Berlin (22-24 ani). În această perioadă a avut o bogată corespondență cu Titu Maiorescu care îi propunea să-și obțină de urgență doctoratul în filozofie, pentru a fi numit profesor la Universitatea din Iași. Junimea i-a acordat o bursă cu condiția să-și ia doctoratul în filozofie. A urmat cu regularitate două semestre, dar nu s-a prezentat la examene. Poetul a început să sufere de o inflamație a încheieturii piciorului; se îmbolnăvesc trei dintre frații săi, invocă lipsuri materiale. Se întoarce în țară. La acei 24 ani este numit director al Bibliotecii Centrale din Iași. Trei ani, cei mai frumoși ani ai vieții lui a fost bibliotecar, revizor școlar, redactor la Curierul de Iași. A făcut ordine în Bibliotecă și a îmbogățit-o cu manuscrise și cărți vechi româneşti. În această perioadă a fost bun prieten cu Ion Creangă, pe care l-a îndemnat să scrie şi l-a introdus la Junimea, asociaţie culturală înfiinţată la Iaşi şi a fost mereu în prezenţa muzei sale – Veronica Micle, scriind multe poezii.

La vârsta de 27 ani i se propune postul de redactor, apoi redactor şef la ziarul Timpul din Bucureşti. După 6 ani, în 1883 se îmbolnăveşte. În mod brutal, în iunie 1883, munca sa este întreruptă şi este introdus cu forţa în sanatoriul doctorului Şuţu. Pleacă la tratament la Viena, în Italia, revine la Bucureşti, pleacă la Iaşi, la băi lângă Odessa, revine în ţară, lucrează la Bibliotecă câtva timp, se reîmbolnăveşte, se internează la ospiciul de la Mănăstirea Neamţ. În decembrie 1888 pleacă la Botoşani, unde este îngrijit de sora sa Henrieta. Este vizitat de Veronica şi pleacă amândoi la Bucureşti; se bucură de o scurtă activitate ziaristică şi în februarie 1889 se reîmbolnăveşte, este internat la Bucureşti. În data de 15 iunie 1889, în jurul orei 4 dimineaţa, moare în sanatoriul „Caritatea" al doctorului Şuţu, iar în 17 iunie Eminescu este înmormântat la umbra unui tei din cimitirul Bellu din Bucureşti. Un cor a interpretat litania *Mai am un singur dor*.

Vorbind despre poezia de dragoste a lui Eminescu, trebuie să începem cu copilăria pe care a petrecut-o la Botoșani și Ipotești, în casa părintească și prin împrejurimi, într-o totală libertate prin frumoasele păduri ale Bucovinei. Fac o paranteză amintind că numele de „Bucovina" provine din cuvântul slav pentru fag („buk"), astfel termenul se poate traduce prin „Țara fagilor". Nostalgia copilăriei este evocată în poezia de mai târziu *„O, rămâi"* scrisă în 1979. Poetul aude glasul pădurii care-i șoptește: *„O, rămâi, rămâi la mine,/ Te iubesc atât de mult!/ Ale tale doruri toate/ numai eu știu să le-ascult. În al umbrei întuneric/ te asemăn unui prinț. Ce se uit-adânc în ape/ cu ochi negri și cuminți/ Și prin vuietul de valuri,/ Prin mișcarea naltei ierbi,/ Eu te fac s-auzi în taină/ Mersul cârdului de cerbi..."* Copilăria este pierdută și poetul constată cu durere: *„Astăzi chiar de m-aș întoarce/ a-nțelege n-o mai pot.../ Unde ești copilărie,/ cu pădurea ta cu tot?"*

Întâmplarea care i-a marcat ciclul poeziilor de dragoste a fost întâlnirea cu Veronica Micle, întâlnire pasională dintre doi poeți; unul dintre ei trebuia să strălucească! Iubirea pentru femeie și natură, în poezia lui Eminescu, luminează și tulbură totodată, cele două sentimente însumându-se ajung să aibă o energie cosmică care, până la urmă, pare să scape de sub imperiul voinței, determinând destinul ființei umane.

La începuturile vieții dragostea lui este senină,

frumoasă, împlinită cel mai adesea într-un cadru feeric al naturii, ca în poeziile **Dorința, Atât de fragedă, Freamăt de codru, Somnoroase păsărele, La mijloc de codru des** și altele.

Plenitudinea sentimentului iubirii este redată însă, în poeziile **Lacul**: „*Lacul codrilor albastru/ Nuferi galbeni îl încarcă;/ Tresărind în cercuri albe/ El cutremură o barcă./ Și eu trec de-a lung de maluri,/ Parc-ascult și parc-aștept/ Ea din trestii să răsară/ Și să-mi cadă lin pe piept...*" și în poezia **Lasă-ți lumea**, în care natura se însuflețește alături de cei doi îndrăgostiți: „*Lasă-ți lumea ta uitată,/ Mi te dă cu totul mie,/ De ți-ai da viața toată,/ Nime-n lume nu ne știe./ Vin' cu mine, rătăcește/ Pe cărări cu cotituri,/ Unde noaptea se trezește/ Glasul vechilor păduri./ Printre crengi scânteie stele,/ Farmec dând cărării strâmte,/ Și afară doar de ele/ Nime-n lume nu ne simte./ Părul tău ți se desprinde/ Și frumos ți se mai șede,/ Nu zi ba de te-oi cuprinde,/ Nime-n lume nu ne vede./ Tânguiosul bucium sună,/ L-ascultăm cu-atâta drag,/ Pe când iese dulcea luna/ Dintr-o rariște de fag./ Îi răspunde codrul verde/ Fermecat și dureros,/ Iară sufletu-mi se pierde/ După chipul tău frumos [...] Înălțimile albastre/ Pleacă zarea lor pe dealuri,/ Arătând privirii noastre/ Stele-n ceruri, stele-n valuri./ E-un miros de tei în crânguri./ Dulce-i umbra de răchiți/ Și suntem atât de singuri!/ Și atât de fericiți!/ Numai luna printre ceață/ Varsă apelor văpaie,/ Și te află strânsă-*

n braţe/ Dulce dragoste bălaie."

Mai târziu, dezamăgit de loviturile vieţii, de lipsa de înţelegere a contemporanilor săi, conştient de societatea nedreaptă în care îşi ducea traiul, Eminescu creează poezii profunde, din ce în ce mai triste şi pline de renunţări. Codrul nu mai are bogăţia frunzişului verde, culoarea, lumina, aerul pur din prima parte a tinereţii, cineva parcă stinge încet lumina, culorile devin din ce în ce mai pale, poetul începe să-şi pună întrebări, încearcă să definească amorul în poezia *„Ce e amorul"*: *„Ce e amorul? E un lung/ Prilej pentru durere/, Căci mii de lacrimi nu-i ajung/ Şi tot mai multe cere./ De-un semn în treacăt de la ea/ El sufletul ţi-l leagă,/ Încât să n-o mai poţi uita/ Viaţa ta întreagă.[...] Dispar şi ceruri şi pământ/ Şi pieptul tău se bate,/ Şi totu-atârnă de-un cuvânt/ Şoptit pe jumătate./ Te urmăreşte săptămâni/ Un pas făcut alene,/ O dulce strângere de mâini,/ Un tremurat de gene..."*

Poetul simte că iubirea pleacă, neputând fi înlocuită cu alta şi regretul este redat cu sfâşierea fiinţei, în poezia *„S-a dus amorul..."*: *„S-a dus amorul, un amic/ Supus amândurora,/ Deci cânturilor mele zic/ Adio tuturora/ Uitarea le închide-n scrin/ Cu mâna ei cea rece,/ Şi nici pe buze nu-mi mai vin,/ Şi nici prin gând mi-or trece./ Atâta murmur de izvor,/ Atât senin de stele,/ Şi un atât de trist amor/ Am îngropat în ele!/ Din ce noian* *îndepărtat/ Au răsărit în mine!/ Cu câte lacrimi le-am udat,/ Iubito, pentru tine!/ Cum străbăteau atât de greu/ Din jalea mea adâncă,/ Și cât de mult îmi pare rău/ Că nu mai sufăr încă! [...] Și poate că nici este loc pe-o lume de mizerii/ pentr-un atât de sfânt noroc/ străbătător durerii."*

Pasiuni și despărțiri, poetul devine dezamăgit și dezamăgirea a dat limbii românești o capodoperă – **„Luceafărul"**, poezie în care e mistuit de iubire, gata să-i jertfească iubitei nemurirea, dar, în cele din urmă renunță, alege izolarea: *„Trăind în cercul vostru strâmt/ Norocul vă petrece,/ Ci eu în lumea mea mă simt/ Nemuritor și rece"*, versurile sugerând destinul omului de geniu.

În Grădina Copou din Iași se află Teiul lui Eminescu, numit și „Copacul îndrăgostiților", lângă el fiind scrise, pe o placă, versurile de mai sus. Marele poet a căutat adesea inspirația la umbra ramurilor acestui tei, bătrân de aproape 250 de ani. Sub crengile teiului au avut loc discuții între marele poet și prietenul său Ion Creangă. Tot aici Mihai Eminescu o aducea pe iubita sa Veronica Micle, ființa care a influențat puternic opera poetului.

Eminescu a scris și Rugăciuni închinate Fecioarei Maria. Amintim **Rugăciunea**: *„Crăiasă alegându-te/ Îngenunchem rugându-te,/ Înalță-ne, ne mântuie/ Din valul ce ne bântuie,/ Fii scut de* întărire/ Şi zid de mântuire,/ Privirea-ţi adorată/ asupră-ne coboară,/ O, maică prea curată/ Şi pururea fecioară/ Marie!"

Se spune că Eminescu a adus rugăciunea în închisorile comuniste, deoarece deţinuţii politici recitau această Rugăciune, punând accentul pe versurile: *„Înalţă-ne, ne mântuie / Din valul ce ne bântuie"*.

S-a consemnat că Eminescu a fost una dintre „personalităţile hibride, filozof-poet". Opera sa poetică a fost influenţată de marile sisteme filozofice ale epocii sale, de filozofia antică, dar şi de gândirea romantică a lui Arthur Schopenhauer şi de filosofia lui Immanuel Kant (Eminescu a lucrat o vreme la traducerea „Criticii raţiunii pure", la îndemnul lui Titu Maiorescu, cel care îi ceruse să-şi ia doctoratul în filosofia lui Kant la Universitatea din Berlin, plan nefinalizat până la urmă).

Să amintim filosofia din poezia *„La steaua"*, care trebuie înţeleasă ca o metaforă a călătoriei luminii. Viteza luminii era deja calculată cu aproximaţie înainte de 1889, prima determinare experimentală a vitezei luminii din sec. XVII datorându-se unui astronom danez care a stabilit la acel moment valoarea constantei c de 213 000 km/s. Eminescu era la curent cu datele ştiinţifice şi filozofice. Ulterior, Einstein care avea vârsta de zece ani la moartea lui Eminescu, în 1905 a demonstrat că cel mai rapid lucru din Univers este lumina (aprox. 298.000 km/s); a explicat de asemenea că lumina Soarelui ajunge pe suprafața planetei noastre în aprox. 8 minute, iar lumina reflectată de Lună în aproximativ 30 de secunde. În aceeași teorie spune că dacă lumina Soarelui ar dispărea brusc, noi abia peste 8 minute am observa întunericul, deci anumite stele de pe cer care se află la distanțe foarte mari, de milioane de ani lumină, deși ele ar putea să fie de mult stinse, noi încă le putem percepem lumina. Frumusețea este și a ultimei strofe a poeziei, în care Eminescu a proiectat superb imaginea în spațiul iubirii, al dorului. De fapt, Einstein a expus într-un limbaj de fizică, iar Eminescu într-un limbaj poetic. Amândoi geniali.

„*La steaua care-a răsărit/ E-o cale-atât de lungă,/ Că mii de ani i-au trebuit/ Luminii să ne-ajungă./ Poate de mult s-a stins în drum/ În depărtări albastre,/ Iar raza ei abia acum/ Luci vederii noastre./ Icoana stelei ce-a murit/ Încet pe cer se suie;/ Era pe când nu s-a zărit,/ Azi o vedem și nu e./ Tot astfel când al nostru dor/ Pieri în noapte-adâncă,/ Lumina stinsului amor/ Ne urmărește încă..*"

Eminescu a dus o imensă activitate jurnalistică. Articolele pe care le scria constituiau o educație politică pentru cititori, prin analiza profundă asupra situației în care se afla țara. Încă de la 17 ani când scria poezia *"Ce-ți doresc eu ție, dulce Românie"*: *"Ce-ți doresc eu ție, dulce Românie,/ Țara mea de glorii, țara mea de dor?/ Brațele nervoase, arma de tărie,/ La trecutu-ți mare, mare viitor!"* și în continuare, pe vremea când era redactor șef la „Timpul", oficiosul Conservatorilor, Mihai Eminescu a afirmat puternice sentimente patriotice, în dezacord cu linia partidului, a Puterilor Centrale, chiar și împotriva lui Maiorescu. Eminescu a fost un militant activ pentru drepturile românilor din Ardeal și pentru unitatea națională. El critica aspru Parlamentul pentru înstrăinarea Basarabiei, era intransigent atât față de politica de opresiune țaristă cât și față de cea a Imperiului Austro-ungar; dorea o Dacie Mare, o Românie Mare. Cu ocazia Sărbătorii de la Iași, de la începutul lunii iunie 1883, când s-a dezvelit statuia lui Ștefan cel Mare, Eminescu a citit la „Junimea" poemul său *"Doina"*, care a iritat Puterile Centrale: *"De la Nistru pân'la Tisa/ Tot Românul plânsu-mi-s-a/ Că nu mai poate străbate/ De-atâta străinătate./ Din Hotin și pân' la Mare/ Vin Muscalii de-a călare,/ De la Mare la Hotin/ Mereu calea ne-o ațin..."*

După ani întregi de cercetare și verificare a arhivelor despre Mihai Eminescu, renumitul eminescolog, astăzi în viață – profesorul, scriitorul Nicolae Georgescu – a încercat să deslușească misterul bolii și morții poetului prin prisma contextului politic de la acea vreme, scriind cartea „Boala și moartea lui Eminescu". În rezumat, scriitorul leagă soarta lui Eminescu de implicarea acestuia în susținerea Ardealului, deoarece Eminescu se pronunța pentru dezlipirea Ardealului de Imperiul Austro-Ungar. Dovedește că Eminescu era incomod și trebuia executată comanda trasată de la Viena: „Și mai potoliți-l pe Eminescu!". Era mesajul pe care francmasonul P. P. Carp îl transmitea de la Viena mentorului Junimii – francmasonul și parlamentarul Titu Maiorescu. Comanda a fost executată întocmai de cei din țară, pe 23 iunie 1883. Eminescu care era marcat de o mare suferință pe fond psihic, o psihoză maniaco-depresivă, a fost internat forțat, i-au pus diagnosticul de alcoolism și sifilis, care le putea permite administrarea unui tratament cu mercur pentru distrugerea lui fizică. Cei care au regizat totul, porneau de la convingerea că odată ce Eminescu va fi internat cu acte în regulă, va intra în conștiința publică drept nebun și nimic din ceea ce a scris sau va mai încerca să scrie, nu va fi luat în considerare. Eminescu a fost declarat nebun și internat la psihiatrie, în clinica francmasonului – dr. Șuțu, într-un moment în care guvernul României urmărea să încheie un pact umilitor cu Tripla Alianță (Austro-Ungaria,

Germania și Italia), prin care renunța la pretențiile asupra Ardealului și se angaja să îi anihileze pe toți cei catalogați drept „naționaliști". Pactul a fost încheiat în secret în acel an 1883. În timp ce era spitalizat la clinica doctorului Alexandru Șuțu, Eminescu a fost lovit intenționat de un alt pacient cu o cărămidă în cap, lovitura provocându-i moartea, și nu sifilisul. În argumentarea sa, eminescologul Nicolae Georgescu se sprijină pe declarația unui frizer, martor ocular al episodului. Se știa despre mărturia acelui frizer, ea fiind publicată în ziarul Universul în 1926, dar a fost ignorată cu bună știință.

Scriitorul ne mai aduce la cunoștință că Vlahuță l-a vizitat la spital în ultimele zile ale vieții poetului și a redat versurile reținute pe care Eminescu le-a citit în prezența lui: *„Atâta foc, atâta aur/ Și-atâtea lucruri sfinte/ Peste întunericul vieții/ Ai revărsat, Părinte!"* Apoi, spunea Vlahuță, a lăsat tăcut privirea în pământ... După câteva minute de tăcere și-a împreunat mâinile, și ridicându-și ochii în sus, a oftat din adânc și a repetat rar, cu un glas nespus de sfâșietor: *„Of, Doamne, Doamne!"*

O, Doamne, Doamne, zic, dă-ne puterea să-l înțelegem și să-l iubim pe Eminescu al nostru!

Publicat în reviste din: România, S.U.A., Belgia, Danemarca, Suedia, Israel, Canada.

O zi minunată de duminică

„Atâta foc, atâta aur/ Și-atâtea lucruri sfinte/ Peste întunericul vieții/ Ai revărsat, Părinte!"
Mihai Eminescu

Duminică 13 ianuarie 2013, la Biserica Ortodoxă Română „Sfântul Vasile cel Mare" din Durham, Carolina de Nord, după dumnezeiasca Liturghie care a început cu anunțul solemn al Părintelui Daniel Florean: „Binecuvântată este împărăția Tatălui și a Fiului și a Sfântului Duh, acum și pururea și în vecii vecilor" și cu răspunsul Comunității credincioșilor: „Amin", a avut loc un eveniment cultural.

Sfânta Liturghie a pregătit credincioșii prin rugăciunile Părintelui și ale lor pentru momentele prefacerii darurilor de pâine și vin în Trupul și Sângele lui Hristos și ale împărtășirii de ele, momente spirituale care încheie și încoronează întotdeauna Sfânta Liturghie numită și Euharistie sau „Mulțumire", pentru că însuși Hristos a prefăcut la Cina cea de Taină pâinea și vinul în Trupul și Sângele Său, mulțumind Tatălui pentru că L-a trimis să Se facă om și să Se aducă jertfă prin Trupul și Sângele Său – supremul act de iubire al lui Dumnezeu către noi – deci și supremul motiv de mulțumire al nostru către El. Prin porunca „aceasta să faceți spre pomenirea Mea"(Luca 22, 19), Hristos ne asigura că El va fi tot atât de prezent cu noi și Se va dărui sub chipul pâinii și vinului, ori de câte ori Apostolii și urmașii lor se vor ruga Lui să facă aceasta cum a făcut-o El la Cina cea de Taină. După încheierea Liturghiei și frumoasa predică a părintelui Daniel Florean, scriitorii au fost invitați să vorbească despre poetul Mihai Eminescu, de la a cărui naștere – 15 ianuarie 1850, se împlineau 163 de ani, simțindu-se onorați de a putea dezvălui intuiții fulgurante și chiar să prilejuiască momente de grație.

Au fost create stări sufleteşti vecine, dacă nu chiar identice pe alocuri cu starea de rugăciune (Kafka chiar afirma că poezia este o formă a rugăciunii). S-au putut auzi fragmente din poeziile lui Mihai Eminescu, precum şi poezii integrale, recitate cu dăruire, iubire şi credinţă, căci „Poarta spre Dumnezeu este credinţa, iar forma prin care se intră la Dumnezeu e rugăciunea", spunea Petre Ţuţea.

Am avut emoţia şi bucuria de a vorbi despre personalitatea lui Eminescu, de a-i recita poeziile, versurile lui având şi deznădejde şi bucurie şi lacrimi şi vis şi dor după iubirea pierdută şi spaimă de viitor şi picuri de speranţă… Iar expunerea a fost, după părerea celor care au ascultat, un moment interesant, aplaudat, completat de cuvintele scriitoarei Dana Opriţă care a lucrat douăzeci de ani în Televiziunea română şi a relatat evenimente din acea vreme, amintind şi despre vacanţele poetului la mănăstirile unde mătuşile sale erau călugăriţe.

Aşa este, Mihai Eminescu provenea dintr-o familie dreptcredincioasă. Dintre feţele bisericeşti din familia lui Eminescu – ne spune renumitul eminescolog, profesorul, scriitorul Nicolae Georgescu – doi fraţi ai mamei poetului au fost călugări şi trei surori ale ei au fost călugăriţe, toate la mănăstirea Agafton din județul Botoșani; o altă soră a ei a avut o fiică care s-a călugărit de asemenea la Agafton, așadar, o vastă familie religioasă. La mănăstirea Agafton, Eminescu, copil fiind, se simțea ca acasă, între mătuși, stătea acolo cu săptămânile, participa la viața de obște, asculta povești, cântece, întâmplări reale povestite de călugărițe. Maica Olimpiada Jurașcu – sora mamei poetului călugărită la Agafton, iar mai târziu stareță la această mănăstire – l-a urmărit pe poet toată viața, ne mai spune profesorul Nicolae Georgescu. În zadar încearcă unii să-l denigreze pe marele nostru poet, să-i pună la îndoială până și credința în Dumnezeu; declarațiile lui din anumite poezii au fost căutări ale tinereții, dileme care frământau sufletul lui tânăr, așa cum fac mulți tineri care caută uneori să înțeleagă fără să creadă, până când își dau seama că întâi trebuie să ai credința puternică pentru a putea înțelege. Să fim convinși că ori de câte ori a simțit încrederea slăbită, Eminescu a știut să strige așa cum ne învață Biblia (Marcu 9,24): „Cred, Doamne! Ajută necredinței mele!", dovadă că în scrierile sale postume s-au găsit numeroase scrieri cu caracter religios-creștin. Neliniștea, se pare, este prima etapă a reflecției filozofice și religioase a omului.

Pentru mulți din cei ce îndrăgesc poezia, versurile lui Eminescu reprezintă o muzică a iubirii, iubirea lui fiind eternă, sensibilitatea lui inegalabilă, profunzimea spiritului – uluitoare. Nu de puține ori descoperim în versurile lui un adevăr exprimat de Părintele Nicolae Steinhardt, poezia putând fi: „scut, adăpost, leac și armă".

După cum a putut constata colectivitatea românească prezentă la eveniment – oameni de un înalt nivel intelectual – există și o importantă zonă a poeziei lui Eminescu căutătoare în sfera filozofiei, el fiind o personalitate hibridă, un mare poet-filosof care a preluat idei din diferite sisteme filosofice și cărora le-a dat o formă artistică inegalabilă. Să ne amintim că poetul italian Dante Alighieri a fost cel care a crezut puternic în demnitatea filosofică a poeziei și nu s-a sfiit a vorbi despre chemarea poetului de a continua Scripturile Sacre.

Un scriitor spunea despre Eminescu: „Înainte de a fi idee, sentiment, amintire, filosofie, regret, istorie, autenticitate, travaliu, eres, revoltă, pesimism, ton premonitoriu, tandrețe, dor, cultură, solitudine, Eminescu este muzică. Limba lui cântă ne-terestru". Și poeziile recitate au redat întrucâtva, acel cânt ne-terestru... Se spune că în fiecare moment din viața noastră alegem între iubire și lipsa ei, între Dumnezeu și Om, între lumină și întuneric, iubirea fiind cea care transcende întunericul; iubirea, cu puterea ei poate face minuni, „poate înflori trandafirii iarna şi prin aceasta, poate dezvălui legi necunoscute ale manifestării, ale comunicării și ale conștiinței". Din această cauză a iubi poate deveni un scop al vieții pentru oricine și sufletele celor care au participat în această zi de duminică 13 ianuarie, la Sfânta Liturghie și comemorarea poetului, au avut sufletele deschise pentru iubire. Cultura și teologia se dezvoltă împreună, elementele acestora se întrepătrund și ajung astfel să constituie chiar conștiința de sine a comunității receptoare a textului. Iată de ce grupul „Roata" (Romanian-American Triangle Alliance) a fost creat la sfârșitul lui 2011 din dorința de a strânge români din această zonă a Carolinei de Nord, dornici de evenimente culturale, grup condus actualmente de doamna Ileana Ibănescu, care împreună cu Părintele Daniel Florean, cu iubire și dăruire au inițiat și au făcut posibilă această întâlnire de suflet.

Am întrebat de ce denumirea grupului este „Roata", știind, în mare, că roata este un simbol întâlnit în toate tradițiile antropologice de pe glob; fiindcă se învârtește, se spune că roata exprimă dinamica și diversitatea, iar pentru că axul rămâne mereu în același loc, roata poate exprima fixitatea și sinteza, poate sugera însuși ritmul vieții. Și mi s-a spus că roata este întâlnită mult la români, simbolul Roții, al Soarelui existând pe tot cuprinsul României: pe crucile mormintelor din Maramureș, din Oltenia, pe foarte multe obiecte de artă populară, pe fântânile din Oltenia, pe porțile de intrare ale gospodăriilor din Maramureș, pe stâlpii funerari din Bucovina și Hațeg, pe stâlpii și grinzile caselor etc.

La finalul întâlnirii, credincioșii Bisericii, împreună cu Părintele Daniel, s-au apropiat pentru a schimba câteva impresii, după care au părăsit Biserica, întăriți prin Sfânta Euharistie, mărturisitori ai lui Hristos dar și ai versurilor poetului, în lumea în care trăim, fiindcă Dumnezeu ne-a creat ca ființe în comuniune, să ne ajutăm unul pe altul și să ne iubim unii pe alții, așa cum ne iubește și El pe noi.

Publicat în reviste din: România, S.U.A., Belgia, Danemarca, Spania, Canada.

Unirea Principatelor Române

"Hai să dăm mână cu mână
Cei cu inima română,
Să-nvârtim hora frăției
Pe pământul României!"
Vasile Alecsandri

În fiecare an, în ziua de 24 ianuarie, sărbătorim Unirea, căci faptele înainte-mergătorilor noștri sunt cele care ne permit nouă să fim astăzi ceea ce suntem. Și putem fi mândri de ceea ce suntem! Cu prilejul acestei sărbători ne amintim și de cei care au pus umărul la realizarea Unirii.

Ideea Unirii Moldovei și a Țării Românești, avansată încă din secolul al XVIII-lea a devenit, după războiul Crimeii (1853 - 1856), o temă de prim plan a dezbaterii politice, atât în cele două Principate, cât și pe plan internațional. Situația externă se arăta favorabilă; înfrângerea Rusiei și hegemonia politică a Franței ofereau un context prielnic punerii în practică a proiectului, cu atât mai mult cu cât împăratul Napoleon al III-lea, dorea un bastion răsăritean favorabil politicii sale, care să contrabalanseze expansiunea rusească. Deciziile adoptate prin Tratatul de pace de la Paris (1856) prevedeau intrarea Principatelor Române sub garanția colectivă a puterilor europene, revizuirea legilor fundamentale, alegerea Adunărilor ad-hoc care să exprime atitudinea românilor în privința unirii, integrarea în granițele Moldovei a trei județe din sudul Basarabiei (Cahul, Bolgrad, Ismail), trimiterea în Principate a unei Comisii Europene cu misiunea de a propune „bazele viitoarei lor organizări". La 22 septembrie 1857 s-a adunat Divanul Ad-hoc al Moldovei – favorabil unirii, iar la 30 septembrie cel al Țării Românești, și prin documentele redactate au pus bazele fuzionării celor două principate. De fapt, Adunările ad-hoc aveau caracter consultativ și erau alcătuite din reprezentanți ai bisericii, marii boierimi, burgheziei, țărănimii clăcașe, cu scopul de a face propuneri referitoare la realizarea Unirii Principatelor Române. Între țăranii fruntași care au luat parte, împreună cu boierii, cu episcopii și cu mitropolitul țării la Divanul ad-hoc din Moldova, în 1857, era și vrânceanul Ion Roată, om cinstit și cuviincios, cum sunt mai toți țăranii români de pretutindeni. Desființarea hotarului de la Focșani (Vrancea) echivala cu Unirea celor două Principate și crea premisele punerii temeliei statului național unitar român. În ziua de 5 februarie 1859, când Domnitorul Cuza a fost oaspetele orașului Focșani, mii de oameni i-au ieșit în cale, în drumul dinspre Mărășești, pe unde Cuza venea de la Iași. Se consemnează că în cinstea Domnitorului s-au ridicat, pe șosea, pe ulițele pe unde trebuia să treacă, arcuri de triumf împodobite cu verdeață și înfășurate în pânză tricoloră; tarafuri de lăutari, cântau Hora Unirii, valuri de flori se revărsau în calea Domnitorului, care cobora din diligență. Despărțit în două – Focșanii Moldovei și Focșanii Munteniei – de un braț al Milcovului, orașul întruchipa, în acea vreme, situația celor două țări vecine și surori. Ajungând la hotar, unde era al doilea arc de triumf, Domnitorul s-a oprit, și a chemat la el pe cei doi soldați care făceau de strajă la hotar: un moldovean și un muntean. Le-a spus că sunt frați și i-a pus să se îmbrățișeze. Apoi a dat poruncă ca fiecare să meargă la cazarma lui și să comunice comandanților că de azi înainte și pe vecii vecilor, Domnitorul Principatelor Unite a ridicat gărzile de la hotarul dintre români, la Focșani. Însoțit de mai marii orașului și de mulțimea de oameni, Cuza a mers până în centru, la Podul de Piatră, unde au dansat cu toții Hora Unirii.

Poetul focșănean Dimitrie Dăscălescu, scria cu acest prilej poezia „O zi frumoasă", așa cum a rămas în inimile românilor ziua de 5 ianuarie: *„Azi, Românul dovedește/ Că-n sfârșit s-a deșteptat,/ Și că-n faptă vrednicește/ Libertatea ce-a visat."* Aici, în Moldova, a fost ales în unanimitate, la 5-17 ianuarie 1859, liderul unionist Alexandru Ioan Cuza, reprezentantul „Partidei Naționale". Deoarece în textul Convenției nu se stipula că domnii aleși în cele două Principate să fie persoane separate, conducătorii luptei naționale au decis ca alesul Moldovei să fie desemnat și în Țara Românească.

Adunarea electivă a Țării Românești era dominată de conservatori, care dețineau 46 din cele 72 mandate. În această situație, liberalii radicali au inițiat, prin intermediul tribunilor, o vie agitație în rândul populației Capitalei și al țăranilor din împrejurimi. Zeci de mii de oameni s-au aflat în preajma Adunării. Unul dintre tribuni nota că poporul era gata „să năvălească în Cameră și să o silească să proclame ca ales pe alesul Moldovei". Așa s-a propus la 24 ianuarie 1859 alegerea lui Alexandru Ioan Cuza, această alegere fiind acceptată în unanimitate. Era un pas important către definitivarea Unirii Principatelor Romane, înfăptuirii statului național român unitar. Impusă sub o puternică presiune populară, alegerea ca domn al Țării Românești a lui Alexandru Ioan Cuza și-a găsit confirmarea deplină la marea manifestare prilejuită de sosirea alesului națiunii în capitala munteană. Problema următoare era recunoașterea internațională a alegerilor. Faptul împlinit la 24 ianuarie 1859 era considerat de Poartă și de Austria drept o încălcare a Convenției de la Paris. Situația creată în cele două Principate a determinat Conferințele internaționale de la Paris, din 26 martie – 7 aprilie și 25 august – 6 septembrie. La cea de a doua Conferință, sub presiunea evenimentelor internaționale – războiul dintre Franța și Sardinia împotriva Austriei fiind pe cale să înceapă – marile puteri europene au fost nevoite să accepte unirea înfăptuită de români. Cuza a fost recunoscut ca domn al Principatelor, recunoașterea sa fiind limitată numai pe durata vieții acestuia.

Alexandru Ioan Cuza era născut la 20 martie

1820 în Moldova, a fost deci, primul domnitor al Principatelor Unite și al statului național România, la 5 ianuarie 1859 – ales domn al Moldovei, iar la 24 ianuarie 1859 și al Țării Românești.

Devenit domnitor, Cuza a dus o susținută activitate politică și diplomatică pentru recunoașterea Unirii de către puterea suzerană și puterile garante și apoi pentru desăvârșirea Unirii Principatelor Romane pe calea înfăptuirii unității constituționale și administrative, care s-a realizat în ianuarie 1862, când Moldova și Țara Românească au format un stat unitar, adoptând oficial, în 1862, numele de România, cu capitala la București, cu o singură adunare și un singur guvern.

După realizarea Unirii, domnitorul Alexandru Ioan Cuza împreună cu colaboratorul său cel mai apropiat, ministru și apoi prim-ministru Mihail Kogălniceanu, au inițiat importante reforme interne, cele mai importante fiind: secularizarea averilor mânăstirești (1863), reforma agrară (1864) și reforma învățământului (1864), care au fixat un cadru modern de dezvoltare al țării. Șirul de reforme inițiate de Cuza și venirea mai apoi pe tronul Principatelor Unite a domnitorului Carol I, au consolidat actul de la 1859.

Din 1866, potrivit Constituției promulgate la 1

iulie, Principatele Unite încep să se numească oficial România. Cuza însă, în anul 1866, a fost obligat să abdice; o coaliție a partidelor vremii, denumită și „Monstruoasa coaliție" a hotărât aceasta din cauza orientărilor politice diferite ale membrilor săi, care au reacționat astfel față de manifestările autoritare ale domnitorului. Complotiștii au reușit să-și realizeze planurile atrăgând de partea lor o fracțiune a armatei, l-au constrâns pe domnitor să abdice într-o noapte a lunii februarie 1866. La aceasta a contribuit însuși Cuza, care nu numai că nu a luat măsuri în privința factorilor reacționari, ci, într-un discurs, s-a arătat dispus să renunțe la tron în favoarea unui principe străin (fapt susținut și de o scrisoare adresată unui diplomat străin).

A fost exilat și a trăit la Viena și Florența. A murit în 1873 la Heidelberg (Germania), dar a fost adus în țară și înmormântat la castelul familiei sale de la Ruginoasa (județul Iași), apoi înhumat la Biserica Sfinții Trei Ierarhi din Iași.

În fiecare an, în luna ianuarie, sărbătorim Unirea, „Mica Unire" cum i se mai spune, dar fără de care nu s-ar fi putut săvârși faptele mari de mai târziu. Unul dintre cei care a pus umărul la realizarea acestei uniri a fost Ion Roată, intrat în istorie ca o legendă, cunoscut și sub numele de „Moș Ion Roată", un țăran român, deputat în Divanul Ad-hoc, susținător înflăcărat al Unirii

Principatelor Moldova și Valahia și al reformei agrare din Principatele Unite Române. Se spune că semna prin punerea degetului muiat în cerneală, fiind neștiutor de carte, oficial semnând cu parafa primită în Divanul ad-hoc, dar era înzestrat nativ cu o minte ageră și o judecată dreaptă, fiind cunoscut ca un om cinstit, „cu gâdilici la limbă", adică spunea adevărul fără menajamente, neavând „ascunzători în suflet", după cum îl caracteriza Ion Creangă. Pentru spiritul său de dreptate, Ion Roată a fost considerat de către țărani ca fiind puternic, cel mai dârz și mai competent reprezentant al lor, care să le poată apăra interesele. A avut, se spune, o apariție meteorică pe scena istorică a țării.

Eminescu la cei douăzeci de ani ai săi, deci în 1870, aflându-se la Viena, împreună cu o delegație de studenți l-au vizitat de Anul Nou pe Cuza care trăia în exil la Viena în acel moment, în districtul Dobling, pentru a-i demonstra astfel „solidaritatea, atașamentul ideologic și admirația". Poziția adoptată de Mihai Eminescu față de Cuza l-a determinat pe marele eminescolog Dimitrie Vatamaniuc să afirme: *„Cultul lui Eminescu pentru Alexandru Ioan Cuza se explică prin importanța ce-o acordă reformelor sale, realizate într-un timp scurt și fără sprijin dinafară"* și prin faptul că poetul este necruțător cu participanții la complotul detronării.

Hora Unirii are o semnificație sfântă pentru noi românii. Citind cartea „Ultimul tren spre Romania" a lui Anatolie Paniș, m-a impresionat figura lui Constantin Stere, remarcabil om de cultură (jurist, profesor, gazetar, scriitor, om politic) care a trăit între anii 1865 și 1936. Acest scriitor, în alt moment al istoriei țării, a cerut unirea cu România, spunând: *„Frații mei basarabeni, a sosit clipa marii noastre izbăviri! Suntem la un pas de a ne desăvârși libertatea! Acum ori niciodată..."* El a citit delegațiilor ruși și ucraineni, hotărârea țăranilor din județul Hotin: *„Ținând seama că timp de 14 veacuri Basarabia a fost ținut al României, că a făcut parte din același neam... cerem astăzi în mod solemn în fața lumii întregi, Unirea Basarabiei cu România."*

Autorul povestește cum în 1918 Basarabia s-a alăturat României nu prin război, ci prin conștientă vrere, cum s-a înfiripat cea mai formidabilă horă din toate câte s-au cunoscut, cuprinzând în mijlocul ei o piață și mai apoi străzile de jur împrejur ale Chișinăului, hora care a ținut o noapte, cum două zile mai târziu, mai povestește, deputații basarabeni erau alături în parlamentul și guvernul României, alături de rege și regină, hora cuprinzând de data aceasta întreaga piață de la Iași.

Hora este un dans popular cunoscut în

Balcani, în România. Pentru cine nu știe, hora se dansează pe muzică cu un ritm specific, într-un cerc închis, dansatorii ținându-se de mână, făcând trei pași înainte și unul înapoi. Se dansează la aniversări, diferite festivaluri și în spațiile rurale; tradiția la noi, la români era, ca în fiecare sfârșit de săptămână, țăranii din sate să se îmbrace în costume naționale și să danseze acest dans, bucurându-se de comuniune.

Să amintim că „Hora Unirii", poezia scrisă de Vasile Alecsandri, a fost publicată pentru prima dată în 1856, în revista Steaua a lui Mihail Kogălniceanu, că muzica a fost compusă de Alexandru Flechtenmacher și că în ziua de 24 ianuarie când s-au unit Moldova cu Țara Românească, sub conducerea lui Alexandru Ioan Cuza, s-a dansat și s-a cântat această Horă a Unirii.

Ion Creangă a descris frumos pledoaria pentru unire, într-un dialog: *„...Și Roată se duce și vrea să ridice bolovanul, dar nu poate. – Ia, du-te și dumneata moș Vasile, și dumneata... În sfârșit, se duc ei vreo trei-patru țărani, urnesc bolovanul din loc, îl ridică pe umeri și-l aduc lângă boier. – Ei, oameni buni, vedeți? S-a dus moș Ion și n-a putut face treaba singur; dar când v-ați mai dus câțiva într-ajutor, treaba s-a făcut cu ușurință, greutatea n-a mai fost aceeași. Povestea cântecului: Unde-i unul nu-i putere,/ La nevoi și la durere;/ Unde-s mulți puterea* *crește/ Și dușmanul nu sporește. Așa și cu Unirea, oameni buni..."*

HORA UNIRII: *Hai să dăm mână cu mână/ Cei cu inima română,/ Să-nvârtim hora frăției/ Pe pământul României!/ Iarba rea din holde piară!/ Piară dușmănia-n țară!/ Între noi să nu mai fie/ Decât flori și omenie!/ Măi muntene, măi vecine,/ Vină să te prinzi cu mine/ Și la viață cu unire,/ Și la moarte cunfrățire!/ Unde-i unul, nu-i putere/ La nevoi și la durere;/ Unde-s doi, puterea crește,/ Și dușmanul nu sporește!/ Amândoi suntem de-o mamă,/ De-o făptură și de-o samă,/ Ca doi brazi într-o tulpină,/ Ca doi ochi într-o lumină./ Amândoi avem un nume,/ Amândoi o soartă-n lume,/ Eu ți-s frate, tu mi-ești frate,/ În noi doi un suflet bate!/ Vin' la Milcov cu grăbire/ Să-l secăm dintr-o sorbire,/ Ca să treacă drumul mare/ Peste-a noastre vechi hotare./ Și să vadă sfântul soare,/ Într-o zi de sărbătoare,/ Hora noastră cea frățească/ Pe câmpia românească!*

Publicat în reviste din: România, S.U.A., Belgia, Canada.

Furtună de zăpadă și ninsori abundente în Statele Unite

„Uneori , destinul nostru se aseamănă cu cel al unui pom în iarnă . Cine ar putea să creadă că acele ramuri golașe vor înverzi și vor purta din nou flori ? Noi sperăm însă și știm cu siguranță că așa va fi."
Johann Wolfgang von Goethe

Vineri 8 februarie 2013. Prognoza făcută de către meteorologi cu câteva zile înainte de această dată, potrivit căreia o ninsoarea abundentă însoțită de rafale de vânt de până la

65 km/h și de o scădere semnificativă a temperaturii aerului se va abate asupra New York-ului, statelor Connecticut și Massachusetts, cu precădere în orașele Boston și Chicago, s-a adeverit. O furtună de zăpadă s-a năpustit asupra acestei părți din nord-estul Americii. Primarii orașelor avertizau oamenii de pericol, îi rugau să se ferească de eventualele consecințe ale acestei furtuni și luau măsurile necesare.

Sigur că iarna este un anotimp frumos, dar când năvălește brusc, este de temut. Mașinile au început să alerge în acea zi spre supermarketuri, oamenii dorind să-și facă provizii pentru câteva zile. Mă aflam în frumosul oraș Stamford, din statul Connecticut. În acea după amiaza soarele se ascunsese de-a binelea, cerul devenise cenușiu și începuse să ningă frumos, cu fulgi mari. Ningea ca-n povești, așa cum văzusem în anii copilăriei în nordul țării noastre – România. Cerul plumburiu își revărsa lacrimile; fulgii mari cădeau grăbiți, în linii drepte, perpendicular pe pământ. În câteva minute totul s-a acoperit cu o mantie albă de zăpadă. Priveam pe geam. Era frumos. Curând însă, lacrimile cerului înghețau în aer, începeau să se rotească haotic, vântul le stârnea și totul devenea zgomotos, amenințător. Știrile anunțau în continuare furtună de zăpadă intensă pentru orele serii, mai apoi – pentru orele nopții. Guvernatorul statului New York anunța suspendarea tuturor zborurile din și spre aeroporturile new-yorkeze.

După miezul nopții, din balcon veneau niște zgomote pe care nu le puteam identifica, ceva se mișca, ceva se deplasa, ușa din exteriorul casei prinsese viață războindu-se cu rafalele de vânt. Începuse să-mi fie teamă, dar locuitorii orașului erau obișnuiți cu aceste fenomene ale naturii, cu furtunile sau tornadele ce se mai abătuseră peste aceste locuri. Vreme de cinci ore, până spre dimineață, ascultam intensificarea rafalelor de vânt, cum se repetau cu o frecvență din ce în ce mai mare.

Sâmbătă dimineața totul se liniștise, cerul mai arunca din când în când fulgii rămași în sacii săi albi-cenușii, peisajul era mirific, știrile relatau din oră în oră starea vremii și arătau imagini din diferite state afectate de furtună, grosimea plăpumii albe așternute peste case și drumuri, unele imagini dezastruoase, altele frumoase - cu starea de bucurie a copiilor la vederea acestui peisaj.

Ne-am deplasat cu mașina printre sloiurile de gheață, spre supermarketuri. Străzile încă nu erau curățate, se anunțase deszăpezirea la orele prânzului. Unele erau închise. De o parte și alta a șoselei brazii purtau pe brațele lor povara albă, minunată a zăpezii. În rest – liniștea unui tablou hibernal.

Furtuna a îngropat nord-estul Americii. În Boston, capitala statului Massachusetts – orașul cel mai mare din acea regiune nordică denumită și Noua Anglie și în Long Island – insula situată în statul New York pe care se află cartiere și suburbii ale orașului New York City, pe alocuri, zăpada ajungea până la doi metri înălțime, drumurile devenind impracticabile. Rafale intense de vânt au rupt liniile electrice și au dărâmat copaci. Au existat și câteva decese. Un caz cutremurător s-a petrecut în zona orașului Boston, în care a fost implicat un băiat și tatăl său. Refugiindu-se în interiorul mașinii pentru a se încălzi, au murit asfixiați din cauza monoxidului de carbon, țeava de eșapament fiind blocată de zăpadă. Circulația pe autostrada care ducea la New York a fost închisă pentru scurt timp, traficul aerian anulat.

Și aveam bilet pentru plecare de pe aeroportul La Guardia din New York, spre aeroportul Raleigh-Durham din statul Carolina de Nord. Am intrat în panică, dar foarte curând, ninsoarea a încetat, duminică dimineața soarele și-a făcut apariția dar temperaturile erau scăzute. Măsurile luate de primarii localităților au readus situația la normal, starea de urgență declarată a fost anulată, circulația pe autostradă deschisă, zborurile reprogramate, angajații aeroportului căutând să satisfacă cerințele fiecărui pasager, într-un mod ordonat și civilizat, cu acel zâmbet mângâietor – zâmbetul americanilor – pe buzele lor. În urmă au rămas pagubele și necesitatea remedierii lor grabnice.

Ajunsă în Raleigh, am privit ramurile golașe ale copacilor. Înmuguriseră. Pasărea Cardinal cu penajul său colorat în roșu, cu creasta pe care o poartă regește, tăiase aerul din fața mașinii, în preajma casei.

Semn bun!, mi-am zis, așa ca să prind curaj, gândind că acolo sus, este cineva care totuși mă iubește! Și uitându-mă la mugurii apăruți, mi-am mai spus, că atâta timp cât voi vedea copacii înmugurind, voi avea dreptul să sper...

Publicat în reviste din: S.U.A., Canada, România.

Adevărul, Iubirea și Frumusețea

"Dacă oferi dragoste, frumusețea va crește și toate acestea pentru că dragostea este frumusețea sufletului."
Saint Augustine

Se spune că numele Adevărului este Iubire. Adevărul are frumusețe deoarece este esența vieții pe care o trăim în iubire. Întreaga existență, ni se spune de asemenea, cu excepția omului, trăiește în adevăr. Numai omul poartă cu el minciuna, numai el poate fi uneori în afara adevărului. În clipa în care ne naștem și devenim o parte a existenței, adevărul, iubirea și frumusețea ar trebui să devină religia noastră.

Omul are nevoie de Adevărul Absolut ca etalon al vieții. Acesta e unul singur și este identificat cu Divinitatea. Se întâmplă să nu acceptăm cu toată rațiunea și inima Adevărul Absolut, din slăbiciune, neputință, încăpățânare, rigiditate. Adevărurile relative pot fi multe: diferite credințe, gânduri, opinii deduse, repetate sau confirmate prin experiența vieții. Pe parcursul vieții ne sunt date adevăruri parțiale, fragmente din Marele Adevăr sau putem avea parte de adevăruri temporale, false. De foarte multe ori, în istoria vieții, chiar a științei, ceea ce era considerat mare adevăr într-o perioadă, s-a dovedit a fi unul fals sau incomplet. De exemplu, astronomul, cosmologul polonez Nicolaus Copernic (1473-1543) a dărâmat teoria geocentrismului pământului instituită de grecul Ptolemeu (87 d.Hr. - 165 d.Hr.), cu noua sa teorie a heliocentrismului, îmbrățișată și de italianul Galileo Galilei (1564-1642), teorie completată și dezvoltată mai târziu de fizicieni, astronomi, matematicieni, precum germanul Johannes Kepler (1571-1630), englezul Isaac Newton (1642-1727), italianul Giordano Bruno (1548-1600), ajungându-se astfel la ideea universului nesfârșit. Galilei a dat și câteva legi pentru teoria relativității, legi care contraziceau cele afirmate de fizicienii dinaintea lui. Newton a adăugat principiului relativității câteva alte concepte, apoi a venit Albert Einstein (1879-1955) cu alte legi care completau adevărurile dinaintea lui. Teoria lui Einstein cu privire la viteza luminii care nu poate fi depășită, a devenit adevăr de necontestat. Dar, ne întrebăm pe bună dreptate, nu va veni nimeni cu un nou adevăr? Se discută de pe acum despre neutrini, particule elementare ale materiei lipsite de sarcini electrice, ce traversează în general materia fără a se opri și care par a fi mai rapizi decât lumina. Dacă teoria va fi confirmată, această limită maximă a mișcării va fi depășită, cercetătorii vor fi obligați să regândească fizica actuală, inclusiv teoria lui Einstein. Și atunci poate se va adăuga o altă teorie celei care a dăinuit o mare perioadă de timp, se va face un pas înainte, multe legi fiind chiar infirmate? Experiența vieții ne-a demonstrat că oamenii trebuie lăsați să-și exprime părerile în urma cercetărilor, a descoperirilor făcute.

De-a lungul timpului s-au făcut și greșeli: uneori știința l-a negat pe Dumnezeu – Inteligența supremă, iar Biserica a greșit prin arderea pe rug al lui Giordano Bruno sau prin condamnarea lui Galilei, acceptând după 200 de ani ideea că pământul se învârte în jurul soarelui și nu invers. În 2008 Papa Benedict al XVI-lea, despre care se știa că în trecut scuzase condamnarea lui Galileo pentru erezie, a declarat că înțelegerea legilor naturii ar putea stimula aprecierea lucrării lui Dumnezeu.

Adevărul se relativizează uneori datorită înțelegerii diferite a oamenilor, gradului de inteligență a minții, surselor din care provin cunoștințele dobândite de fiecare dintre noi – credibile sau mai puțin credibile –, structurii ființei, sentimentelor, faptelor care ne pot apropia sau îndepărta de Adevărul Absolut. Dacă însă, Adevărul se va diversifica într-o mare măsură, omenirea nu poate ajunge la derută? Viața ne-a demonstrat că Iisus cunoștea *"Calea, Adevărul și Viața"*, sfătuindu-ne să-l urmăm fiindcă El este posesorul acestei cunoașteri, iar noi, s-a dovedit de asemenea, nu putem singuri să ne creăm o cale adevărată, o viață curată, fără a urma legile lui Dumnezeu.

Creăm adevăruri relative care de cele mai multe ori ne bulversează judecățile, ori ne obosesc, ne rătăcesc. Rareori se întâmplă, ca în final, ele să ne apropie de Divinitate. Poate că Adevărul nu ne este îngăduit deocamdată a-l cunoaște întru totul, dar calea spre el ne-a fost arătată! *"Calea drepților e ca zarea dimineții ce se mărește mereu până se face ziua mare"*, ne spun

Pildele lui Solomon. Fiecare poate avea Dumnezeul, adevărul, calea și viața lui proprie, dar pentru cine judecă, *„adevărul nu trebuie să tremure de frig la ușă"*. Mintea ne este dată, în ea stă ascunsă conștiința care evoluează în consens cu Conștiința fundamentală, trebuie doar să învățăm să o folosim. Mintea ne ajută, dar este uneori influențată, înșelată de lumea falsă în care trăim. Logica se dovedește a fi dură de cele mai multe ori, iubirea creștină însă, ne mângâie sufletele, fiindcă *„nu există căldură decât în preajma lui Dumnezeu"*.

Criza lumii în care trăim este în primul rând o criză morală, nu știm cu adevărat cine suntem și pe ce cale trebuie să pășim. Denigrăm suportul dăruit, fructificat de întregi generații – Biserica, despre care Brâncuși spunea că rămâne pentru totdeauna locaș al meditației, denigrăm rolul ei, acela de a-i aduna pe *„fiii risipitori"* și de a le arăta adevărata cale pe care aceștia trebuie să o urmeze. Petre Țuțea ne spunea că religia transformă poporul într-o masă de oameni culți. A greșit cumva? Biserica este o parte a culturii noastre, ea ne reamintește legile sfinte și nu-l lasă pe om să rămână pe treapta inferioară a degradării sale morale, ci îi dă puterea și curajul de a înainta spre desăvârșire, spre a se apropia de Adevărul Absolut – Divinitatea. Biserica ajută societății ca membrii ei să aibă o moralitate sănătoasă, o verticalitate în tot ceea ce fac. Și cine denigrează? De obicei oamenii care nu au avut de mici copii contact cu învățătura creștină în care au fost botezați sau cei care s-au lepădat de învățătura creștină ca de propriul părinte; denigrează oamenii lipsiți de trăirea sufletească a religiozității; denigrează oamenii ignoranți, care nu au cunoscut adevărata iubire a învățăturii creștine, ci au știut doar să pozeze în viață și să arunce cu gunoi în alții, vrând să-și arate superioritatea (crezută de ei!) prin invidie, defăimare, ură. Este bine să fim cu persoane de acest tip toleranți și umani, dar cu măsură, pentru că riscăm, vorba cuiva, să ne năpădească, așa cum buruienile năpădesc plantele cultivate. Este știut că Biserica își deschide larg ușile pentru toți oamenii, în mod deosebit pentru cei care au apucat calea pierzaniei. Pentru că *„Dumnezeu voiește ca tot omul să se mântuiască și la cunoștința adevărului să vină"* (1 Timotei 2,4). În fond are dreptul oricine să scrie, să discute decent și cu argumente, dar fără a fi intolerant și plin de ură sau lipsit de respect. A te îndoi sau a nega credința cu vehemență, este cu adevărat o dramă. Emil Cioran spunea că *„practicarea îndoielii este aducătoare de slăbiciune și boală"*.

Speranța ne face să credem că încetul cu încetul vom știi cine suntem, de unde am venit, încotro ne ducem, că ne vom trezi în altă lume, cea a spiritualității adevărate și nu mimate, sau renegate. Fără acest drum, fără această sete de spiritualitate, viața ne va fi într-o continuă criză și criza duce la frământări care nu sfârșesc bine.

Trebuie să fim convinși că există Adevăr Absolut, după matematica creierii acestui univers și că el există indiferent de credința sau părerea noastră. Galileo Galilei afirma cu convingere că legile naturii sunt matematice. Suntem departe încă de descoperirea tuturor secretelor universului, adevărului și nu este oare util ca omul să aibă un reper bine stabilit în desfășurarea activității sale? Să nu scăpăm din vedere că rătăcirea înseamnă pierdere din timpul atât de scurt al vieții care ne-a fost dăruită și rătăcind, pierdem ceva ce va fi cu greu recuperat mai târziu.

Adevărul este propovăduit de religie alături de Iubire, căreia i se atribuie o natură divină. Iubirea este un dar prețios. Dacă o pierdem, viața nu mai are nici un sens. Filozoful german Johann Gottlieb Fichte (1762-1814) părintele idealismului german, cel care a dat întâietate ideilor, spiritului, conștiinței, gândirii, în timp ce materia a trecut-o în planul al doilea, spunea că *„Iubirea care este cu adevărat iubire și nu numai un trecător capriciu, nu se oprește pe ce este menit pieirii, ci se deșteaptă, se aprinde, sălășluiește numai în ceea ce este veșnic".* Vorbind despre idealismul lui Fichte, dr. Vasile Chira de la Universitatea de teologie din Sibiu, subliniază: *„Omul și lumea sunt centrate în Dumnezeu. Datoria morală este vocea divinității, iar indiciul că suntem în armonie cu scopurile divine este iubirea. Menirea omului în lume nu se poate întemeia decât pe existența unei ordini morale care să-l apropie treptat de perfecțiune".*

Căutând iubirea, îl căutam inconștient pe Dumnezeu. Când iubim simțim ceva deosebit, o lumină în suflet, o împlinire, o stare de fericire. Căutăm iubirea toată viața, avem nevoie de ea, nu putem fi absolviți de iubire. Dar nu numai noi oamenii, ci și întreaga natura din jurul nostru; toți și toate sunt în căutarea iubirii. Tot ceea ce este în lumea aceasta tânjește după iubire.

Căutăm nu numai acea euforie a simțurilor, ci în primul rând iubirea sufletească. Iubirea ne leagă sufletele, ne fericește!

Cine a simțit că este părăsit, că iubirea ființei dragi a dispărut, măcar și pentru puțin timp, a putut realiza golul creat în sufletul său și a putut înțelege de ce Marin Preda și-a încheiat romanul *„Cel mai iubit dintre pământeni"* folosind cuvintele *„Dacă dragoste nu e, nimic nu e!"* În Biblie se specifică: *„Chiar dacă aș vorbi în limbi omenești și îngerești, și n-aș avea dragoste, sunt o aramă sunătoare sau un chimval zăngănitor. Și chiar dacă aș avea darul prorociei și aș cunoaște toate tainele și* *toată știința; chiar dacă aș avea toată credința, așa încât să mut și munții, și n-aș avea dragoste, nu sunt nimic. Și chiar dacă mi-aș împărți toată averea pentru hrana săracilor, chiar dacă mi-aș da trupul să fie ars, și n-aș avea dragoste, nu-mi folosește la nimic..."* (1 Corinteni 13).

Grădina inimii trebuie cultivată cu Adevăr, Iubire și Frumusețe. Ni se întâmplă să închidem ochii și să gândim la ceva frumos... Apoi deschidem ochii, frumusețea gândurilor reflectată în ochi pleacă și ajunge în sufletele altor ființe.... *„Frumusețea este promisiunea fericirii"* scria Stendhal. Ea dă strălucire iubirii, adevărului.

Dacă vom folosi mai mult inima decât cântarul minții, vor intra cu ușurință și **Adevărul** și **Iubirea** și **Frumusețea**.

Publicat în reviste din: România, S.U.A., Spania, Canada.

Bach și Debussy în interpretarea pianistei Angela Hewitt

„Muzica este o putere spirituală în stare să lege toți oamenii între ei."
George Enescu

În data de 17 februarie 2013 a avut loc concertul pianistei **Angela Hewitt,** în sala teatrului „Reynolds Industries" din cadrul Universității Duke (Reynolds Industries Theater, Duke University) din orașul Durham, Carolina de Nord.

Născută la 26 iulie 1958 în Canada, dintr-o familie de muzicieni, Angela Hewitt este interpretă a muzicii clasice. S-a făcut remarcată prin înregistrări și spectacole extraordinare susținute în aceste ultime decenii, câștigând foarte mulți admiratori cu interpretarea sensibilă a pieselor marilor compozitori, mai ales ale lui Johann Sebastian Bach. Angela Hewitt a început studiile de pian la vârsta de trei ani, a studiat și vioara, a luat și lecții de balet în Ottawa, apoi a urmat Conservatorul Regal de Muzică din Toronto, unde a studiat cu Earle Moss și Guerrero Myrtle și a continuat să fie studenta pianistului francez Jean-Paul Sevilla, de la Universitatea din Ottawa. Este în primul rând cunoscută pentru înregistrările muzicii lui Bach, începute în 1994 și încheiate în 2005, când a reușit să acopere toată aria de lucrări mari ale strălucitului compozitor. Discografia ei mai cuprinde lucrări de Couperin, Rameau, Messiaen, Chabrier, Ravel, Schumann, Beethoven și Chopin. În 2010 a înregistrat primul ei disc de concerte de Mozart, cu Orchestra de Cameră din Mantova (Italia).

Programul anunțat pentru această zi a fost: **J.S.Bach – French Suite No. 6 in E Major BWV 817; J. S. Bach – Toccata în D Major, BWN 912; Claude Debussy – Pour le Piano; J. S. Bach –**

French Suite No. 5 în G Major BWV 816; C. Debussy – Suite Bergamasque; C. Debussy – L'Isle Joyeuse.

Pe Angela Hewitt am ascultat-o într-un concert susținut tot aici în Durham, în anul 2009, interpretând cu măiestrie Variațiunile Goldberg ale lui Bach. Și de data aceasta, Angela Hewitt a executat piese ale compozitorului și organistului german din perioada barocă – **Johann Sebastian Bach** – considerat unul dintre cei mai mari muzicieni ai lumii, născut în 1685 la Eisenach și decedat în 1750 la Leipzig, operele sale fiind apreciate pentru frumusețe artistică, profunzime intelectuală, tehnicitate și expresivitate. Perioada barocă a precedat perioada clasicismului și a dăinuit de la începutul secolului al XVII-lea, până la mijlocul secolului al XVIII-lea. J. S. Bach a scris muzică religioasă și laică: cantate, piese pentru orgă (preludii, fugi, tocate) și pentru clavecin – sonate, suite (franceze și engleze), partitele (suite germane), concerte instrumentale (6 concerte Brandenburgice).

Amintim că a făcut parte dintr-o familie de muzicieni veche de 200 de ani, din care s-au remarcat 50 de instrumentiști străluciți și 9 compozitori, al căror nume s-a înscris pentru totdeauna în istoria muzicii universale. La 18 ani era un muzician desăvârșit, angajându-se pentru început ca violonist în orchestra prințului din

Weimar. Mai târziu a ocupat funcția de cantor al bisericii „Sf. Thomas" din Leipzig, unde a rămas până la moarte. În mâinile lui, genul concertant a atins culmile desăvârșirii și, ca toate geniile umanității, a depășit timpul și spațiul, ridicându-se deasupra epocii sale.

Pianista Angela Hewitt a ales bijuterii muzicale, scoțându-le în evidență prețiozitatea, animată fiind de dorința de pătrundere în arta lui Bach și convinsă că Bach a scris toată viața ceva interesant: *„Nu puteam să cred, că Bach ajuns la sfârșitul vieții sale și a scris în cele din urmă ceva plictisitor"*, a exprimat.

Suita vine de la cuvântul francez *suite=succesiune*, lucrare ciclică alcătuită din mai multe piese de sine stătătoare, diferite din punct de vedere al conținutului și al construcției și care urmează una după alta conform principiului contrastului, istoricul lor pornind de la dansurile din sec. XVII - XVIII. Bach a dus la perfecțiune lucrările provenite din această muzică, păstrând titlurile dansurilor.

Concertul a început cu piesa – **French Suite No. 6 în E Major BWV 817** – (BWV însemnând catalog tematic) într-o atmosferă și interpretare liniștită, cu o emoție bine gradată și bine stăpânită. Cele opt piese scrise în gama majoră ne-au comunicat bucuria, începând cu *Alemande* care stabilește de fapt tonul întregii lucrări;

Courante – adevărată fugă; *Sarabanda* – demnă și expresivă; *Gavota* și *Bourrée* de origine rustică – pline de viață, *Poloneza* – un menuet grațios și *Gigue* – cu care Bach încheie exuberant această suită.

Angela Hewitt și-a exprimat preferința pentru *Loure* din a doua suită interpretată după Tocată – **French Suite No.5 în G Major BWV 816** – alcătuită din șapte piese (*Allemande, Courante, Sarabande, Gavotte, Bourrée, Loure, Gigue*). Ea consideră *Loure* un dans teatral, un Gigue lent. Nouă celor care am ascultat această parte a suitei, ni s-a părut o reverie, ca și cum am fi privit un apus de soare și am fi ascultat valurile unei mări, puse în evidență prin diferitele intensități sonore… Superb!

Toccata în Re Major BWV 912 ne-a impresionat prin ritmicitatea și acuratețea ei. Denumirea vine din cuvântul italian *toccare*=a atinge, lucrare pentru instrumente cu claviatură, cu o mișcare rapidă, clară, în valori scurte și care nu se execută *legato*. A avut imagini variate și puternice, îmbinând gravitatea și patosul organiștilor germani (provenit din arta claveciniștilor francezi cu ornamentația rococo-ului), cu suavitatea și cantabilitatea muzicii italiene, evitând linia melodică emfatică. Bach a asimilat aceste stiluri – german și italian – trecându-le prin propriul său filtru creator, înlăturând ornamentația inutilă, dăunătoare clarității. După un fericit *alegro*, Bach a introdus un *adagio* în stil recitativ, melodia fiind întreruptă de un *tremolo*, ca un murmur, un zornăit genial. Impresionant!

Originalitatea interpretării, tehnica, flerul muzical și inteligența pianistei Angela Hewitt s-au combinat, oferindu-ne prilejul bucuriei de a asculta frumusețea sonoră a muzicii lui Bach, a celui care a știut să folosească deopotrivă iubirea și rațiunea ca pe niște imense coloane de piatră, ultimele acorduri sau note dintr-un final inducând în sufletele noastre acea liniște promițătoare, binefăcătoare. Ne-am convins, pentru a nu știu câta oară, că măsura, armonia aparțin echilibrului acestei lumi și muzica este aceea care o redă cel mai aproape de sufletul nostru, hrănindu-se cu patosul minții și al sufletului.

Tehnica stăpânită perfect, precum și măiestria, pianista ne-a arătat-o și în interpretarea pieselor lui Claude Debussy – **Pour le Piano, Suite Bergamasque** și în special în ultima piesă *L'Isle Joyeuse* cu care și-a încheiat concertul.

Muzica lui **Claude-Achille Debussy** (1862-1918), compozitor, pianist, dirijor și critic muzical francez, sugerează imagini și stări sufletești prin jocul de lumini și umbre, prin nuanțe armonice vaporoase, prin subtile diferențieri dinamice și fluctuații ritmice, toate însumând un lirism discret. Debussy a fost promotorul *impresionismului*, curent de mare răsunet în cultura muzicală, strâns legat de pictura lui Monet, Manet, Renoir, Cezanne etc. și de poeții Verlaine, Mallarmé, Valery, Baudelaire, Rimbaud. În timp ce Germania și Austria cunoșteau la acea vreme experiențele expresioniste, Franța aducea în cultura europeană muzica impresionistă, fiind mai degrabă o succesiune de impresii decât desfășurări sonore dictate de o idee clară, un simț rafinat în cizelarea îngrijită a detaliilor formei și în dozarea efectelor sonore. În acest mod, impresionismul rămâne legat de romantism, fiindu-i proprie dominația subiectivului și depărtarea de realitate, oferind o înțelegere poetică a muzicii. În muzica noastră românească aceste calități au fost remarcate în lucrările lui George Enescu.

Pour le Piano – de fapt o altă suită franceză constituită din trei părți: *Prélude, Sarabanda* și *Toccata* –, s-a asemuit cu piesa lui Bach. Preludiul bogat în diferite sonorități și efectul de pedală a fost plin de ritm și armonie, Sarabanda – gravă, lentă și elegantă, Tocata constituind piesa de rezistență care a demonstrat performanța interpretării pianistei.

Suita Bergamasque alcătuită din *Prélude,*

Menuet, Clair de lune, Passepied, își are numele de la poemul lui Paul Verlaine „Clair de lune": *Votre âme est un paysage choisi / Que vont charmant masques et bergamasques / Jouant du luth et dansant et quasi / Tristes sous leurs déguisements fantasques. / Tout en chantant sur le mode mineur/ L'amour vainqueur et la vie opportune, / Ils n'ont pas l'air de croire à leur bonheur / Et leur chanson se mêle au clair de lune, / Au calme clair de lune triste et beau, / Qui fait rêver les oiseaux dans les arbres / Et sangloter d'extase les jets d'eau, / Les grands jets d'eau sveltes e parmi les marbres.* (*Ți-e sufletul un peisaj ales, / Cu dans bergam și măștile bizare / Ce din lăute adiind, adesea / Par triste sub fantasta deghizare. / Cântând iubirea pe un ton minor / Și tot la fel viața oportună, / Par să nu creadă-n fericirea lor, / Iar zvonul li se pierde-n clar de lună, / În calmul trist al lunii, dând răgaz / În arbori păsărilor să viseze / Și să suspine, zvelte și-n extaz / Printre statui, havuzurile treze.*)

Pianista declară că este piesa ei favorită încă de la vârsta de paisprezece ani, apreciind partea a treia, „*Clair de lune*", întâiul ei titlu fiind „*Promenadă sentimentală*", parte în care a atins cu delicatețe clapele pianului, revărsându-se apoi asupra lui în dulci arpegii... Luna glisează pe cer printre nori... Angela este pătrunsă de fiorul liric, străbătută de gânduri, de întrebări care așteaptă răspunsuri... Degetele alunecă delicat pe clape... În sală se aud sunetele magice create de atingerea nuanțată a clapelor pianului, sub dicteul inimii dar și al minții... Fiorul liric ne cuprinde pe toți... Visul!, da, visul este cel care mângâie... Suntem fericiți numai atunci când visăm la o dragoste mare... Și... „zvonul" se pierde-n clar de lună... Angela ridică mâinile, ele rămân pentru câteva clipe suspendate în aer, privirea ei imploră cerul pe care vede luna glisând... Se trezește din vis și... reia ultima parte a suitei: *Passepied* – dansul executat cu măiestrie, acel staccato arpeggio al mâinii stângi. Superb, superb!

L'Isle Joyeuse a fost inspirată de pictura francezului Antoine Watteau „L'embarquement pour Cythera" (Îmbarcarea spre Citera), Cythera fiind o insulă din Grecia, locul de naștere a zeiței Venus – zeița dragostei –, zărită în partea dreaptă a tabloului. Sentimentul bucuriei redat prin ritmicitatea piesei a cerut desigur un mare efort din partea pianistei, dar dificila piesă a fost redată cu măiestrie artistică, virtuozitate tehnică și înzestrare pianistică a minunatei Angela Hewitt.

Aplaudată îndelung de public, Angela Hewitt a preferat să rămână pentru încă câteva clipe în atmosfera compozitorilor impresioniști, interpretând o piesă a lui Ravel.

Muzica ne dă aripi, ne ridică deasupra acestei

lumi terne, mi-am spus, părăsind sala teatrului.

Publicat în reviste din: România, S.U.A., Canada.

Mai sunt oameni buni!

„Prima condiție a bunătății sufletului omenesc este să aibă ceva de iubit; a doua, să aibă ceva de respectat."
George Eliot

Mi-a reținut atenția un articol publicat zilele trecute într-un ziar din România. Un cerșetor din Kansas, SUA, a înapoiat unei femei inelul de logodnă, inel din platină cu diamante, pe care din greșeală femeia l-a aruncat cerșetorului. Inelul a fost pus inițial în portofel și uitând de el, l-a scos împreună cu alți bani și l-a aruncat în cutia milei cerșetorului. A doua zi, reconstituind momentele și gesturile, dându-și seama ce făcuse, s-a dus și l-a întrebat pe cerșetor dacă a găsit un inel. Acesta i-a înapoiat obiectul. Drept mulțumire, femeia a organizat o strângere de fonduri și din donații i-a dat cerșetorului bani pentru o casă. Fericit, bărbatul a exprimat: *„Pare un miracol. Nu credeam că o să găsesc o cale să revin la viața pe care o aveam. Cred că în viață ne gândim mereu la cele mai proaste concluzii, dar uite că există și oameni buni"*. *„Bunicul meu era preot și m-a crescut de când aveam 6 luni și încă mai am acea bunătate de la el"*, a mai spus bărbatul.

Stând și analizând gestul celui care i-a înapoiat inelul, ajungem la concluzia că omul avea cu adevărat un suflet bun, ceea ce l-a determinat să procedeze corect. Bunătatea face casă bună cu corectitudinea, iar din bunătate se ajunge la dreptate. Filozoful Socrate spunea că nu este nici o deosebire între a săvârși un rău și a pricinui cuiva o nedreptate, iar în Dialogurile din tinerețe ale lui Platon întâlnim părerea lui Criton – elevul și prietenul lui Socrate – cum că dreptatea trebuie prețuită mai mult decât copiii și decât viața.

Din Scriptură aflăm că *„Dumnezeu este ...plin de bunătate"* (Psalm 145.8), iar bunătatea Lui ajunge la noi prin rodirea Duhului Sfânt. Deci bunătatea este de Sus și coboară la noi, în sufletele noastre. Bunătatea este cuprinsă în imperiul iubirii, alături de răbdare, iertare, milă, pace și nimeni nu poate avea o iubire curată față de Dumnezeul cel dăruitor, dacă nu are o iubire față de fratele său, căci *"iubirea face sufletele să vorbească cu îngerii"* – citim în Învățăturile lui Neagoe Basarab – și-i dă omului bunătatea necesară a încălzi sufletele celorlalți. Că Românul a fost avid de armonie, prin bunătatea sufletului său pastoral, o dovedesc expresiile folosite deseori: *„o fi", „au și lucrurile o noimă"* și *„se cade-nu se cade"*, sau proverbul: *"Nu supăra floarea, ca să poți mânca rodul ei"*, expresii care arată judecata românului, încuviințarea, bunătatea sufletului său care nu vrea să se răzvrătească, să condamne, să distrugă, în dorința sa de a se împăca cu lumea. Tensiunea dintre om și lume a apărut mult mai târziu în istorie, dar gesturi de bunătate întâlnim încă în orice colț al lumii și ele nu trebuie trecute prea ușor cu vederea, ci analizate și trase învățăturile necesare. Trist este faptul că încep să ni se pară povești...

Părintele Nicolae Steinhardt în cartea „Primejdia mărturisirii" arată că *„degeaba le-am avea pe toate: inteligență, cultură, istețime, supra-cultură, doctorate, supra-doctorate (ca în profesorul din Lecția lui Eugen Ionescu), dacă suntem răi, haini, mojici și vulgari, proști și nerozi, doi bani nu facem,* *se duc pe apa sâmbetei...".*

Psihologul, neurologul italian Paolo Montegazza (1831-1910) spunea: *„Omul bun nu se bucură numai el singur de faptele sale, ci răspândește în jurul său o atmosferă de fericire, pe care o respiră toți cei care-l înconjoară".*

Bunătate înseamnă și înțelegere, dărnicie; este o pace pe care o dobândești și din care dăruiești întruna, necondiționat. Ea nu poate fi selectivă: sunt bun în cutare situație și rău în alta, ci sunt bun tot timpul și ofer bunătate semenilor, sau sunt rău și ofer răutate celor din jur, de câte ori am prilejul.

Bunătatea este o virtute care înnobilează sufletul, înfrumusețează caracterul unui om, acesta dovedind înțelepciune. Nu trebuie să uităm că autocunoașterea, autoeducația sunt procese care se desfășoară pe întreg parcursul vieții. Întotdeauna avem ce învăța, întotdeauna avem ce modela. Unii – rău intenționați – încearcă să definească bunătatea ca fiind o prostie. Am auzit pe cineva exprimând: *„Dacă ești bun unii te iau drept prost"*, acceptând comportamentul obraznic, agresiv, folosind șmecheria, păcăleala, furtul, pentru a nu fi luat de fraier, de prost, lăsând, în acest mod, deschisă poarta sufletului pentru răutate, nefăcând ordine și curățenie în interiorul ființei, fiindcă, așa cum am spus, în final nu poți fi și bun și rău, ci numai bun sau rău.

Filozoful francez Alfred Fouillée (1838-1912) scria în cartea sa Morale des idées-forces: *"Suprema idee-forță de care avem nevoie în practică este aceea pe care o exprimă astăzi, în toate sensurile în care se poate lua acest cuvânt, noțiunea de bunătate: bunătate interioară și personală, bunătate exterioară și socială. Dacă deci, în izvorul ei, doctrina ideilor – forțe este o morală a conștiinței (în același timp personală și universală) ea este, în termenul ei final, o morală a bunătății. Ea transpune în domeniul psihologic și sociologic ideea ontologică a Binelui concepută de Platon, idee teologică a carității concepută de creștini".*

Omul bun este acela care se străduiește să acumuleze bunătatea în el însuși, ca apoi ființa să fie deschisă și altora. Bunătatea nu poate fi concepută izolat. Ea constituie mireasma vieții noastre pe care ar trebui s-o trăim în pace, liniște, răbdare, de cele mai multe ori acceptare și înălțare.

Bunătatea nu poate fi subapreciată, ea este o calitate importantă a omului; pătrunde în suflet, crește precum pâinea când se coace în cuptor și ajunge să domine, nelăsând să intre răutatea; *"Omul bun aduce pe pământ adierile Cerului"*, spunea cineva. Iubirea, bunătatea și compasiunea trebuie să dea strălucire sufletelor, vieții noastre. Cu cât apreciem aceste calități și le experimentăm mai mult, cu atât trăim mai adevărat, mai frumos și mai armonios.

Gestul de bunătate al unui om ne emoționează dacă suntem oameni la fel de buni sau măcar dacă suntem în stare să apreciem bunătatea. Ea pornește din suflet, se cristalizează în gând și apoi trece la fapte. Un înțelept spunea că *„bunătatea întrece frumusețea"*; alții au completat spunând că *„cinstea și bunătatea întrec orice frumusețe"* și aceasta deoarece sunt printre noi oameni frumoși la trup, dar cu suflete reci și lipsite de bunătate. Filozoful religios rus, Nikolai Berdyaev (1874-1948) mărturisea: *„Pâinea pentru mine este o problemă materială, dar pâinea aproapelui meu este pentru mine o datorie spirituală"*, deci, nimic nu poate înlocui într-u totul bunătatea. Bunătatea, mai spunea scriitorul Mark Twain, *„este limbajul pe care surdul îl poate auzi și orbul îl poate vedea"*.

Cred că bunătatea despre care se spune că este una din roadele Duhului Sfânt ar trebui să rodească în fiecare zi din viața noastră, să fim buni tot timpul. Ar fi un câștig pentru noi în primul rând, apoi pentru cei din jurul nostru. Solomon, înțeleptul rege al Israelului, spunea: *„Cine urmărește neprihănirea și bunătatea, găsește viață, neprihănire și slavă"*.

Chiar dacă ceea ce este în jurul nostru uneori, ne îndeamnă spre a fi răi și-i auzim pe unii zicând că „e o prostie să fii bun", ar trebui să fim perseverenți, să veghem ca în sufletele noastre, în viața noastră, bunătatea să crească în fiecare zi, cu atât mai mult cu cât vedem că trăim într-o lume care își pierde armonia avută, că binele este pervertit treptat în rău. Cicero – strălucitul orator al lumii latine, omul de stat al Romei republicane, considerat „homo universalis", trăind într-o epocă de criză, a fost cel care a afirmat că din moment ce se înlătură dragostea și bunătatea, toată bucuria vieții dispare. Este valabil și pentru zilele noastre!

Bunătatea, această însușire a omului de a fi bun, este o formă a solidarității frățești, care unește sufletele oamenilor. Ea se manifestă de cele mai multe ori sincer, spontan, din acel imbold divin.

Conform învățăturii creștine, Hristos ne-a arătat bunătatea Sa, dându-și viața pentru noi și iertându-ne. La fel și noi, trebuie să fim gata să iertăm ființa de lângă noi, s-o respectăm, s-o iubim cu adevărat și să-i oferim bunătate. Să fim buni, corecți, să fim milostivi, îndelung răbdători și îngăduitori. Să înlăturăm răutatea din noi, incorectitudinea, egoismul, nerăbdarea, agitația și furia, precum și intoleranța, defecte care întunecă mințile și pângăresc sufletele.

Ne-am gândit la o altfel de reacție a cerșetorului și care poate fi des întâlnită în zilele noastre?

Dar, cerșetorul, bărbatul de culoare, a dat dovadă de bunătate, corectitudine și respect. Răsplata bunătății deși nu trebuie așteptată, iată că a venit printr-un act filantropic, printr-un gest, tot de bunătate, din partea femeii respective. Cerșetorul va avea o casă a sa!

Scriam cândva:

„Ce bine este să ai o cheie a ta,/ să o porți în buzunar sau poșetă,/ să-i auzi zgomotul cald când o răsucești în broască./ Ce bine este să ai o casă a ta,/ să pleci oriunde și să te poți întoarce în ea/ Să alergi prin odăile-i toate,/ să deschizi ferestrele,/ să-ți arunci privirea protectoare peste lucruri/ și să asculți cum ceasul secunda o bate./ Ce bine este să ai un pat al tău,/ să-l găsești și pe-ntuneric,/ să te arunci în el ca într-un hău,/ să-ți afunzi capul în pernă/ și să visezi, să visezi toată dragostea de peste zi".

Publicat în reviste din: România, S.U.A., Germania, Canada.

În ce barcă ne urcăm? Încotro vâslim?
(A fi în Europa)

„Rațiunea nu aprobă fericirea, dacă nu este unită cu demnitatea de a fi fericit, adică cu puritatea morală."
Emmanuel Kant

Este clar că Europa se va putea afirma ca o putere internațională doar dacă va fi unită. În ultimii ani ai secolului trecut Europa a fost în permanență un potențial teatru de război; nu a existat o conştiința europeană, întrucât a fost dominată de un naționalism distrugător.

Astăzi, Europa întrunește toate condițiile să redevină, cu adevărat, o mare putere economică, militară, culturală, dar pentru asta e nevoie să fie unită și independentă, să scape de haosul material, în primul rând de mizeria morală existentă pe acest continent, ca și pe întreaga planetă. Numai cu acest gând se va putea ajunge la fericire, la ordinea superioară *„de adevăr, frumos și bun suprem"*. Iar dacă Europa nu va putea integra toate aceste țări ale ei, „cutremurele" locale nu vor putea fi excluse, iar viitorul ei poate fi sumbru.

Uniunea are interese multiple: geopolitice, culturale, instituționale, juridice, ideologice, economice. Interesele geopolitice ale României se leagă de Europa, în special de cele două țări, Germania și Franța, cu atât mai mult cu cât ne-am eliberat cu greu de sub dominația Răsăritului, iar legăturile avute cândva cu aceste două țări, deși fragmentate, au fost puternice.

Profesorul universitar Grigore Georgiu amintește cuvintele scriitorului francez Paul Valéry (1871-1945), referitoare la unitatea culturală și rolul civilizator al Europei: *„Acolo unde numele lui Gaius Iulius Cezar, Traian și Virgiliu, acolo unde numele lui Moise, acolo unde numele lui Aristotel, Platon și Euclid au o semnificație și o autoritate simultane, acolo este*

Europa. Orice rasă și orice pământ care au fost succesiv romanizate, creștinate și supuse, în privința spiritului, disciplinei grecilor este în mod absolut european". Ca atare, noi, europenii, trebuie să înțelegem însemnătatea istorică și geopolitică a proiectului Uniunii Europene; să fim mai atenți la dezbinarea provocată de unii, la diversiunile aruncate în rândul populației prin diverse mijloace de informare. „Euroscepticismul", izolaționismul sau naționalismul „de galerie" – după cum scria cineva inspirat – vizează tocmai dezbinarea și haosul în țară și pe continent.

Să fim convinși că politicienii angrenați în această vastă construcție, au luat în calcul diversitatea etnică, lingvistică și culturală a Europei, pentru a nu fi minimalizată. Unitatea europeană nu înseamnă înăbușirea diversității naționale și locale, nu înseamnă uniformizarea culturilor, a mentalităților, a tradițiilor, am mai spus-o într-un interviu luat anii trecuți. Totul renaște la intervale de timp, primăverile sunt veșnice, *„Culturile își vor păstra identitatea lor națională, vor coopera, dar nu vor deveni indistincte și uniforme. Diferențele atât de pregnante dintre culturile germană, franceză, engleză, italiană și spaniolă, de exemplu, sunt și astăzi la fel de reale și active ca și acum o sută de ani, în pofida interferențelor dintre ele și a faptului că receptorii euro-viziunii consumă același meniu cultural"*, mai scrie profesorul universitar Grigore Georgiu în cartea sa „Națiune, Cultură, Identitate".

Anul 2007 a fost anul aderării României la UE. Ideea Uniunii Europene reluată, ne-a pus în fața unei provocări a istoriei, întrucât ea constituie o experiență nouă. De fapt, ideea de unitate europeană nu este nouă, ci are rădăcini adânci la nivelul istoriei continentului, idee abordată în scopul găsirii unei soluții pentru evitarea conflictelor dintre statele bătrânului continent și pentru o viață mai bună a populației. De exemplu, „Pax romana" (Pacea romană) a fost o realitate istorică făcută în vederea unificării întregii Europe sub dominația romană, un mod de organizare a vieții sociale, devenit în timp un model de structurare a raporturilor politico-militare pe spații geo-politice largi. Pe parcursul istoriei au urmat și alte multe idei de unificare. Dintre ele amintim ideea lui J. J. Rousseau care vedea o „republică europeană" numai *„dacă monarhii și-ar abandona natura lor lacomă și belicoasă"*, spunea, considerând că popoarele se pot emancipa, și ca urmare pot deveni mai înțelepte. La Congresul pacifist de la Paris din 1849 Victor Hugo a rostit celebrele-i cuvinte: *„...Și va veni ziua când vom vedea două grupări uriașe: Statele Unite ale Europei și Statele Unite ale Americii dându-și mâna prietenească peste ocean..."*. Și cum întotdeauna poeții au avut darul previziunilor, posibil ca aceasta să se concretizeze cât de curând.

O întreagă horă a declarațiilor am putut auzi în aceste ultime zile, privitor la Aderarea la Schengen, multe lipsite de modestie, însușire despre care se spune că ar aparține inteligenței. Trebuie să se înțeleagă că atunci când o țară este prost condusă, sărăcia devine epidemică, cu atât mai mult în această perioadă de criză; defectele unui popor se amplifică, societatea devine bolnavă; atunci faptele profitorilor, a celor care se scaldă în acel mediu, devin odioase.

Mediul în care trăim, adică oamenii din jurul nostru, mediile de informare tendențioase care ne intoxică cu știrile lor, influențează conduita într-o măsură mai mare sau mai mică, după cum fiecare își are formată puterea caracterului, cunoașterea, capacitatea decelării. Oricum, există o bulversare generală, care trebuie înțeleasă de cei din exteriorul țării și strict penalizată de cei din interior.

Am dat dintr-o dată uitării că nu am fost înglobați cu forța în UE, ci am dorit să intrăm și ne-am bucurat când s-a întâmplat. Ne-am dorit libertatea de a călători, de a munci, de a învăța oriunde în Europa. Astăzi mulți români muncesc, alții vor să muncească în țări ca Germania, Spania, Austria, Franța, Italia, Anglia și deci aderarea la acest spațiu este importantă pentru interesele românilor și nu numai din acest punct de vedere.

Viitorul ni-l clădim noi. Și poate ar trebui să înțelegem că nici dezbinați nu putem trăi, nici cu fundul în două luntrii și nici izolați. Dezbinarea duce la haos și confruntare, izolarea la sărăcie, boală sau moarte.

Publicat în reviste din: România, S.U.A., Germania, Spania, Danemarca, Canada.

Alege-ți plaja, nisipul, vântul și stânca

„Nu-i trândăvie viața, ci trudă și-alergare."
Serghie Sevici

Viețuim, adică existăm. Despre viața noastră, Nicolae Iorga – istoricul care a pășit prin întreaga pădure a istoriei poporului român – spunea că ea este mărginită în timp, în spațiu, în putința de manifestare, că reprezintă așa de puțin, încât *„trebuie s-o lărgim și s-o ridicăm cât se poate mai sus"*. Echilibrul dihotomic al vieții –

egalitate – non egalitate – se realizează foarte greu în societate; inegalitatea în fața legii duce la abuz și corupție, ea se mărește și datorită factorului educațional; egalitatea de șanse oferită este și ea de multe ori nerespectată, așa încât spusele filozofului Johann Gottfried Herder (1744- 1803) devin valabile și uneori *„poporul cel mai nobil își poate pierde noblețea; măduva îi este zdrobită în oase, și dorurile sale cele mai alese și frumoase sunt coborâte până la minciună și înșelăciune..."*.

Omul simte când viața își pierde demnitatea, când ea este pusă în pericol, și încearcă să supraviețuiască. Supraviețuirea poate fi de natură fizică sau psihică, poate fi de scurtă sau de lungă durată, poate fi individuală sau colectivă. Metodele de supraviețuire diferă. Ele pot fi necivilizate, precum cerșitul, hoția, prostituția etc., sau pot alege o cale demnă, civilizată. Oricum, cei ajunși în preajma fenomenului – fiindcă se poate numi fenomen – bombardați fiind cu factori de stres, sunt cuprinși de teamă – un sentiment extrem de neplăcut – de anxietate, uneori furie, frustrare, depresie, remușcare.

Adeseori termenul de supraviețuire este folosit greșit de unii oameni cărora le place să se tânguie, confundând greutățile inerente ale vieții cu cele amenințătoare de înfrângere, moarte. Pe de altă parte, este tot atât de adevărat că ceea ce facem sau trăim zilnic, în aceste vremuri, constituie de cele mai multe ori acțiuni sau situații de supraviețuire și nu aparțin unei vieți normale, în care s-ar desfășura corect toate acțiunile noastre și ar avea răspunsul corect. De aceea, ne confruntăm cu trecerea în aria adevăratei necesități de supraviețuire imediată, uneori dobândită în scurt timp, alteori angajată pe un termen lung.

Natura, cât și istoria, ne-a arătat și continuă să ne arate că cei care nu luptă, cei slabi pier. Legislații binevoitoare, milă, ideologie nouă, nu pot inversa această lege. Se poate obține o păsuire – bună și ea – dar nu o victorie. Se pune întrebarea: Cum trebuie acționat pentru supraviețuirea biologică, în mod barbar sau civilizat? O perioadă din istoria omenirii era în vigoare maxima: *„La raison du plus fort est toujours la meilleure"* (Dreptatea celui mai puternic este totdeauna cea mai bună) – primul vers din celebra fabulă a lui La Fontaine – *Le loup et l'agneau* (Lupul și mielul); de aici au derivat expresiile: *„Forța primează dreptului"* sau *„Dreptul pumnului"*. În război, de exemplu, conta enorm forța fizică și numărul luptătorilor: Barbarii au răpus colectivitățile civilizate (țări, imperii) de cele mai multe ori prin forța numărului celor participanți la acțiune. Dar evoluția științei și civilizației din ultimul secol a schimbat radical situația strategică. Cea mai evidentă și totodată tristă manifestare a avantajelor științei o reprezintă capacitatea distructivă a armelor moderne cu care națiunile se apără sau sunt pregătite să atace.

În prezent lumea e altfel! Se pare că a devenit valabilă logica lui Kant privind moralitatea, *„Nu trebuie să ucizi"* fiind un principiu, dar nu o lege morală, fiindcă nu întrunește atributul universalității, permițând și excepții, existând împrejurări când trebuie să ucizi, de exemplu într-un război. *„Nu trebuie să furi"*, dar când îți mor copiii de foame, te duci și furi o găină sau un porc din curtea vecinului, să-i poți hrăni. Faci un păcat, dar ai cugetul împăcat prin motivație. Și aceasta pentru că supraviețuirea, se spune, include eroismul, curajul și uneori sacrificiul. Iată cum principiile se pot schimba, legile morale rămân însă aceleași. Dar sacrificiul poate uneori suprima viața, când vrem prea mult, neluând în seamă că nu putem totul (*Non possumus!*)

Pentru a supraviețui – ni se atrage atenția – fiecare dintre noi trebuie să se adapteze noilor condiții. Și ceea ce era bun înainte – atitudine, pregătire, efort, număr – nu mai e acum nici adecvat, nici suficient. Nu se mai poate supraviețui „mioritic", sunt de părere unii. Metodele vechi, tradiționale de supraviețuire ale înaintașilor noștri erau bune, astăzi ele nu mai sunt toate de mare folos. De exemplu, la sate oamenii lăsau casele descuiate, fiindcă oamenii se cunoșteau și pe ulițe nu pătrundeau străini. Astăzi pe șosele circulă și opresc în sate, tot felul de oameni, unii certați cu legile. Altădată – și aceasta cu puțini ani în urmă – trebuia să știi: să înoți, să mergi pe bicicletă și să scrii la mașină. În prezent e nevoie de alte învățături: limbi străine, meserii noi, șofatul, folosirea calculatorului. Supraviețuirea în viitor este condiționată de policalificare, de permanentă reorientare și adaptare, nu de clasica „meserie pentru viață". Soluția pentru viețuire și dezvoltare durabilă este: muncă, muncă și iar muncă, făcută cu capul, dar, de data aceasta și cu inima. Numai astfel ne putem salva din sărăcie sau din mizerie.

Șocul emoțional conștientizat al sărăciei sau inadaptabilității produs la nivel de gânduri, are o mare forță care poate deteriora efectiv fiziologia organismului; omul se poate îmbolnăvi și moartea-l vânează. De aceea, poate, omului i se cere astăzi să fie mai conștient ca oricând, prevăzător, responsabil, să nu alerge după satisfacerea instinctelor primare, pierzând timp și demnitate și acceptând compromisuri, nerespectând legile morale. Pentru aceasta omul mai are nevoie și de sprijin din exterior, adică de sprijinul societății în care trăiește, o societate cât de cât sănătoasă și nu una bolnavă! Însă, obligatoriu e nevoie de participarea și voința individului. Dacă tu nu vrei să lupți, să răzbești, nu te mai poate ajuta nimeni. Un om rațional și cu credință în Dumnezeu, nu poate refuza lupta.

Când începi să vezi că viața pe care o iubești se deteriorează, că refugiul în muncă, în artă, în literatură nu se mai produce ca o tămăduire, că nu ești luat în seamă și nici răsplătit cum se cuvine, uneori și blamat, începi să te gândești la diverse căi de soluționare, de salvare a ființei tale, printre ele și emigrarea – la modă astăzi – ca o soluție pentru supraviețuire. Ea trebuie să fie, însă, bine motivată conștiinței tale. Sunt unii care emigrează nu pentru a-și salva viața, nefiind în această situație, ci doar pentru a profita de unele avantaje materiale, neglijând partea cea mai importantă, cea a sufletului. Ce facem cu el? Nu ar trebuie gândită și cântărită bine această acțiune, puse în balanță toate avantajele și dezavantajele, pentru ca mai târziu să nu-ți reproșezi ție însuți pasul făcut? Oamenii la care partea sentimentală atârnă mai greu la cântar pot suferi toată viața în urma acestui pas făcut. Dacă ești un om rațional, luptător, puternic și în măsură să realizezi supraviețuirea în noul mediu, adaptându-te, atunci nu vei suferi și vei fi mulțumit că ai reușit să te salvezi, că ți-ai atins țelul, căci „*o viață fără țel e o moarte timpurie*", spunea și Goethe. Este tot atât de valabil pentru un individ, cât și pentru o întreagă nație.

De multe ori, ideea de supraviețuire ni se pare banală, dar ar trebui să-i acordăm o mai mare atenție. Importantă devine starea psihică în care ne aflăm, priceperea și abilitatea de a folosi o cale bună de supraviețuire din cele existente. Începi prin a-ți pune întrebări ție însuți, devii mai realist, învingi temerile, adopți o atitudine pozitivă, într-un cuvânt te antrenezi, până ți se inoculează această dorință de supraviețuire. Crezi sau ești sigur că ai găsit calea supraviețuirii. Urmează să te arunci într-o lume despre care știi poate prea puțin, nu cunoști prea bine ce te așteaptă, cu ce șoc vei fi confruntat.

Scriitorul și futurologul american Alvin Toffler (n.1928) ne spune că societatea dispune de mijloace prin care leagă generația actuală de cea trecută, acest simț dezvoltându-se prin cunoașterea istoriei, prin moștenirea acumulată în artă, muzică, literatură și știință, dar noi nu dispunem de mijloace similare pentru viitor, neavând o moștenire a lui; poate fi însă trezită o conștiință a viitorului, în scopul atenuării acestui șoc al lui, ocupându-ne de prevederi și găsirea unor soluții la problemele viitorului, pentru a putea dobândi deprinderea anticipării lor. Probabil factorul imaginativ trebuie dezvoltat în acest moment și pentru aceasta avem nevoie de îndrăzneală. „*În lume necazuri veți avea; dar îndrăzniți. Eu am biruit lumea*", putem citi într-unul din cele mai frumoase capitole ale Evangheliei după Ioan. A îndrăzni înseamnă cu adevărat a dobândi curajul de a acționa. Există și riscul pe care trebuie să-l luăm în seamă, adică să fim conștienți că ne expunem unui posibil pericol. Dar nu riscăm imens dacă nu avem curajul unui risc?

Viitorul ne preocupă. Femeia-filozof Hannah Arendt (1906-1975) spunea că „*ceea ce face cu adevărat diferența dintre această generație și generațiile trecute, în toate țările, este hotărârea primei de a acționa, bucuria în acțiune, garanția de a putea schimba lucrurile prin eforturi proprii*". Și gândul m-a dus la cuvintele Fericitul Augustin: „*Învață să-ți scrii durerile pe nisip și bucuriile pe stâncă*". Totul este, zic, să-ți alegi plaja, nisipul, vântul și stânca.

Umanitatea își are mersul ei, înaintează oricum, iar noi trebuie să ținem pașii cu ea. În aceste condiții, poate oricine să-și pună întrebarea: Dar eu ce trebuie să fac, cum trebuie să acționez? Răspunsul trebuie căutat în cuvintele lui Nietzsche care propunea în drumul ascendent al omului folosirea „*propriilor picioare*". Filozoful și poetul francez Jean-Marie Guyau (1854-1888) în scurta sa existență, a avut un optimism care se apropia de cel al lui

Nietzsche, dar, în plus, a avut și o mare sensibilitate, o adâncă iubire și înțelegere a omului. Vorbea despre puterea vieții și despre acțiune, numai ele putând rezolva o mare parte a problemelor gândirii. Considera că sacrificiul poate fi, în anumite cazuri, o extindere a vieții, preferând un elan de exaltare sublimă unor ani întregi de banalitate. *„Părinții,* spunea el, *sunt cei care ne feresc de erorile în care ei au căzut, noi ferim descendenții noștri de erorile noastre, fiindcă în orice eroare există puțin adevăr și această mică parte de adevăr merge crescând, întărindu-se."* Să ne bizuim așa dar, mai întâi pe noi înșine, pe gândirea noastră, pe pașii noștri și apoi pe gândirea și pașii celorlalți oameni. Să fim călăuziți de sentimentul religios în tot ce întreprindem, întrucât el, acest sentiment, desemnează dependența, legătura reciprocă cu divinitatea. Minunate sunt cuvinte acestui filozof, de care oricine își va putea aminti cândva: *„Dumnezeu este prietenul pururi prezent al primei și al ultimei ore, pe care-l vom regăsi chiar acolo unde ceilalți nu ne pot urma, până și în moarte. Cui să-i vorbim de ființele care nu mai sunt și pe care le-am iubit? Printre acei ce ne înconjoară unii abia își mai amintesc de ele, ceilalți nici nu le-au cunoscut...".*

Filozoful grec Epictet (50 d. H – 135 d. H.) spunea că nu trebuie să ne temem de sărăcie, de exil, de închisoare sau de moarte, ci să ne temem de propria noastră teamă. Și pentru a nu ajunge să ne temem de propria noastră teamă, ne este necesară voința și stabilirea unui ideal, în așa fel ca viața să nu fie lăsată la voia întâmplării. Mi-au plăcut două fragmente din scrierile lui. Primul: *„Viața la voia întâmplării este ca apa revărsată: tulbure, glodoasă, grea de răzbătut, vajnică, zgomotoasă și repede trecătoare"*, cel de al doilea: *„Viața orientată după un ideal este ca izvorul nesecat: curat, limpede, gustos, răcoritor, înviorător, căutat de toți, bogat și pururi fără de sfârșit"*.

Publicat în reviste din: România, S.U.A., Germania, Spania, Danemarca, Canada.

VAVILA POPOVICI

Născută la 24 ianuarie 1935, în Sulița, județul Hotin, Bucovina de Nord.
Absolventă a Institutului Politehnic – Galați, diplomă de inginer.
A fost încadrată ca profesor suplinitor de Matematică şi Fizică la şcoala din Livezile, jud. Bacău, inginer la Combinatul Chimic din Borzeşti și Combinatul Petrochimic din Piteşti. A prestat traduceri tehnice din limbile rusă şi franceză.
Din 2008 locuiește în Raleigh, Carolina de Nord, SUA.

A PUBLICAT ÎN ROMÂNIA în reviste şi ziare:

Ramuri – Craiova, Flacăra – București, Chimistul – Onești, Revista Argeş – Piteşti, Ateneu – Bacău, Coloana Infinitului – Timişoara, Fundația „Ioan Slavici" – Timișoara, Timișoara Express, Anotimp Magazin – Slatina, Oltul Cultural – Slatina, Argeşul pagina Săgetătorul – Piteşti,

Viitorul Argeșului – Pitești, Cafeneaua literară – Pitești, Aripi – Pitești, Euphonia – Pitești, Curierul zilei – Pitești, Axioma – Ploiești, Dor de Dor – Călărași, Viața de pretutindeni – Arad, Climate literare – Târgoviște, Cafeneaua politică și literară – Mehedinți, Oglinda literară – Focșani, Fereastra literară – Mizil, Poștalionul – Mizil, Armonii culturale – Vrancea, Confluențe literare românești – București, Vertical – Tg. Jiu, , Info-energetica – București, Vatra veche – Tg. Mureș, Star Press – Vâlcea, Așii români – Vâlcea, Revista Singur – Târgoviște, Totpal's Daily News – Prahova, Curierul de Râmnic, Amurg sentimental – București, Neamul românesc, Știri Zona Medie – Tecuci, Palia literară – Hunedoara, Noua Provincia Corvina – Hunedoara, Napoca News – Cluj, Club XXL – București, Ziarul de gardă – Bacău, Melodium – Roman, Zeit – Brăila, Clubul Presei Transatlantice – Iași, Glare – Moldova, Curierul Văii Jiului – Vulcan, Milcovul – Focșani, Regatul cuvântului – Craiova, Romanian Breaking News Press – R. Moldova, Basarabia literară – Chișinău, Muzeul virtual Eminescu.

A PUBLICAT ÎN STRĂINĂTATE în reviste și ziare:

Agero Stuttgart – Germania, Phoenix Magazine,

Arizona – SUA, Phoenixmission.org. – SUA, Orizont Creștin, Chicago – SUA, Bruxelles Magazine – Belgia, Bruxellesmission.org. – Belgia, Gazeta de Belgia – Belgia, Gândacul de Colorado – SUA, Clipa, California – SUA, Romanian VIP, Dallas, Texas – SUA, Observatorul, Toronto – Canada, Miorița, Sacramento, California – SUA, Lumea românească, Michigam – SUA, Armonia, Hickory, Carolina de Nord – SUA, Pagini românești, Montreal – Canada, Romanian Times, Portland, Oregon – USA, Universul românesc – Spania, Occidentul românesc – Spania, Pro-Diaspora – SUA, Radio Metafora, Seattle – SUA, StateleUnite.net – SUA, Scandinav Dk – Danemarca, Anima News, Tel Aviv – Israel.

COLABORĂRI LA VOLUME COLECTIVE:

- Cântece în coloană – culegere de versuri a membrilor Cenaclului literar „Al. Sahia" din Onești, Casa Regională a Creației Populare Bacău, 1966;
- 13 Poeți – Editura Eminescu, București, 1988;
- Templul amintirilor – Ed. Casa Ciurea, Slatina, 2000;
- Lumină pe cerul cuvântului – Ed. Casa Ciurea, Slatina, 2004;
- Cenaclul Liviu Rebreanu la 55 de ani – Ed.

Zodia Fecioarei, Pitești, 2004.

COLABORĂRI LA REVISTE:

- Membră a Colegiului de redacție (șef subredacție Pitești) revista „Coloana Infinitului" - Timișoara, România din anul 2000 până în anul 2004;
- Membră a Colectivului redacțional revista „Dor de Dor" – Călărași, România din anul 2006 până în 2009;
- Corespondent extern al ziarului „Argeșul" – Pitești, România, din anul 2008 și în prezent;
- Colaborator al ziarului „Gândacul de Colorado", SUA, din anul 2009 și în prezent;
- Colaborator la Revista „Armonia", SUA din 2011;
- Colaborator principal la Revista „Confluențe Românești" din 2011;
- Colaborator la revista internațională STARPRESS" din 2011;
- Colaborator la revista „Melodium", România din 2012;
- Colaborator onorific la revista „Clipa", California, SUA, din anul 2012;
- Colaborator la revista „Lumea Românească", din anul 2013:
- Membră a AMJRP (Asociația Mass-media și Jurnaliștilor Români de pretutindeni) din 2012.

PREMII:

Premiul Editurii Eminescu, „13 Poeți", 1988;
Premiul pentru literatură al revistei Argeș, mai 2004;
Premiul I „Femeia în cultură" Concurs „Femina 2008" ediția X-a, jubiliară (județ Argeș).
Titlul de Fiică a Argeșului, sept 2011.

INCLUSĂ ÎN DICȚIONARE BIO-BIBLIOGRAFICE:

Dicționar „Bacăul literar" – Eugen Budău, 2004, pag. 443 – 444;
Antologie lirică, proză, plastică Dor de Dor, – Marin Toma, 2007, pag. 359 – 374;
Dicționar bibliografic „Scriitori, publiciști și folcloriști ai Argeșului" – Marian Stoica, ed. Ager-Press, Pitești, 2010, pag.216;
Dicționarul scriitorilor români de azi – Boris Crăciun și Daniela Crăciun-Costin, ed. Porțile Orientului din Iași, 2011, pag.429.

CĂRȚI TIPĂRITE

- Noapte de iarnă (versuri) Pitești 1993;
- Nopți albe (versuri) Pitești 1995);
- Binele și Răul (proză) Pitești 1998);
- Dragostea mea cea mare (versuri) Pitești 1998;
- Albumul cu fotografii (proză) Pitești 1999;
- Dincolo de noapte (versuri) București 2000;
  postfață - Ion Papuc.
- Piticul din ceașca de cafea (versuri) București 2000;
- Mai sunt bărbați buni (proză) București 2001;
- File de jurnal (proză) București 2002;
- Insomniile unei veri (versuri) București 2002;
- Ultima piruetă (proza) Pitești 2003;
- Îngerul scrie poemul (versuri) Pitești 2003;
  prefață - prof. dr. Simion Bărbulescu.
- Între spaimă și vis (versuri) Pitești 2004;
  prefață - S. Bărbulescu.
- Jurnalul unei veri (proză) București 2005;
- Suspine strigate (versuri) Pitești 2005;
  prefață - Simion Bărbulescu.

- *Cartea mamei (proză) Pitești 2006;*
- *Jurnal American (proză) Pitești 2007;*
- *Singurătatea clipelor târzii (versuri) Iași 2008;*
- *Gânduri (proză) Iași 2009;*
  prefață – Vasile Filip.
- *Scrisori de departe (versuri) SUA 2010;*
- *Articole, eseuri, vol. I (proză) SUA 2010;*
- *Preaplinul tăcerilor (proză) SUA 2010;*
- *Poemele iubirii (versuri) SUA 2011;*
- *Articole, eseuri, vol. II (proză) SUA 2012;*
- *Fulgurații (proză) SUA 2012;*
- *Tremurul gândului, SUA 2012*

REFERINTE CRITICE

(selective și rezumative)
privitoare la poezie și proză.

Poezie:

„O grație a profunzimilor – Vavila Popovici. Zonele mai puțin cunoscute ale literaturii scot din când în când la suprafață câte un prozator sau câte un poet surprinzător de matur. Am văzut nu o dată asemenea apariții, spre deosebire de „copiii răsfățați" ai literaturii, cărora la douăzeci de ani, dacă nu mai devreme, critica le acordă cu generozitate investituri pe care ei uneori nu le onorează, acceptă din timiditate sau cine știe din ce alt motiv, în mod deliberat tăcerea și chiar anonimatul. Trăind departe de viața literară, de zgomotul ei, de activitățile tentaculare ale amatorilor de poezie și de pierdere de timp și uneori chiar de sine, poeta, am putea spune că și-a caligrafiat întotdeauna gândul pe o coală imaculată și într-o tăcere fertilă, deoarece oricine are curiozitatea să se aplece pe o poezie sau un vers al său va fi surprins de liniștea și puritatea care răzbat pretutindeni ca o investitură rară: *Pat de frunze reci/ Pădure adormită/ Sus, un cer de frunze,/ crengi de măsurat tristeți./ Singurătate./ Un țipăt sălbatic trezește pădurea/ Înfricoșatu-mi trup tresare./ Îmi iau inima în mâini/ și-o rog să nu mai bată./ Mă ridic/ O aripă de vânt/ răscolește patul de frunze.* (Fuga de singurătate). Firească, lipsită de ostentație și prețiozitate, confortabilă atât cât trebuie, ascunzând adesea patima unui sentiment trăit cândva, aproape dureros, această poezie, ca o sărbătoare, își reclamă dreptul de a exista, de a se constitui într-un început de biografie. A sosit, deci, momentul, ca poeta Vavila Popovici să-și dea la iveală tăcerea, neliniștile, cuvântul său plin de grație, o grație a profunzimilor..."

Nicolae Ioana
(în revista *Argeș*, nr.10, octombrie 1985)

***

„Adevărate texte poetice! Privindu-le cu un ochi care râde și cu un ochi care plânge, adică destrămat și reintegrat în marele sens al cuvântului, care aici ființează, nu-mi mai rămâne altceva de făcut decât să-i urez vânt prielnic!"

Nicolae Ioana
(în *Argeșul, 1985)*

***

„Vavila Popovici, (corectă și cuminte)."
Nicolae Manolescu
(în revista *România literară*, 26 iunie 1988)
***

„Între cei *13 poeți* debutați recent (sub acest titlu!) la Editura „Eminescu", se numără și Vavila Popovici al cărui nume l-am mai întâlnit în revistele noastre. Din cele 8 poeme incluse în selecție ne putem întrucâtva edifica asupra „profilului" său liric. Neîndoielnic o sensibilitate tipic feminină, cu percepții de remarcabilă finețe (*Astăzi/ am stat culcată/ în iarba crudă/ am simțit respirația pământului aproape...*, **Concert**), o poezie care se naște din delicate surprinderi senzoriale, poeta simte materia vibrând (în textele propuse, dar și în apariţiile dinainte se poate decela un bacovianism sui-generis), melancoliile îi sunt profunde, dar și setea de viață, salutară negare a morţii, și așa inevitabile..."
C. Cos.
(în revista *Ateneu*, 1988)
***

„(...) În **Noapte de iarnă** poeta se retrage în lacrimi, în iarbă, în stele, în aer, elemente purtătoare de destin, făcând parte din voința de apărare a logosului exprimat mai întâi pentru sine, mai apoi pentru cel ce vrea să-l cunoască.

(…) Definiția poetului ca existență întru supunere, tăcere și iubire, identificarea cu ființa iubită până la pierderea de sine, oglinda ca sinteză a personalității umane, dar și ca mister, *Viața – zborul unor păsări albe,/ triste,/ cu atât mai triste/ cu cât zborul lor/ este mai alb*, istoria surprinsă în suprapunere de gânduri, imagini și vieți, cuantificarea totală a expresiei poetice în albul văzut ca suferință a trupului, orașul ca proprietate, ordine a inteligenței și sufletului, evadarea din real purtând însemnele tristeții, a cărei cauză, de multe ori, nu ne este dezvăluită, singurătatea devenită uneori sinonimă cu moartea, sunt câteva repere ale volumului de față. Trăirea estetică este, în general, religioasă. Divinul este aproape permanentizat prin forța cu care este rostit în câteva poeme. Dragostea este de sorginte divină. (…)"
Elena Cruceru
(în *Anotimp Magazin*, Slatina, nr.222, 20-26 mai 1996)
***

„*Noapte de iarnă* – Delicate, dar cu o personalitate surprinzătoare, păstrându-și permanent vitalitatea expresivă și substanța lirică, poemele conturează o personalitate artistică distinctă prin rara osmoză între realul atât de acut și distilarea lui în metaforă, cerebralitatea conviețuind, aproape de fiecare dată cu frăgezimea și unicitatea emoției adevărate, ca și cum: *Cu fiecare zi/ din lume mă scad,/ adăugând un inobservabil minus/ și-o pată de cuvânt.*"

Tatiana Vișescu
(în *Argeșul*, Pitești, 4 iunie 1996)

***

„(...) Un volum ca *Nopți albe* înseamnă un argument că versul nu poate fi aruncat în uitare, fie și în secolul zornăitului de arginți."

Veronica Balaj
(*Radio Timișoara*, 1996)

***

„Obsesia musseliană a nopților se confirmă în volumul *Nopți albe*, o poezie țâșnind efervescent, ca un nectar amar dintr-o nefericire acutizată de timp, materială și densă ca un sunet de liră întârziat sub pleoape. (...) Lumina din suflet disloca lumea interioară a poetei, stârnind nesomnul. Coordonatele lirice se amplifica treptat, fără a afecta tonusul metaforic și astfel poeta delimitează, cu mijloace aproape expresioniste, o atmosferă stigmatizată de excesivul abandon într-o lume circumscrisă momentului, unde *fumul de țigară rătăcește nesigur printre vaporii de alcool*. Firesc, o lume naște alte lumi, ca o germinație perpetuă, pentru că există, încastrată în respirația versului, o reală nevoie de alb și de pur și poate de aceea *cineva deschide o fereastră* mereu. Curajul de a se întoarce în timp este o chemare de cais înflorit a copilăriei și, în spațiul dislocat de inversiunea vârstelor, lunecă setea de iubire, ca o respirație de început de viață. În lacrimă doar se cristalizează verdele transparent al clorofilei pulsând aritmic în verbul poetei, eliberând de convenții un limbaj saturat de tristețe, ca o monotonie instalată într-o aceeași așteptare egală a mâine-lui, în vreme ce *Eu continuu sa port/ in mintea mea,/ in inima mea,/ stihuri,/ stihuri.*"

Tatiana Vișescu
(*Argeșul*, 27 oct. 1995)

***

„(...) În **Nopți albe,** rostindu-se pe sine, lăsându-se în voia unor sentimente care se dilată la infinit, în timp ce privește *amfiteatrul imens al copacilor/ posomorâți și-ntunecați de așteptare,* poeta trăiește în mijlocul unei naturi armonioase, de care nu se poate despărți, deoarece toate gesturile ei o caută: vântul insistent și rece, plânsul toamnei, frunzele ca un șuvoi, nopțile de iulie, dealurile, casele cu amintiri, marea, parcurile, caișii, zăpada, anotimpurile. (...) E o dulce durere în versurile poetei, o suferință dureros de dulce, cum spune Eminescu, resimțite mai ales toamna, anotimpul care striveşte și umilește și, în care, strigătul poetei tulbură caracterul liturgic al volumului: *Te am pe tine, iubite/ Vino degrabă*, după imaginara sosire, mirabilul vers *ia-mă în brațe/ adoarme-mă*, ne dă dreptul să lăcrimăm odată cu *Plânsul toamnei*. (...) Aproape fiecare poezie solicită să te oprești asupra ei. Schiller spunea despre antici că trăiesc în armonie cu ei înşişi. Poeta este o antică, făcând parte din acea categorie a femeilor rare. Ieși din poeziile dânsei mai frumos decât ai intrat, trăind în două lumi deodată."

Elena Cruceru
(în revista *Anotimp Magazin*, Slatina, nr. 202, 25-31 dec. 1995)

***

„În volumul **Dragostea mea cea mare** versurile parcă se strâng în ele însele pentru a ocupa un spațiu mai redus; în acest spațiu concentrat, vibrația lirică pulsează adânc, îşi desface aripile în interior găsind resurse vii care „desenează" sentimente profunde.(...) Să relevăm aceste afirmații cu câteva exemple: *Ești ruptă din pomul tinereții,/ creangă îndrăgită!/ Te-am altoit/ de-au trup sălbatec,/ încercare-a fost,/ culoare-a fost,/ foșnet,/ durere,/ univers!* (Dragoste) (...) În alte cazuri atmosfera devine esențialmente aridă, dar, oricât ar părea de paradoxal, caldă, profundă. (...)

Conciziunea, lipsa de ostentație și de aici profunzimea demersului liric sunt calități indiscutabile care aduc o rază de lumină în... epoca tranziției din sufletul nostru."
Aurel Gagiu
(în *Olt Press*, Slatina, 4 dec. 1998)
***

„Poezia Vavilei Popovici este o îndelungată selecție, o maximă exigență, o adâncă cunoaștere de sine, supraeul dânsei păstrând cuvântul ca sens existențial, ca valoare maximă. Doamna Vavila Popovici propune o variantă simplă de poezie prin care pune în valoare elementele fonice ale cuvântului, acesta fiind mai întâi adânc trăit, atent selectat în concordanță cu sentimentele, extrapolat apoi în poezia care devine voce gravă în mintea cititorului, fiind expresia unei feminități mature. Poemul *Piticul din ceașca de cafea* care dă titlul volumului, are un efect aproape straniu, în care dorința de reînviere te duce la mitul lui Horus și totuși cea mai puternică realitate este cea din puterea visului, pentru ca aceasta dezvoltă, transformă, educă transcendența trăită, este adevăr, o ontologie care, de altfel poeta nu se poate desparți. Citez întreg poemul : *Te-ai arătat în ceașca de cafea/ dimineața, în balconul plin cu flori./ Soarele strălucea pe marginea ceștii/ și tu erai piticul negru/ din ceaşca de cafea./ Am pus degetul în ceaşcă/ şi piticul s-a lipit/ de arătătorul mâinii./ Am stat aşa/ şi am privit ceaşca de cafea,/ apoi am lipit-o de buzele mele./ Vai, dragule/ noaptea când trupul cere odihnă,/ când gândurile amuţesc/ şi pleoapele se închid,/ îmi apari în vise/ semn că sufletul nu cere odihnă./ Ziua citesc poveşti în ceşti/ noaptea visez./ Şi uite-aşa,/ te inventez chiar şi pe tine/ alături,/ piticul din ceaşca de cafea.* Totul se tulbură în izvorul liric al cărţii, înţelepciunea, echilibrul, frumuseţea. Poeta îşi caută soţul pierdut, cum Orfeu o caută pe Euridice. Fiinţele dragi par sosite pe pământ pentru a ne cunoaşte şi a ne împlini astfel un destin. Efuziunile lirice surprind sufletul într-o permanentă mişcare pe verticală, iar impresia de zbor provine din consumul maxim de viaţă. *În zilele de vară/ când căldura/ îmi învăluia trupul,/ închideam ochii/ şi mă rugam soarelui./ Din prea multă iubire/ mă rugam./ În zilele de toamnă,/ în lumina incendiară/ priveam florile,/ miroseam parfumul/ şi mă rugam florilor./ Din prea multă iubire/ mă rugam!/ În zilele de iarnă/ cu zăpezi nesfârşite/ rătăceam/ inventam un zeu/ al purităţii/ şi lui mă rugam!/ În zilele de primăvară,/ ascultam vântul/ şi mă rugam vântului./ Din prea multă iubire mă rugam!/ Toate aceste zile, numai ele vor spune ceva despre mine/ şi asta numai dacă/ mai au amintiri* (Anotimp interior). Parcurgând aceste versuri, cititorul se înalţă până la tensiuni lirice interioare, menite să-i dezvăluie un exterior al lucrurilor altfel simţit decât atunci. Versurile doamnei Vavila Popovici aşteaptă istoria poeziei româneşti, a literaturii române pentru a o dărui generaţiilor viitoare, având înalte valenţe formative, în sensul cel mai frumos şi profund al cuvântului, adică al clasicismului."

Roxana Trăşculeasa
(în revista *Argeş*, Piteşti, nr.10, oct. 2008)
***

„(...) Volumul **Piticul din ceaşca de cafea** este relevant pentru importanţa pe care autoarea o acordă genericului. Aparent, el ne trimite către un univers al lucrurilor mărunte, insensibile; în fond, esenţa acestora determină o mare putere de rezonanţă. Cine poate fi acest pitic din ceaşca de cafea? Decât daimonul creaţiei, care stăruie în mintea şi sufletul creatorului, cum mărturiseşte însăşi poeta: *Te-ai arătat în ceaşca de cafea / dimineaţa, / în balconul plin cu flori. / Soarele strălucea pe marginile ceştii / şi tu erai piticul negru / din ceaşca de cafea.* Poezia Vavilei Popovici este plină de lirism, poemele în versuri libere sunt mici ode ale bucuriei, totul exultă într-un frenetic dans al luminii, al generozităţii..."

Constantin Mănuţă
(în revista *Coloana Infinitului*, Timişoara, nr. 40-42, 2002)

***

„*Insomniile unei veri* dezvăluie confesiunea lirico-meditativă pe teme ale dragostei și morții, abordată într-o manieră personală, caracteristică structurii sale interioare. Există în poezia sa un amestec de nuanțe, de sunete, de parfumuri, de parcă ar dori să concentreze natura în expresie poetică, raportând-o apoi la suflet. O invitație la reverie apare des în versurile Vavilei Popovici. Poetul se află într-o dispoziție stenică contemplativă, atrasă de pădurea cufundată în mister (*Cum începe noaptea*). Chemarea iubirii devine tânguire pornită spre Dumnezeu și receptată pe coordonate orizontale și verticale: *Mă voi ruga, iubitul meu să vii/ mă voi ruga-n biserici,/ te voi striga-n păduri/ și-n țărm de mare/ când valuri se risipesc și gem... (Să vii!).*"

Renata Alexe
(în revista *Arcade*, Pitești, dec. 2002)

***

„Salutăm, așadar, incizia pe care o face poeta într-un material ideatic de profunzime – *Insomniile unei veri* –, luminat de insomnii scormonitoare. (...) Este un vibrant volum de poezie dedicat veșnicului și imprevizibilului zeu (sau zeițe) pe care îl numim îndeobște IUBIRE..."

Vasile Filip

(în revista *Coloana Infinitului*, Timișoara, nr. 43-45, 2002)
***

„O apariție în violent contrast cu mediul amorf-cenușiu, băltind apter, din comunism, ca și cu acela de mai apoi: agresiv, plin de stridențe, iarăși vulgar și întotdeauna a-cultural – din postcomunism, astfel este, nu doar fizic, ci în deosebi printr-o lumină a spiritului doamna Vavila Popovici. Parcă din discreție s-a ascuns undeva în provincie ca să nu șocheze nici cu frumusețile ființei, nici cu eleganța atitudinilor. Străbătând viața mascată în profesia de inginer chimist a purtat cu o rară demnitate, pe sub exactitatea acesteia, haloul și bătăile de aripă ale unei sensibilități amplu și organic articulate. Câte ceva din dialogurile pe care această doamnă, originară din nordica Bucovină, le poartă cu propriile spaime și nostalgii transpare și în micile poeme pe care cu un gest de generozitate și în mod complice ți le așează în palmă, cititorule! Primește-le ca pe mărturii de bună-cuviință dintr-o lume aristocrată a cărei existența nici măcar nu o bănuiai."

Ion Papuc
(Postfață la volumul ***Dincolo de noapte*** și în revista *Oltul cultural*, Slatina, nr.4, 2004)
***

„Îngerul scrie poemul – ample și fertile singurătăți (...) Poetă a sentimentului și candorii, a unor melancolice despărțiri, a lacrimii înăbușite, a alinării melancoliei prin perpetua apropiere de natura vie, încărcată de vise, poeta nu se lasă ademenită de livresc, de modernismul glacial, de confecția rece și nemotivat orgolioasă. Acest superb apetit pentru fenomenul natural surprinde imagini impresionante, de vaste amplitudini: *...și blajinele,/ sfintele animale/ coborând din munți/ ca o revărsare/ de apă tulbure/ pe drumuri deșarte...*"

Aurel Gagiu
(în revista *Oltul*, Slatina, 19 martie 2004)

***

„(...) Fiecare poem din **Îngerul scrie poemul** pare o rugăciune «corectă și cuminte», întocmai ca și Domnia Sa... Căci toate poemele sunt de dragoste (în sensul agapé) și inspirate din imnul de dragoste paulin (din Corinteni, 1). Împărtășesc cititorului ultimul dintre poeme, *Îngerul scrie poemul*, care, de altfel, dă și titlul întregului volum: *Dau perdeaua la o parte/ să intre aerul rece al dimineții./ Din copaci cad primele frunze/ într-un zbor fără țintă -/ dansul frunzelor moarte,/ maronii,/ învălătucite ciudat,/ scrâșnind la atingerea pământului.../ Căderea lor are un impact* *dureros/ în inima mea./ Mă așez la masa de lucru./ Flacăra candelei pâlpâie/ desenând umbre grațioase./ Lumina ei sfântă/ penetrează lin/ întristata-mi clipă/ întristatul timp.../ Un înger îmi scrie poemul/ în timp ce vorbesc cu tine/ și despre tine."*

Arhim. Iuvenalie Ionașcu
(în revista *Scala Coeli* – Roma, Italia, 3 martie 2004)

***

"(...) Poezia Vavilei Popovici se transfigurează adesea în rugăciune sau în vis, cu ajutorul unor imagini clare, aureolate de o sensibilitate duios-nostalgică. Credoul poemelor se transformă, precum odinioară emoțiile, bucuriile și nostalgiile, în rugăciune, din care nu lipsesc: credința, speranța și mai ales iubirea *(ne iubirea – niciodată)*, în ciuda faptului că vremile pe care le petrecem: *Se fac și se desfac scenarii/ tot mai triste pentru noi...*"

Simion Bărbulescu
(prefață la volumul *Îngerul scrie poemul*; în revista Axioma, Ploiești, nr.10 (55) oct. 2004)

***

"(...) Autoarea îmbină visarea cu luciditatea, realul cu ficțiunea într-un spațiu al inepuizabilelor fermecătoare iluzii. *Îngerul scrie poemul* este o carte de poeme izvorâte din aspirația structural optimistă a poetei, unde imaginea lumii rămâne una a eternității. Iubitoare de armonii, animată de o nesecată curiozitate a cunoașterii intime și intelectuale, deschisă celor mai variate sugestii artistice, poeta ne relevă dăruindu-ne „esteticul" în întrupări perene din totdeauna..."

Victor Sterom
(în *Informația Prahovei*, Ploiești, 20 aprilie 2006)

***

„(...) Cartea *Între spaimă și vis* cu o traducere în engleză, dezvăluie stări contradictorii, date de angoasă și de speranță, de realitatea dură acceptată cu spaimă – curgerea timpului – și de evadarea într-un vis dorit etern. O pendulare a naturii umane, a cugetului într-un spațiu obișnuit, încărcat de amintiri și o recunoaștere a iubirii care oferă posibilitatea de transcendere alcătuiesc fluidul poetic. (...) *Fantasma* aduce imaginea omului iubit, om-arbore cu brațe de frunze și picioare de crengi, o contopire cu natura în sânul căreia ajungem. (...) Poeta interpretează orice stare, trece de la vis la realitate, trecerea se face subtil: *zorii cuceresc întunericul, pasărea albastră* se plăsmuiește din *aerul albastru*, ființa se risipește *în ceasuri de aduceri-aminte*. Pentru Vavila Popovici natura înseamnă comuniune cu Dumnezeu; Iisus este viață și adevăr. Ideile se nasc în liniște, alunecă pe fila cărții armonios, cuvintele au melodia lor, expresia pare obișnuită, dând nota confesiunii, termenii își găsesc în mod fericit combinația în versul grav al poemelor. Scriitura oferă o lectură plăcută, rândurile destind și, în același timp, îndeamnă la meditație, la cunoaștere de sine."

Renata Alexe
(în revista *Arcade*, Pitești, 25 martie 2005)
***

„(...) Coperta nr.1 a cărții *Între spaimă și vis* redă armonios paleta stărilor de spirit ale poetei, dialectica vieții în lupta pe care o dă cu haosul, moartea. La baza copertei apare simbolul pământului (maro închis), iar deasupra, pe un fundal negru cenușiu, imaginea unui fulger cu multiple ramificații, alb luminos, cu ușoare tente de auriu, simbolizând spiritualul. Altcum spus, în bătălia care se dă între spirit și materie, lumină și întuneric, predomină spiritul care luminează (îndumnezeiește) materia (nuanțe de mov în degradeuri). Coperta a doua redă pe un fond maro închis către negru Măiastra (gri-roz deschis) și cu litere galbene volumele scriitoarei apărute între 1993-2003 (zece ani de trudă în lupta cu cuvântul scris, dar și de satisfacții plenare. (...) În carte, cu sufletul alergând pe claviatura vieții, poeta își pune întrebări fundamentale: *Pentru toate aceste morți absurde/ să fie de vină greșelile noastre/ Dar, Doamne,/ în ce moment al vieții începem să greșim/ greșim pentru că suntem/ sau suntem pentru a greși?* (...) Pentru poeta matură care este Vavila Popovici, raportul viață - moarte este sursa unor profunde meditații filosofice. Conceptului spațiului real predestinat îi corespunde: *VISUL ȘI SPAIMA*, respectiv imaginația și realitatea."

Mariana Strunga
(în revista *Coloana Infinitului*, Timișoara, nr. 56, 2006)
***

„În poemul ce dă titlul cărții – *Între spaimă și vis*, omul este înotătorul nevoit să se înscrie în cursa lungă a vieții sau pe un traseu mai scurt al ei: *Aruncați suntem de la naștere/ într-o apă adâncă,/ obligați să înotăm,/ să ajungem la celălalt mal,/ fără posibilitate de întoarcere,/ ci doar de renunțare*. În critica literară, doamna Vavila Popovici este mai mult decât pomenea Nicolae Manolescu: poeta „corectă și cuminte". Un exeget mult mai apropiat de realitatea discursului liric al creatoarei, este prefațatorul volumului *Între spaimă și vis*, domnul profesor doctor Simion Bărbulescu, care observă că „poeta cultivă imagini generatoare de contemplație și extaz", atât în buchetul de poeme cuprins în cartea discutată, dar și „în toate cele șapte volume anterioare." Contemplația și extazul presupun neapărat imagini artistice lucrate cu imaginație creatoare, cu acuratețe, cu profesionalism poetic. (…) Poeme albe, concepute astrofic, creațiile lirice ale doamnei Vavila Popovici fremătând de idei excitante intelectual, dovadă că nimic din ce simte și ce observă în jur nu îi este străin, abundă în imagini vii, lucrate cu arta sensibilității cuvântului ales. Poezia sa o situează între prezențele feminine de marcă ale literaturii contemporane."

Ion Georgescu
(în revista *Oltul*, Slatina, 22 iulie 2007)
***

„(…) Senzațională intuiția critică a lui Nicolae Manolescu, potrivit căreia poezia de început a Vavilei Popovici ar fi «corectă și cuminte»! Într-adevăr, pe tot parcursul devenirii sale poetice, în toate cele șapte volume anterioare, dar și în cel pe care ni-l propune de astă-dată, poeta cultivă imagini clare, generatoare de contemplație și extaz. Sensibilitatea ei este cu precădere nostalgică, poeta încadrându-se într-un postmodernism de factură romantică, la antipodul exagerărilor multora dintre colegii de generație. Concepția sa de viață (Weltanschauung-ul) urmărește îmbinarea armonioasă dintre sacru și profan, într-o sinteză care o singularizează în contextul contemporaneității. (...) În concluzie, altfelitatea poemelor scrise de către Vavila Popovici trebuie căutată tocmai în lirismul notațiilor, al inscripțiilor și miniaturilor lirice, în claritatea și simplitatea imaginilor, în lipsa lor de ostentație, în încorporarea elevată a unor „emoții, bucurii, întristări" generatoare de emoții artistice."

Simion Bărbulescu
(prefață la volumul *Între spaimă și vis*)
***

„(...) Volumul *Între spaimă și vis* circumscrie un melancolic final eroic – al propriei existențe, derulate în limitele creșterii și descreșterii la care asistăm neputincioși, marcați de *amintirea tinereții (care) revine ca zumzetul unui stup de albine*...(...) Acum e timpul întrebărilor esențiale, începând cu cea johanică, privitoare la ceea ce a fost la început (ad initium!). Răspunsul se referă la propria-i geneză, contrapunctând iubirea, care va fi transpusă de *gândul pătimaș* într-o insolită *haină a simțirilor*, în contextul cărora fantasticul se îmbină cu realul prin intermediul unor insolite îndemnuri care se constituie intr-o propedeutică a erosului... Astfel, devenirea întru ființă (preluată de la C. Noica) îi apare – potrivit paradigmei pauliene – ca o continuă alergare, ambele încorporate într-o poveste de iubire

(deosebită de cea tristaniană!), de evocare a ceea ce a fost sublim, în consens cu filosofia unora: Petre Țuțea, C. Noica, Emil Cioran s.a."
Simion Bărbulescu
(în revista *Argeș*, Pitești, dec. 2004)
***

„*Insomniile unei veri* dezvăluie confesiunea lirico-meditativă pe teme ale dragostei și morții, abordată într-o manieră personală, caracteristică structurii sale interioare... Chemarea iubirii devine tânguire pornită spre Dumnezeu și receptată pe coordonate orizontale și verticale: *Mă voi ruga, iubitul meu să vii/ mă voi ruga-n biserici,/ te voi striga-n păduri/ și-n țărm de mare/ când valuri se risipesc și gem...*"
Renata Alexe
(revista *Arcade*, Pitești, nr. 31-32, 2002)
***

„...Exprimând înălțător și puternic prin nuanțe de o sensibilitate ieșită din comun, o profunzime a sentimentelor în care te regăsești sau te descoperi, rămân mut în fața acestei introspecții."
C. Popescu
(în revista Dor de Dor, Călărași, 2002)
***

„Noul lirism întruchipat imagistic în versuri libere în volumul *Suspine strigate*, ca și în volumele anterioare, este foarte aproape de trăirea religioasă, iubirea fiindu-i călăuză în transpunerile poetice – uneori chiar a unor *adagii teologice* (respectiv pauline!). În afara unor asemenea transpuneri imagistice, întâlnim și în noul volum circumscrierea unor emoții și sentimente conexate iubirii, precum – de pildă – *dorul*: dorul de viață, dorul absenței celui îndrăgit, dorul de părinții care nu mai sunt în viață *(luminosul dor)*, dorul adânc – transpus în rugăciune, dorul de copiii de care, vremelnic, e despărțită, cu un cuvânt: dorul de toate acele ireversibile – insolite *tempi passati*, când – însoțită de bucuria clipei – ardea „până la esențe"... „vegheată de îngeri și legănată de vis"... Poeta se complace (precum laureatul Nobel din 1946, Herman Hesse) într-un insolit *joc al mărgelelor de sticlă*, în a descoperi un răspuns în lumea onirică – a creației..."

Simion Bărbulescu
(prefață la volumul *Suspine Strigate*;
în *Informația Prahovei*, Ploiești, 30 mai 2006)

***

„*Suspine strigate* – Cried sighs", volumul de poeme cu numărul cincisprezece al poetei și cel de-al doilea bilingv vede lumina tiparului la

Editura „Carminis" din Piteşti. Sensibila poetă, spune prof. dr. Simion Bărbulescu, continuă linia volumelor anterioare, poemele transcriu imagistic propriile trăiri, cele de acum, cele de altădată din perspectiva sublimă a unei ireversibilități generatoare de autentice emoții, dar la antipodul exagerărilor postmoderne. (…) Personalitatea sa este determinată de o anumită constantă a mediului său creator, de măştile bine definite pe care le poartă în jocul postmodern. Fuga poetei în sensibilitate, fuga de această conspirație modernă de distragere a atenției, care tinde să ne reducă pe toți la o turmă de consumatori cuminți şi docili, şocul artei contemporane, face, până la un punct, ca poezia Vavilei Popovici sa fie un gest terapeutic pentru sistemul nervos al omului contemporan suprasaturat de stimuli haotici, obişnuit cu orice formă de artă extrem de rapid asimilată. Emoția pe care o simțim în fața unor astfel de poeme este dată de o schimbare de perspectivă, de un salt estetic, cognitiv, perpendicular pe fluxul percepției noastre temporale. Timpul şi operele de artă s-au aflat întotdeauna într-o relație pasiv agresivă. Vavila Popovici nu s-a sfiit însă să țină dreaptă calea, la fel ca un înțelept din Tibet să-i țină ființei poetice echilibrul cu răbdare şi metaforă, dar şi cu veşnica construcție omenească sortită trecerii şi cu multele mijloace ale sensibilității ei. Mai mult, eu cred că frumusețea acestor poeme este chiar această fulgurație „cu aripi de fluture" scăldându-și cuvintele în propria aură a poetei, care ne iluminează pentru o fracțiune de secundă sufletele."

Maria-Diana Popescu
(în ziarul *Viitorul Argeșului*, Pitești, 7 septembrie 2007)

***

„(...) Iată o profesiune de credință: *De ce scriu?/ Scriu pentru că sunt vie,/ pentru că scrisul este al celor vii./ Miracolul creației sălășluiește încă în sufletul meu,/ scriu pentru că iubesc viața/ și-ți mărturisesc că uneori mi-e teamă/ de bătaia de aripă a păsării în agonie.../ În acele clipe m-arunc/ asupra unei coli de hârtie/ ca-ntr-o mare cu valuri iubitoare./ Poți înțelege/ singurătatea unui suflet,/ când arzi ca o lumânare/ și te hrănești cu lumina flăcării?* (...) Vorbind despre – **Suspine strigate** – Doamne, ce-mi place cum sună – Vavila Popovici nu uită că, poezia este, în esență, expresia spiritului precum și o „meditație despre ființă și existența ființei în lume". (Eugen Simion) De natură meditativă, elegiacă și reflexivă, autoarea percepe realul din irealul poemelor sale, mai întotdeauna, sub imperiul revelației. Stări și interogații prind conotații religioase, devin metafore simbolice, trezind simțul armoniei și stimulând totodată, imaginația misterioasă și învăluitoare a lucrurilor."

Victor Sterom
(în *Informația Prahovei*, Ploiești, 30 mai 2006)
***

„Atunci când poetul (creatorul, în general) intră sub stăpânirea ideilor și a vibrațiilor propriului har, al Universului personal adică, ființa lui creatoare se umple cu o lume nepământeană, nici chiar de el însuși bănuită, necum pe deplin cunoscută. O lume stimulatoare de gând și de simțire, din care izvorăște opera. În acea lume infinită și nedefinită, poetul este mai puternic decât în lumea reală, mai tentat și mai predispus împlinirii prin actul creației. În această stare, deopotrivă euforică și realistă, el nu este niciodată singur. Singurătatea lui cea adevărată se produce atunci când el se află printre oameni, cu care se confruntă zilnic, atunci când el însuși este silit să se ancoreze cotidianului. Adevărat scria cineva: „Eu numai printre oameni mă simt singur".Acesta este adevărul cel mare. Dar tot un adevăr este și alintul poetului, jocul lui, foarte serios de altfel, de-a singurătatea. Iar atunci când nu e mimată, ca în cazul de față, starea de singurătate se preface în factor de creație. (...) Structural, Vavila Popovici ni se înfățișează și în această nouă carte a sa, ca un poet pe deplin format, temeinic familiarizat cu tainele (uneori capcanele) scrisului frumos. Ea este un poet rațional, în primul rând. Însă și sensibil, delicat, duios. Precum și unul de factură intelectuală, afinitățile sale cu muzica, cu pictura și cu alte componente ale artelor și ale culturii naționale și universale oferind poemelor un spor de substanță și de sugestie. (...) Cititorul va găsi în paginile cărții un conținut impresionant de idei, care și pe dânsul îl frământă, va afla, de asemenea, o sumedenie de întrebări și răspunsuri (fiecare le va putea completa după propria trăire), sufletul i se va umple cu ample vibrații și cu sublimul artei poetice în stare pură. Existența fiecăruia, așa cum se derulează ea, se poate regăsi într-un poem, într-o strofă, într-un vers, într-un singur cuvânt. De unde se va vedea că poetul nu este niciodată singur, că el se află printre ei. Numai că el, poetul, trăiește într-o altă vibrație, el receptează și interpretează altfel viața. El zboară cu aripi ne-căzătoare, rodul acestor zboruri fiind cărțile sale. Iar cărțile sale devin bunuri menite să îmbucure pe cititor. Să-l mângâie și să-l înalțe spiritualicește. Pentru aceasta, însă, așa cum constată chiar autoarea, toți *avem nevoie de aripi!"*

Vasile Filip
(Prefață la volumul *Singurătatea clipelor târzii*,

ed. Pim, Iași 2008)
***

„(…) Sursa de inspirație a lucrării lirice *Singurătatea clipelor târzii* o constituie în parte povara dulce a amintirilor încă vii, desprinse din călătoria făcuta de scriitoare în Statele Unite ale Americii, în urmă cu doi ani, și materializată în memorialul de călătorie *Jurnal american*, apărut în 2007. În volumul acesta, cu emoție și originalitate, pe fundamentul cunoașterii, sunt zugrăvite și comentate tablourile și sculpturile aflate în impunătorul Muzeu Metropolitan de Artă din New York. Legătura tematică dintre artă și poezie e mărturisită de autoare în multe poeme ale *Singurătății clipelor târzii*, unele piese purtând, în paranteză, marca MET (de la Metropolitan). E vorba de „Printre statui", „Pe pajiște", „Norii deasupra orașului Toledo" și „Pieta". În prima, poeta se simte *pierdută printre zei si eroi*, statuia lui Protesilaos reînviind în ochii plini de flacăra admirației, vremea lui Homer și tragedia Troiei. A doua e plină de elementele idilice care prind viață în pânza lui Auguste-Renoir. În a treia, *Norii lui El Greco meditează, se-ntunecă, rămân nemișcați, amenințători, dominatori, deasupra orașului Toledo…* Iar în „Pieta" intrăm în domeniul sacrului prin geniul lui Michelangelo, sacru care cere desprinderea de timp a eului liric:

Mă desprind de timp,/ rămân încremenită în fața statuii,/ Fecioara Maria ține în brațe/ trupul fiului său... (...) Remarcabile versuri construite în metrica albă, modernă, care se întinde pe întreg cuprinsul cărții și care o prinde cel mai bine pe autoare în discursul său liric plin de delicatețe, dar încărcat de mesaje umaniste. (...)"

Ion Georgescu
(în revista *Coloana Infinitului*, Timișoara, nr.67, 2008; ziarul *Oltul*, Slatina, 8-15 sept. 2008)

***

„*Singurătatea clipelor târzii.* (...) Este o poezie de dragoste, a dorinței de înălțare spirituală, a dorului după cei dragi, după frumos, după perfecțiune. Sufletul poetei este dornic după o veșnică primăvară:... *vine un timp când dorim ca totul să rămână în nemișcare, o clipă de iubire mare* (...) Folosind un limbaj nesofisticat, imaginile sale îmbină realitatea cu visarea, iluziile cu regretele într-un mod uimitor, dovadă a cunoașterii în profunzime a ființei umane. (...)"

C. Popescu
(în revista *Dor de Dor*, Călărași, sept. 2008).

***

„(...) Versurile din volumul ***Singurătatea clipelor târzii*** pornite dintr-o experiență a durerii oferă dimensiunea tragică a existenței înaintate. „Vavila Popovici, corectă și cuminte", cum afirmă Nicolae Manolescu, scrie inteligent și sensibil, păstrând un simț al măsurii. O tehnică de relaxare descoperită prin imagini discrete, care transmit o liniște absolut solemnă, o aristocrație în creație care vine din demnitatea de a accepta realitatea, o definesc pe Vavila Popovici, poeta singurătății."

Renata Alexe
(în *Argeșul - Săgetătorul*, Pitești, 16 sept. 2008)
***

„Prin toate cărțile pe care scriitoarea Vavila Popovici le-a dăruit, cu generoasă dragoste, publicului cititor (din România, iar acum și din America), răzbate, uneori avântat, alteori molcom, fiorul iubirii. Este izvorul de apă vie al tinereții fără bătrânețe și al vieții fără de moarte, care dă operei scriitoarei fior și durabilitate, valoare morală și artistică. Este dovada unei structuri umane creatoare de profunzime și altitudine, deopotrivă rațională și sentimentală, sensibilitatea feminină ridicându-se deasupra înțelesului uzual al acestei formulări, deseori controversată. Iubirea autoarei depășește limitele unui simplu sentiment, fie el și puternic, și statornic, și unic; ea este o stare – rațională ți emotivă – un univers mult mai complex și mult mai bogat în sensuri și în conținut. Fapt dovedit nu doar de „Iubirea cea dintâi", cu care se deschide volumul de poeme *„Scrisori de departe"*: *Iubirea cea dintâi e niciodată moartă,/ deși i din spumă pură de valuri risipite./ Trăiește în adâncuri de mare-ntunecată,/ cu forțe neștiute, calme și-adormite./ Iubirea cea dintâi e niciodată moartă./ E cea dintâi vioară dintr-un concert de îngeri"*. (...) Sensibilitatea deosebită, precum și luciditatea particulară ființelor puternice au netezit calea dreptei judecăți și a împăcării cu un destin zbuciumat, în care – vrând-nevrând – au încăput toate cele ale unei lumi încâlcite și pline de tot soiul de cumpene și praguri: *Uneori efluxuri de dragoste / spre semeni revărsate, / alteori refluxuri dureroase-și fac loc / în mine... O, anii mei risipiți / ca niște frunze de plop! / Iubirile mele / prefăcute în versuri poeme!* La drept vorbind, aceasta este mare victorie a poetei, obținută în lupa ei cu viața, cu bucuriile și cu tristețile iubirii: prefacerea înfrângerilor în biruințe, folosind cu iscusință armamentul din dotarea artei poetice. Supraviețuire prin Poezie. (...) Cu toate că respiră multă delicatețe, muzicalitate și implicare sufletească, versurile din acest volum nu reușesc – nici nu-și propun – să tăinuiască dramatismul pe care starea de iubire îl cunoaște, frământările lăuntrice răzbătând prin ferestrele larg deschise ale sufletului cald și ocrotitor. Vavila Popovici găsește resurse și căi de evitare a două mari primejdii: căderea în pesimism sau urcuşul în idilism. (…) Într-un alt poem, ea continuă cu nedumeririle, care vizează în sens filosofic noimele şi esenţa existenţei: *Mă-ntreb, iartă-mă Doamne,/ la ce atâta trudă pentru a înţelege/ atât de puţin?* Pentru ca , mai pe urmă, să dezvăluie (e drept, voalat) taina – ca zbatere şi aspiraţie – pe care nu şi-o poate reprima: *Niciodată nu vei putea spune/ câte vise ai înălţat,/ câte gânduri ai înnodat,/ cum au ţâşnit cuvintele,/ cum le-ai aşezat în caiete,/ pagină cu pagină, noapte de noapte./ O, munca asta de nimeni ştiută,/ necunoscută nicicând!* Este strigătul surdinizat al creatorului – el însuşi uimit în faţa propriului efort de metamorfozare a unor realităţi în fior poetic, dar şi speriat faţă de destinul operei sale. E semnul conştientizării demersului personal, care capătă valenţe cu amplitudini pe care doar cititorul le poate comensura. Autoarea îşi asumă efectele vânturilor şi valurilor, fără de care arta ar avea o existenţă nevoiaşă. Încă o dată, sentimentul iubirii le biruie pe toate celelalte."

Vasile Filip
(în reviste din SUA, Canada, Israel, România)
***

„În accepţiunea Vavilei Popovici poezia este sublimul atins de trăirea individului prin cuvânt, un *modus vivendi* asemuit cu vârfurile perfecţiunii în arte: *Poezia e aura unei piese a lui Shakespeare./ E melodia cântată/ pe strunele viorii Stradivarius./ E culoarea şi lumina/ dintr-un tablou a lui Rembrandt./ E marmoră de Carara/ dăltuită de Michelangelo./ E o piruetă a Anei Pavlova.* (Poesis) (...) Poemele adunate în acest volum nu sunt degeaba numite **Scrisori de departe**... Poeta este într-un dialog continuu cu fiinţele dragi şi nu numai, dialogul său curge într-o efervescenţă unică a trăirilor cu Dumnezeu însuşi. Fiorul ce le străbate porneşte din sufletul nobil al autoarei, purtător al atâtor sublime virtuţi, începând cu cea dintâi iubire, care ... *e niciodată moartă./ E cea dintâi vioară/ dintr-un concert de îngeri.* (Iubirea cea dintâi) Iubirii îi sunt închinate adevărate imnuri şi ea se perpetuă de-a lungul întregului volum în nenumărate ipostaze (...) Aici cel mai cumplit sentiment, acela al însingurării, nu trece neîncondeiat de autoare într-o strângere metaforică de excepţie pliată pe sufletul său sensibil: *Pat de frunze reci [...] crengi de măsurat tristeţi,/ singurătate [...] Un ţipăt sălbatec trezeşte pădurea./ Înfricoşatu-mi trup tresare./ Iau inima în mâini şi-o rog să nu mai bată./ O aripă de vânt răscoleşte patul de frunze./ Urmele dispar, pădurea devine rece, neprimitoare./ Încep s-alerg....* Fireşte, alergarea poetei nu este altceva decât... „Fuga de singurătate", o stare existenţială care i-a fost, nu o dată motiv de contemplare dar şi de îngrijorare: *Aceleași ploi atârnate de crengi,/ aceiași porumbei odihnind crengile,/ aceeași inimă abandonată,/ aceeași singurătate care macină./ Și ziua aceasta, în care tu trecătorule,/ m-ai privit straniu./ Speriată am început să-mi pun întrebări/ privind existența mea./ Aceleași ploi,/ aceiași porumbei,/ aceeași inimă,/ aceeași singurătate."* (Contemplație) Seria scrisorilor continuă, tematica alunecând ușor și înspre alte sfere, profunde meditații asupra sensului vieții. (...) Amintirile, tematică des regăsită în poezia doamnei Vavila Popovici, surprind ipostaze și momente care au amprentat puternic memoria autoarei, fiecare în parte și toate deopotrivă evidențiind prin sintagme cu mare grijă alese, frământările nobilului său suflet: (...) *Caut amintirea/ și tremurul tăcerilor pline./ De mult pe o inimă mută/ mai suflă un vânt de la tine./ Iubite, pe vremuri urcai/ ca aripa întinsă de vânt/ în larg și sfânt orizont/ de vise și vise, de cânt.../ Astăzi, când pare că ieri,/ zadarnic ardea ce s-a stins,/ mai caut un sens, o, mai caut,/ de-același elan sunt cuprins'*. (Caut amintirea!) (...) Și seria „scrisorilor" ce vin de departe continuă și în alte planuri, toate purtătoare de sensuri fine și distincte, dar mai ales în planul profund al propriei existențe: *Încet - încet am pierdut/ acea blândă linearitate,/ luând înfățișarea unui cactus,/ de care se agață orice fir de praf./ Mi-am complicat existența,/ dar am câștigat/ noi raze de lumină,/*

turnate-n unghiuri noi ale ființei. (Compensație) sau: *Sus, un cer îndepărtat,/ albastru./ Sub mine, un astru./ În mine, universul reflectat./ Infinitul?/ Mister plin de mistere./ Moartea - printre ere./ În mine, infinitul reflectat.* (În mine) (...)"

Georgeta Resteman
(în reviste din SUA, Canada, Belgia, România)

***

„(...) Volumul *Poemele iubirii* este structurat pe mai multe capitole mari: „Culorile vremurilor", „Cântările anotimpurilor", „Reverberate gânduri", „Rugile noastre", „Părinți și copii", „Locuri". Dintre sutele de poeme ale volumului citez câteva texte spre edificare: *Cândva ne spălam cu adevăr și iubire/ Dumnezeiască trăire!/ Azi ne scăldăm în rațiunea omului-rege,/ Pe noi înșine nu ne putem înțelege.* (...) După cum foarte inspirat constata prefațatorul volumului „Singurătatea clipelor târzii", poeta *zboară cu aripi ne-căzătoare, rostul acestor zboruri fiind cărțile sale. Iar cărțile sale devin bunuri menite să-l îmbucure pe cititor. Să-l mângâie și să-l înalțe spiritualicește.*"

Vasile Ghițescu
(în ziarul *Argeșul – Săgetătorul*, Pitești, 6 dec. 2011)

***

„Să știi să plângi de bucurie/ când îți iese fericirea în cale/ doar și numai pentru câteva clipe./ Să știi să

plângi/ când fericirea-ți este pierdută,/când inima și mintea aleargă năucite/ pe căi neștiute./ Râs-plânsul lumii să-l prețuiești/ și lacrimile-ți vor naște poeme.

Astfel se deschide noua carte de versuri a Vavilei Popovici – **Tremurul gândului**, cu un enunț – explicit ars poetica, ce nu lasă echivoc asupra țintei moraliste clasice a scrierii d-sale eseistice și epice. Apelul la sintagma populară „râsu-plânsu", este cheia viziunii mito-logice – antinomia condiției existențiale, a plânsului (din basmul lui Ispirescu, de a „nu se naște",) și a râsului – geamăn, sau dacă vreți a mitului gemelarilor – frați, Fârtatul și Nefârtatul. (Dioscurii din mitologia arhaică românească, Lazăr Șăineanu). Întreaga carte este astfel un modern „Înșir' te mărgărite", discursul fiind unul explicit – afirmativ-povățuitor, în manieră adaptată paradigme neo-sacerdotale, ca să zic așa. Poeta este deopotrivă în ritualul taoist, al contemplării apei – element primordial – care îndeamnă la meditație și *„pietrele se rostogolesc, între ele vorbesc"*... Lumea este LIMBAJ cosmic, iar spiritul percepe misterul comunicării - interconexiunii magice, cum odinioară știau prin meditație înțelepții: *Seară târzie./ Apa curge grăbită peste pietre,/ jucându-se cu stelele cerului./ Cântul apei lunecă/ printre vibrațiile dulci ale tăcerii/ estompând cântul jalnic al sufletului./ Pădurea din apropiere se face nevăzută,/ o salcie tânără resfiră* *plăpândele-i corzi/atingându-mă blând, vântul scutură câte-o frunză peste valuri,/ pietrele se rostogolesc, între ele vorbesc.../ Le ascult!* (...) Aşa cum o ştiu din câteva eseuri, Vavila Popovici este o venerabilă cugetătoare, cu o superioară mistică a metafizicii. (...) Existenţa este iniţiere, revelatorie, pe constanta inefabilă a stărilor elevate, în temeiul vechii cunoaşteri, undeva între Mirările blagiene şi trans-modernismul (atenuat!) al unor teoreticieni actuali. (Ion Popescu Brădiceni ş.a.) *"Cât suntem tineri, moartea se află undeva/ în afara vieţii;/ când îmbătrânim ne dăm seama/ că ea se află în interiorul fiinţei noastre,/ lovind precum valul − stânca,/ în dorinţa aprigă de-a o/ răpune./ În fiecare clipă, murim câte puţin,/ valurile rod perfid din stâncă,/ geamătul ei sinistru/ doar către sfârşit îl auzim..."* (Într-un târziu). „Moartea dinafara vieţii" e un paradox aforistic, la urma urmei a trăi este a muri, în ordine inversă... acelor ceasornicului, sau în extenso, sistemului planetar pe care un Niels Bohr − premiat Nobel − îl defineşte în legea „macro - micro - cosmică" − sau dacă vreţi fractalică. Aşadar, Vavila Popovici transmite o învăţătură cu origini în milenii, reiterată în formule aforistice care îngândurează aidoma unui anamnesys platonician. Murim câte puţin, adică suntem resorbiţi în absolutul deductibil ca divinitate incognoscibilă, ci doar deductibilă, prin *Intuition* – inteligența ubicuă universală. Între apa primordiei și mineralul încremenit in illo tempore, din vulcanii modelatori ai planetei – și implicit vieții din interregn – a organicului temporar-efemer prin durate – animalul-om, cogitans – se dă o eternă luptă, spre a se sustrage din organic Fiindul, ființa, duhul. *Geamătul ei sinistru/ doar către sfârșit îl auzim...* Apa este laboratorul creațiunii continue, cu mutații și colaterale, cu distrugeri și regenerări, asta aude „cochilia urechi" și azi, ca acum mii și mii de ani. Vavila Popovici consideră că apa dorește a distruge, a răpune, ceea ce Focul – ca element primordial solar, a făcut, a încremenit în mineral, așa cum și în carne? (...) Mă rezum lapidar la aceste câteva impresii, re-opinând că Vavila Popovici este, prin simțire de profunzime, o poetesă autentică, azi, într-o lume ce se videază accelerat-dramatic de SPIRIT. Filosofia Vavilei Popovici este teosofie ca să zic așa, protestantă. Cartezianismul este contrapunctic meditație... transcendentală. Calitatea scrierii poetice a Vavilei Popovici este aceea de a agita o retorică existențialistă impregnată de experiment, de trăire, de asumare totală, de dăruire înnoitoare, din preaplinul unei energii harice rar-întâlnite. Misteria Fiindului este a Divinului: se ascunde arătându-se, și se arată ascunzându-se. Tremurul este de fapt infra-cutremurul, trepidația indicibilă a Spiritului ce se agită în om, în uman. Deloc stingheritor, de aceea, am numit acest modus scrivere, unul orgasmic, al primordiei Ființei ce „migrează" în dimensiunile inefabile ale Divinului."

Eugen Evu
(în revista *Destine literare*, aprilie 2013
și alte reviste din România, SUA)
***

Proză:

„… Romanul **Binele și Răul** curge firesc, cu un ritm lent, melancolic, fără construcții complexe, cuprinzând, în cea mai mare parte a lui, gândurile Irinei, analizele ei (căci eroina își despică atent și uneori profund reacțiile, gesturile, comportamentul, încercând să găsească explicații). Fluxul rememorării și al analizei sufletești este întrerupt pe alocuri pentru a se prezenta destine individuale, drame sentimentale juxtapuse, fără intenția închegării într-o construcție arborescentă. Este interesantă portretizarea profesorilor de la facultate, făcută cu finețea observației și cu surprinderea nuanțelor. De asemeni, remarcabilă este redarea vieții combinatului chimic, ca o succesiune de mici spectacole cu personaje văzute nuanțat. "

Constantin Buiciuc

(în *Actualitatea Lugojană*, 22 ian. 1999)
***

„Romanul **Binele și Răul** poate educa generații întregi de tineri. Fără să fie didactic, romanul are clar o direcție educativă: învață să învingi! Povestea aceasta are ceva din seva dulce a romanelor de dragoste care nu poate fi uitată, semnul cert al valorii sale fiind existența acelui liric al maturității care le înțelege pe toate. Romanul reușește o profundă analiză psihologică a femeii intelectuale aflate în lupta cu sine, cu familia și cu societatea. (...) Constituit la persoana întâi, consider că este cea mai bună metodă de a afla ceea ce se întâmplă la nivelul propriei conștiințe, amintindu-ne de noutatea esteticii romanului modern al lui Camil Petrescu, care scria: *Eu nu pot vorbi onest decât la persoana întâi!*"

Elena Cruceru
(în *Anotimp Magazin*, Slatina, 10-16 febr. 1999)
***

„În **Albumul cu fotografii** remarcăm darul autoarei de a realiza minunate descrieri într-o continuitate clasică ce-l amintește pe A. Vlahuță. Familia pornește într-o călătorie prin țară și se retrăiește în istoria rădăcinilor sale. Cititorul se identifică în felul acesta cu noțiuni aproape pierdute de vreme, cum ar fi: neam, țară, patrie. Doamna Vavila Popovici reintroduce în literatura română patriotismul autentic și demnitatea originii strămoșești care, prin filonul ortodoxiei, are un cod de legi morale, iar prin istorie – un drept la pământul străbun."

Elena Cruceru
(în *Anotimp Magazin*, Slatina, 2001)

***

„Cunoscuta poetă a spațiului argeșean, și nu numai, coborâtoare dintre minunile Bucovinei de Nord, doamna Vavila Popovici s-a dovedit a fi și o prozatoare remarcabilă, așa cum o mărturisesc cele două cărți apărute la un interval de patru ani, fără a întrerupe creația lirică al cărei curs impetuos a continuat. Prima, *Albumul cu fotografii,* folosește ca pretext literar fotografiile albumului de familie și este o lucrare memorialistică alcătuită din amintiri dragi purtate în mintea și inima autoarei. Locuri și oameni, oameni și întâmplări, toate constituite în tehnica flash-ului, prin fulgerări sentimentale pe care timpul le-a așezat statornic în tablete ale unei vieți curate, cinstite, dar nelipsite de cutremurări: *Viața ne oferă o cronologie a evenimentelor și faptelor, o istorie a fiecăruia, pe care mai târziu, cu un efort al memoriei, o aducem aproape* – spune la începutul cărții doamna Vavila

Popovici, intelectual de elită, a cărei cultură îşi aruncă reflexele la începutul fiecărui capitol fără nume, prin moto-urile – citate din scriitorii şi filosofii care i-au marcat existenţa. Între ele, ale unui preferat, Petre Ţuţea (ca şi Emil Cioran şi N. Steinhardt): *„Miticul amestecă cerul cu pământul, iar magicul se mişcă între cer şi pământ"*. Sau moto-ul legat chiar de substanţa „Albumului cu fotografii": *„Amintirea este singurul rai de unde nu putem fi izgoniţi"* (I.P. Richter). Cititorul este marcat încă din primele pagini de drama evacuării din Basarabia şi Bucovina, provocată de ultimatumul dat de ruşi. Copil fiind, autoarea a înregistrat durerea românilor alungaţi din peticul lor de ţară:*... străzi, vagoane în gări, lumea înnebunită, împachetarea bunurilor agonisite de-o viaţă... ziua oamenii alergând dintr-o parte în alta, urlând, plângând, blestemând...* Retina a reţinut imaginile de coşmar pe care le înfăţişează intercalate cu fragmente sintetice din istoria pământului în strânsă legătură cu blestematul testament al lui Petru cel Mare, din 1724: *„După cucerirea Suediei, Persiei, Poloniei şi Turciei, Rusia să stea de vorbă cu Curtea Franţei şi Austriei pentru a împărţi lumea; dacă ele vor refuza, să fie asmuţite una contra alteia şi apoi să fie doborâte. Aşa poate şi trebuie să fie Europa".* Toţi ţarii şi conducătorii bolşevici l-au urmat şi tendinţele lor expansioniste se manifestă şi azi şi se vor menține în vecii vecilor. Din toate amintirile răzbate, curată, adevărată și uriașă, dragostea pentru Mihai, tovarășul de viață al scriitoarei, medic chirurg marcant. O fotografie și alta îi provoacă noi aduceri aminte. (...) Lupta scriitoarei pentru salvarea omului drag, destinul nemilos, ipostaza de adevărată muceniță, puterea spirituală a unei luptătoare întâlnite rar, asemănătoare celor din exemplarele cupluri din literatura universală. (...) Unitară prin personajele reale, fără nici un fragment de ficțiune, poate fi considerată un adevărat roman existențial, iar autoarea ei, prin moralitate, iubire, energie, cultură, har și simț justițiar, o eroină a celei de a doua jumătăți a veacului douăzeci."

Ion Georgescu
(în revista *Oltul*, Slatina, 15-21 oct. 2007)
***

„Romanul la care ne referim, *Mai sunt bărbați buni*, relevă generos faptul că autoarea dispune de reale mijloace de investigare psihologică. Fără a ceda tentației comune de a dezvolta un epic debordant, cu momente șocante, imprevizibile, Vavila Popovici reușește totuși, să realizeze o proză indubitabil captivantă. Avem mai puțin de-a face cu personaje robuste, (unele nici nu au nume), ci, mai degrabă, cu sentimente. Aceste trăiri adânci se împlinesc sau se sfărâmă în marele amfiteatru al vieții viciat de insensibilitatea oamenilor sau de un social netrebnic. Apreciez ca o autentică reușită faptul că relevarea mizeriei comuniste nu este abordată de pe poziții disidente, deja prăfuite și neasimilabile, căci evidențiază orgoliul necenzurat al autorului sau personajelor. Autoarea alege o cale mult mai subtilă, relatând aproape sec fapte condamnabile, monstruoase, uneori absurde. Personajul central, model de sensibilitate și conduită familială și socială, nu recurge la o blasfemie vitriolantă, trăind, mult mai profund, drama inadaptabilității la o realitate dură și vulgară. Detenția tatălui, percheziția securității, dificultățile majore de a-și face studii superioare, datorită dosarului... nesănătos (e vorba de Ana), precum și alte momente în care urâțenia morală devine insuportabilă nu sunt „combătute" cu violența caracteristică de după 1989, ci, cum mai spuneam, prin suferința demnă și comportamentul moral impecabil al personajelor care traversează dureros acea epoca a ticăloșiei. Paginile care se referă la angoasele trecerii pragului adolescenței de către Ana mi se par fascinante; este vorba despre drama sensibilității, poate exacerbate, și a purității care trebuie să ocupe, fatalmente, un loc în viață, lovindu-se dureros de colții de oțel ai realității. Nefericita căsnicie a Anei nici nu putea fi altfel din moment ce avea o educație aleasă, cu principii morale de nezdruncinat, reliefează drama adaptării la o viață de familie perversă, lipsită de sinceritate și devotament. Cu acest roman doamna Vavila Popovici inaugurează, în proza sa, analiza psihologică matură și adâncă, având drept personaje vii – sentimentele; analiza socială nu este mai prejos, subtilă și nuanțată, reliefează tabloul dramatic, contorsionat al unei epoci cumplite..."

Aurel Gagiu
(în *Oltul*, Slatina, 9 iunie 2001)
***

„*Mai sunt bărbați buni* este „un roman al devenirii", „al căderii în lume", conturat în virtutea normelor și moralei creștine. Protagonista, Ana, asupra căreia se concentrează toată acțiunea romanului, este o ființă de o sensibilitate aparte, îndrăgostită de tot ceea ce este frumos și pur, crescută într-o familie unde valorile moral creștine primează (fiind fiică de preot), nevoită să se confrunte cu realitățile nu de multe ori simple ale vieții. Romanul este o confruntare între un mod de educație, de creștere și o mentalitate, un regim (regim comunist), unde aceasta nu își are rostul. Cartea poate fi considerată și o luptă (și o reușită, am putea adăuga) de a se păstra pe sine într-o lume în care individul și valoarea individuală contează prea puțin. Ca element de originalitate, am putea adăuga folosirea la fiecare început de capitol a câte unui citat din scriitorii contemporani: M. Eminescu, L. Blaga, G. Bacovia, Magda Isanos, dar și Nae Ionescu, Emil Cioran. Aceste citate, alături de cele existente în interior, accentuează latura moralizatoare și dă romanului un caracter livresc și chiar erudit. Romanul prezintă personaje puține, dar bine conturate epic, are continuitate, „nerv", oferind cititorului o lectură plăcută și captivantă. Citindu-l, veți afla răspunsul la întrebarea care ne dă bătăi de cap, mai ales nouă femeilor: „Mai sunt bărbați buni?"

Luiza Petrică
(în ziarul *Observator*, Pitești, 27 martie 2001)
***

„Mai sunt bărbați buni conține multe considerații de ordin pedagogic, filosofic, educativ, social, politic. Se face radiografia unui timp istoric potrivnic evoluției normale a poporului român. Cartea se încheie la hotarul dintre două lumi diferite. Sau care ar trebui să fie diferite. în substanța lor. Dacă este sau nu așa, sunt sigur că Vavila Popovici ne va spune într-o

nouă carte. Până atunci, nu ne rămâne decât să ne confruntăm dureros de trist cu niște realități care seamănă ca două picături de venin cu cele care au fost până nu de multă vreme."
Constantin Mănuță
(în *Coloana Infinitului*, Timișoara, nr. 40-42, 2002)
***

„(...) *File de Jurnal (Însemnări din Lumea Nouă).* Fină analistă și observatoare, autoarea are tendința de-a face continuu paralela între Lumea Nouă și lumea românească, urmărindu-le în detaliu, de la arhitectura (pag.59) sau moda vestimentară (57 și 58) până la probleme legate de drepturile omului (pluralitatea religiilor și libertatea religioasă – 151), filozofia lui Noica sau Țuțea și cea a lui William James (fratele romancierului), adept al pluralismului, pragmatismului, al filozofiei concretului. Totuși autoarea creează în primul rând un peisaj interior, mai puțin exterior. Nu primează spațiul și timpul, ci gândurile pe care ți le trezesc acestea, nu oamenii, ci sentimentele, trăirile, emoțiile, vibrațiile lor. Elementele specifice unui tip de civilizație nu au funcție etnografică, nici nu urmăresc inventarieri rigide, ci sunt investite cu valoare stilistică, inserate cu măiestrie în țesătura textului."
Allora Albulescu-Șerb

(în revista *Argeș*, Pitești, 4 febr. 2003)
***

„Despre cartea **File de jurnal (Însemnări din Lumea Nouă)** am putea conchide arghezian: «*Carte frumoasă, cinste cui te-a scris!*». (...) Autoarea a avut capacitatea să depășească banalul cotidian, fiecare întâmplare, eveniment, oferind posibilitatea reflecției, analizei; căci scriitoarea are știința de a nu elibera entuziasme comode, înțelepciunea artistică determinând-o să acorde prioritate gândirii profunde, acționând parcimonios când este vorba de detalii așa-zis senzaționale. Gândul în acțiune, aventura fascinantă a minții și a sufletului dezvăluie o lume frumoasă după ce i s-a redat transparența, luminozitatea. (...)

Aurel Gagiu
(în Cotidianul *Lupta*, Slatina, 8 mai 2003)
***

„***Ultima piruetă***, cartea scrisă de Vavila Popovici, este un micro-roman. (...) Narațiunea nu are nimic banal, fiind presărată pe alocuri cu pasaje idilice, a căror naturalețe poetizează epicul cărții. Autoarea prezintă cu mult har și originalitate viața rurală din Basarabia de dinainte și de după 23 august 1939, dar și mediul rural și citadin din România comunistă și postdecembristă. Ar mai trebui remarcate naturalețea și frumusețea descrierilor, profunzimea simbolurilor, analiza transformărilor sufletești ale personajelor, prezentarea raporturilor acestora cu familia, elemente care fac din *Ultima piruetă* o carte de suflet. Romanul Vavilei Popovici este de asemenea, o reușită monografie a satului moldovenesc, dar și o carte despre valori și despre credința în Dumnezeu, într-o lume în care totul este politizat. Titlul cărții anunță finalitatea tragică a întâmplărilor, precum și faptul că fericirea este trecătoare: *Noaptea aceasta am avut un alt vis: Cerul era plumburiu și era aproape. Mă aflam în grădina casei copilăriei mele. Nu-mi simțeam picioarele, parcă erau amorțite și nu mă puteam mișca din loc. Am rugat pe cineva, să sape în grădină și să scoată câteva flori, de câmp și de grădină, să mi le aducă cu pământ cu tot. Aveam florile în mână și mă grăbeam să le mut cât mai repede în alt loc, în altă grădină, în așa fel ca să nu sufere rădăcinile florilor. Trebuia să le schimb locul, dar nu mă puteam deplasa... O durere cumplită mă chinuia... Dintr-o dată, am zărit o pasăre mică și albă care cădea de undeva din norii cerului. Speriată, am vrut să strig, dar pasărea s-a așezat pe umărul meu stâng. Atunci am simțit căldura penajului catifelat pe gâtul meu, apoi sub bărbie, nelăsându-mă să mai respir... În căderea sa din cer rămăsese o dâră de lumină ce-mi ardea privirea... Și cred, că atunci am murit puțin... În zadar ceream clemență timpului... El se scurgea undeva spre infinit.*

Octavian Curpaș
(în reviste din SUA, România, Belgia)
***

„(...) Fie că jurnalul a existat, fie că el este o ficțiune, autoarea urmărește un destin, de la naștere până la moarte, prin bogata sa experiență de viață, mergând pe firul epic propus, urmărind o linie unitară și armonizând esențialul propriu trăit cu întâmplările virtuale posibile. Ca și în a doua carte de proză, *Albumul cu fotografii*, capitolele nu sunt marcate la începutul lor nici cu cifre nici cu titluri. Fiecare poartă un moto dintr-un scriitor sau filosof de prestigiu, potrivit cu faptele ce se derulează. În **Ultima piruetă**, Vasile Voiculescu este prezent mai mereu în versuri din poemele sale cu substrat etic atât de adânc, dublat de fascinația esteticului liric: „Căci te iubesc cu ură, întreg, și numai eu/ Nu te împart cu nimeni,/ Nici chiar cu Dumnezeu." (...) Scriitoarea Vavila Popovici, responsabilă cu bucuriile și necazurile omenești, oferă iubitorilor de literatură romanul unui destin – *Ultima piruetă*. Marile situații existențiale, la scara vieții unei femei, Laura, protagonista cărții, sunt dezvoltate într-o linie epică ce ridică puncte dure de reflecție asupra a ceea ce suntem și a ceea ce trebuie să fim când fundamentul trăirii este dragostea."

Ion Georgescu
(în revista *Oltul*, Slatina, 26.11-2.12. 2007)
***

„(...) Trei idei majore sunt evidente în structura cărții **Jurnalul unei veri**: iubirea – credința – educația. În jurul acestora se formează nucleul comunicării, se dezvăluie concepții, se înaintează în istorie, cultură, muzică, literatură și religie. Există o tehnică în construcția capitolelor, în sensul că multe încep și sfârșesc prin descrieri de natură de o fermecătoare poezie, având funcția de a restabili relația cu Marele Tot."

Renata Alexe
(în revista *Aripi*, Pitești,
supliment Arcade, nr.43-44, 2006)
***

„(...) Cartea **Jurnalul unei veri** este scrisă sub semnul iubirii de oameni la care îndeamnă Decalogul, cartea trădează aspirația spre valorile morale clasice – bine, frumos, adevăr (pag. 11), smerenie, modestie (pag.13) – și repere estetico-intelectuale de înaltă ținută, de unde și încărcătura aforistică a textului: *Invidia este păcatul prin care ucizi... Noi mamele, bunicile, vom*

pleca, dar gesturile noastre de iubire vor rămâne în amintirea copiilor, a nepoților (pag.103)..."
Allora Albulescu-Șerb
(în *Argeșul – Săgetătorul*, Pitești, 12 aprilie 2005)
***

„*Jurnalul unei veri* – jurnalul unui suflet care a uitat să-și amintească bătaia timpului. Jurnalul unui vis care nu apune niciodată. Jurnalul unui sentiment pur, plin de noblețe și de gingășie... Nu pot percepe puterea divină pe care Dumnezeu o răsfrânge în raze tandre și pline de culori, în reflexe asupra distinsei scriitoare, doamna Vavila Popovici. O mână fermecată, o minte ageră, un glas aparte, o privire pătrunzătoare și o figură impunătoare... Viața noastră este o carte ale cărei pagini se confundă cu sufletul. Scriitoarea ne oferă un spectacol al vieții pe o scenă care are nevoie de spațiul de dincolo de rațiune... Cartea *Jurnalul unei veri* este un angrenaj. Rândurile negre de pe hârtie sunt niște forțe care se combină, se descompun, lucrează. Un rând mușcă, altul strânge și presează, altul te antrenează, și te subjugă. Un joc al cuvintelor, un joc de-a cuvintele, un jurnal al sufletului care acumulează trăiri prea puternice ca să nu le împărtășească. O călătorie înseamnă cunoaștere, înseamnă dragoste. Pentru că totul se rezumă la iubire: *În fiecare moment al vieții chemăm dragostea! Începem prin a o visa, apoi o trăim și mult mai târziu... o amintim."*

A.P.
(în ziarul *Curierul zilei*, Pitești, 7 mai 2005)

***

„(...) Aceeași viziune despre lume și viață o întâlnim și în recentul *Jurnalul unei veri*, în care autoarea se declară adepta teoriei creaționiste, depășindu-și clipele de spaimă (generată de nesiguranța vieții!), nimic nefiind întâmplător în propria-ne devenire, libertatea putând fi obținută în debarasarea de teamă, de minciună și ipocrizie. Pentru aceasta, autoarea ne consiliază a nu uita niciodată că ești om, dăruindu-te cu toată ființa iubirii – aici aflându-se misterul fericirii, devenirea fiind concepută dialectic ca o spirală, în care noi reprezentăm doar un punct. Un loc aparte în însemnările sale jurnalistice îl ocupă – ca și în poezie – încercarea de a descoperi răspunsul la întrebările esențiale ale vieții, ceea ce explică numeroasele îndemnuri parenetice presărate de-a lungul amintirilor: *A evada din concret spre mister este minunat! Este o încercare de zbor! Sau poate o fugă de realitatea terestră* – ne asigură autoarea. În sprijinul ideilor sale, autoarea își prefațează majoritatea însemnărilor de moto-uri extrase din operele scriitorilor care au ajutat-o să depășească (prin scrisul lor) ciudățeniile devenirii: „Învățând să trăiești frumos, vei ști să mori frumos" – sună unul din ultimele moto-uri – al lui Confucius. Și în încheierea acestui succint comentariu, nu găsim altceva mai potrivit decât reproducerea ultimei fraze din Jurnal: *În fiecare moment al vieții, chemăm dragostea! Începem prin a o visa, apoi o trăim și mult mai târziu... o amintim.*"

Simion Bărbulescu
(în revista *Axioma*, Prahova, iunie 2005; ian. 2006)
***

„(...) Poetul este cel care posedă „harul", poezia este o înălțare spre transcendent. De aici, în **Jurnalul unei veri**, o incursiune în gândirea lui Nietzsche și concluzia: *Într-o emisiune de televiziune un sceptic afirma că el crede în Dumnezeu, dar nu știe cum să și-l imagineze. Cu alte cuvinte nu-L cunoaște. Ori cunoașterea depinde de bunăvoința Lui de a ni se descoperi și de limitele noastre de a-L cunoaște.*(...) Secvențele epice (capitolele) despărțite prin data când au fost scrise sunt precedate de moto-uri alese cu multă înțelepciune: „*Nu-i totul să trăiești, ci să fii sănătos*"... și care demonstrează cultura scriitoarei, dar și dorința de a împărtăși bogatele ei lecturi cu cititorii. Ca orice narator al poeziei moderne, Vavila Popovici intră în comunicare cu cititorul căruia îi oferă în permanență modelul ei cultural: *M-am uitat la medic și cu glas scăzut i-am spus: Herodot spunea că toate relele și bunurile trupului pornesc de la suflet... Aceasta este și credința mea! De la Herodot și până astăzi se păstrează această credință, că în toate suferințele trupești existe o cauză spirituală. Pe cine interesează însă, suferința noastră sufletească?* Cu sinceritatea cu care se scrie poezia, sunt transmise în acest jurnal – care este foarte liric – sentimentele umane, tristețea, singurătatea, dar și Speranța și Credința creștină: *„Iisus este Adevărul, Calea, Viața".* Ca un misionar creștin, Vavila Popovici vrea să-și smulgă credința din inima ei și să o planteze în inima fiecărui cititor *(...) Ordinea lumii, iată subiectul care o preocupă în permanență..."*

Mona Vâlceanu
(în revista *Jurnal artistic Rebreanu*, nr.3, 2005)

***

„(...) **Cartea mamei** a Vavilei Popovici, pe care o recomand cu toată responsabilitatea copiilor și părinților, se constituie într-o călduroasă pledoarie pentru omenie, credință, armonie familială, promovarea valorilor vieții și artei, cultul studiului și al muncii în general, respectul față de strămoși și adevărul istoric, apelul la rațiune și perseverență. Eul narator feminin, Oresia, lasă să se întrevadă destule trăsături

autobiografice ale prozatoarei, care percepe lumea înconjurătoare cu ochi candizi şi apoi din ce în ce mai lucizi, trăind clipa prezentă, dar şi pe cea recuperată dintr-un trecut îndepărtat, cu maximă intensitate, străduindu-se să reconstituie cu grijă adevărul devenit ţintă permanentă a întreprinderii sale. Trecutul şi prezentul se întrepătrund ca iţele unui război de ţesut, iar pânza naraţiunii se desfăşoară în toată splendoarea ei sub ochii cititorului fermecat de fluenţa şi muzicalitatea frazei. Autoarea dovedeşte solide cunoştinţe de literatură, istorie, filozofie, psihologie şi teologie, nesfiindu-se să încorporeze în carte nenumărate idei din aceste domenii sau să citeze strofe din Eminescu, Alecsandri, Coşbuc, Şt. O. Iosif, Radu Gyr, Ion Barbu, D. Bolintineanu, A. Mateevici şi alţi poeţi români. (…) *Cartea mamei*, aşa cum sugerează şi titlul, este un elogiu izvorât din inimă la adresa fiinţei care oferă şi întreţine viaţa pe pământ, un poem în proză cum n-am mai întâlnit de la romanul lui Zaharia Stancu - *Ce mult te-am iubit*, din 1968. Prozatoarea face dovada de netăgăduit că este un maestru al armonizării detaliilor semnificative. Întâmplări în aparenţă banale dau imaginea vieţii frustrante şi lipsite de orizont. Tragedii fără număr conturează o lume în care fojgăiesc canaliile. În acest orizont întunecat, chipul mamei luminează asemenea soarelui ieşit dintre nori. Fără dragostea maternă şi dragostea pentru fiinţa iubită, viaţa n-ar mai avea nici un sens, pare a spune autoarea printre rânduri. Fiecare frază adresată mamei, citită cu intonaţia de rigoare se transformă într-un veritabil poem: *Mamă / buna mea mamă / lumina veşnică a vieţii mele / ochii mei te caută / timbrul vocii tale îmi sună în urechi / învăţăturile tale / îmi vor călăuzi în continuare viaţa. / Când voi fi lut/ vom fi iar împreună / şi atunci vei avea timp / să-mi spui tot adevărul / cu care ai plecat.* După ce ai citit această carte, nu poţi să nu fii de acord cu afirmaţia domnului profesor doctor Simion Bărbulescu din finalul prefeţei sale: „Cartea mamei se înscrie printre operele care – prin insistenţa asupra unor emoţii sublime – merită a se afla pe primul raft al lecturilor menite a ne călăuzi propria noastră devenire." Plămădită din suferinţă, *Cartea mamei* semnată de Vavila Popovici pledează convingător, cu mijloacele artei autentice, pentru trăirea întru iubire, moralitate, generozitate şi speranţă, pentru armonizarea fiinţei cu frumuseţile naturii şi harul dumnezeiesc."

Mihai Merticaru
(în revista *Asachi*, Piatra Neamţ, nr. 4 2008)
***

„(...) Mă simt tentat să scriu că iubirea este, în **Cartea mamei,** personajul principal, metamorfozat în multe personaje. Dar nu este vorba despre o supralicitare, despre o trecere dincolo de real. Idealul în iubire, în care crede Vavila Popovici, e unul pământean, dar cu străluciri celeste. Nu în idee stă sublimul iubirii, ci în puritatea vibrației sale, care nu se stinge, precum alte sunete. Avem de-a face cu o viziune nesofisticată prin considerații subtil filosofice, și cu realități în care toți suntem combatanți, eroi sau victime. Maniera literară aleasă de Vavila Popovici confirmă cel puțin două din preferințele sale. Stilul memorialistic si cel al narațiunii de factură românească. Nefiind un teoretician literar, critic nici atât, bănuiesc ne-riscul dacă afirm (chiar dacă cu oarecare timiditate) că volumul la care mă refer poate fi considerat și ca roman autobiografic, într-o realizare mai puțin uzitată. Unul în care dialogul este adesea reușit suplinit prin monolog, ori mai mult sugerat decât ilustrat în chip direct. Gândirea de tip filosofic sporește interesul cititorului și adaugă noi valențe operei. Un scurt citat este relevant și sugestiv: *O, da, gândurile pe care le lăsăm să alerge în voie! Viteza lor întrece viteza luminii; unda mentală învinge orice spațiu și poate ajunge până la extremitatea universului. Gândurile noastre sub forma unor vibrații de o anumită frecvență se pot armoniza sau perturba în locul în care ajung."*

Vasile Filip
(în revista *Coloana Infinitului*, Timișoara, nr.62, 2007)
***

„Personalitate distinctă a liricii contemporane, scriitoarea Vavila Popovici va fi prezentă – încă de la debutul publicistic și cel editorial – cu poezie și proză, caracterizate – după cum remarcase Nicolae Manolescu – printr-o exprimare „corectă și cuminte", în contextul unor imagini de încorporare a unor elevate emoții generatoare de contemplație și extaz, inspirate de trăiri profunde subsumate meditativ-reflexiv unor carisme pauline (dragoste, credință, speranță), la antipodul celor post-moderniste. De-a lungul dramei existențiale, autoarea își pune întrebări fundamentale la care încearcă să răspundă, în lupta cu haosul și moartea, după cum au remarcat la timpul cuvenit criticii săi. Din „firimituri de întâmplări", ea reclădește imaginea relațiilor pe care fiecare dintre noi le are cu lumea înconjurătoare, dar și cu întreg cosmosul, insistând asupra singurătății care îi invadează devenirea întru ființă... Amintirile o copleșesc încă de la naștere, *„precum valurile unei mări sau ale unui ocean"* – după cum ea însăși notează în ultima sa carte de proză, la care ne vom referi cu precădere, intitulată sugestiv:

Cartea mamei. Ea insistă în mod deosebit asupra rostului pe care fiecare dintre noi îl are, concretizat în „convingeri morale şi idealuri de viaţă". Stăruie peste tot sentimentul general-uman al dorului după locurile unde şi-a petrecut copilăria, dar şi după fiinţele care i-au urmărit evoluţia, faţă de cei ce ne-au părăsit, faţă de natură şi de tot ce ne înconjoară de-a lungul „anotimpurilor" devenirii. Imaginile se derulează ca nişte „mărgele preţioase", dezvăluindu-i „secretul eternităţii", în care un loc aparte îl ocupă iubirea. (…) *Cartea mamei* se înscrie printre operele care – prin insistenţa asupra unor emoţii sublime – merită a se afla pe primul raft al lecturilor menite a ne călăuzi propria noastră devenire."

Simion Bărbulescu
(în revista *Axioma,* Prahova, 2005)
***

„(…) Vavila Popovici construieşte cu răbdare şi talent o frescă plină de întâmplări adevărate, credibile şi verosimile, întocmeşte un cod personal de confesiuni întru consolidarea unui semn ceresc, a unei lumi ştiute numai de ea, a unei lecţii de viaţă mereu şi mereu prezentă prin rememorare din plăcerea de a reţine în fluxul epic o seamă de observaţii intime şi de ce nu, pertinente: *Acum o văd ca într-un vis, tânără şi frumoasă și simt nevoia să-i spun că ar trebui să iau viața de la început, să pot îndrepta greșelile făcute. Totul va fi perfect, de aici înainte, îți promit mama mea!* Autoarea știe că sunt cel puțin două feluri de a concepe și de a percepe realitatea. Unul este cel care se potrivește cu o mișcare de înțelegere spontană a minții; aceasta limitează conceptul actual imediat la realul cotidian, adică la ce se întâmplă sub ochii naratorului, și altul, este cel care consistă în a desprinde din faptele, din întâmplările mai recente, sau de demult, ceea ce este oarecum de îndreptat. *Pentru îndreptare trebuie să existe dorința de a te elibera de greșelile trecutului, de a-ți curăți spiritul și a te întoarce purificat, la clipa prezentă.* Avea dreptate Al. Philippide când remarca într-un eseu din 1970: „*Mintea care concepe actualitatea, raportează faptul particular la generalitate, faptul vremelnic la ideea de durabil. În fine, efemerul la permanent*". Nucleul epic din **Cartea mamei** este, neîndoios, aducerea-aminte, a tot ce s-a petrecut atunci cândva. Bunăoară autenticitatea unor date, privind modul și spiritul de înțelegere și comunicare între oameni: *Trăiam destrămarea visului, asemeni ceții din dimințile reci ale anotimpurilor, sub ivirea razelor de soare... Obosită, cu fruntea grea ca un bolovan, îmi îndrept privirea spre mama, să-i întâlnesc ochii, să-i ghicesc gândurile, imensitatea suferinței. Brațele ei, ca niște crengi descărnate, mă* *caută. Şi parcă-aş vrea să fug din acest anotimp, să mă refugiez în acel trecut, să regăsesc braţele moi şi calde ale mamei, să regăsesc copilăria mea fericită.* Fiecare dintre noi, cititorii acestui succint fragment de proză, în prezenţa realului, este înclinat să perceapă faptul imediat ca atare, fără nici o raportare la general, la durabil, la permanent. Însă, prozatoarea Vavila Popovici împleteşte fericit întâmplările cu realitatea complexă pe care o prelucrează literar şi literal în acelaşi timp şi, această nouă dimensiune capătă perspective, fără de care dimensiunea interogaţiilor n-ar deveni principiul după care totul afirmă adevărul vieţii: *Oare fericirea, nefericirea sunt înscrise în AND-ul nostru? mă întreb. Puterea care ne alimentează corpul, mintea şi inima şi cu ajutorul căreia ne clădim fericirea, nu îşi are originea în AND? Eu cred că mai degrabă îşi are originea în Divinitatea însăşi care rămâne un adevăr etern.* Detalierea unor fragmente din biografia puţinelor personaje – mai mult discrete decât directe – cu sensibilităţi diferite, cu puterea de înţelegere ori de acceptare a situaţiilor create, caracterele şi temperamentele, experienţele individuale, toate la un loc, sau fiecare în parte ocupă un domeniu al vieţii psihice, iar rezultatul desfăşurării naraţiunii este aproape remarcabil. De altfel, *Cartea mamei* este de natură explicită, realistă, situându-se în preajma romanului „Ce mult te-am iubit" de Zaharia Stancu, roman pe care l-a scris în două săptămâni după moartea mamei sale. (…)"

Victor Sterom
(în ziarul *Informația Prahovei*, 17 mai 2007)
***

„(…) ***Cartea mamei*** este o enciclopedie a vieții cu suișuri și coborâșuri, o perlă a spiritului uman dar în același timp și o perlă a atrocităților care îl distrug. Vavila Popovici cu un sublim talent literar înnobilează fiecare secvență a amintirilor Oresiei, făcând cititorul să simtă parfumul ori dezlănțuirea naturii, întunericul singurătății, tragedii umane, și rareori umanismul și prietenia unor semeni. Volumul Vavilei Popovici este o mostră a vieții reale, petrecută nu de mult, dar a căror racile, poate mai accentuate le întâlnim și astăzi. Mama, altă eroină a romanului, rămâne pentru Oresia o enigmă, care odată cu trecerea în neființă o provoacă în a căuta un anumit adevăr, ea acceptând spre final, spusele unchiului, scriitorul, *„morții cu morții și vii cu vii"*. *Cartea mamei* este un roman autentic care invită la neuitare și la demnitate.

Constantin Mitulescu
(în ziarul *Evenimentul de Călărași*, 20-26 aprilie 2007)
***

„...*Cartea mamei* trebuie considerată din mai multe puncte de vedere: structural ține de literatura interbelică, amintindu-ne de experiențele erotice feminine din „Pânza de păianjen" pe care Cella Serghi o publica în acea epocă la 1938; ca subiect cuprinde istoria – „saga" – unei familii (fără a fi un roman-fluviu), acoperind întreaga perioadă modernă cu frământările atât ale istoriei cât și ale respectivei familii, astfel încât romanul poate fi considerat și istoric, dar și psihologic-feminist. Amprenta autoarei apare în lungile pagini introspective, în îmbinarea planului linear, orizontal, al prezentului, cu mai multe altele, regresiv, în timp și spațiu. (...) Cititorul este captat astfel și urmărește acțiunea precum acul ce înregistrează undele seismografice: într-un singur roman alternează un roman-eseu cu un grupaj de poeme narative sau poeme în proză, ori chiar scurte povestiri parcă de sine-stătătoare, un roman al reconstituirii social-istorice, o carte-ghid pentru tineri cuprinzând sfaturi, cum și un material didactic și un îndreptar religios, o expunere sau studiu introductiv al unor noțiuni de parapsihologie și chiar terapii complementare... deopotrivă de importante în viziunea autoarei. La acestea se adaugă cunoașterea și buna proprietate a termenilor, demonstrând – dacă mai era nevoie! – propria și bogata experiență de viață a romancierei, cum și cultura sa. Acumulări pe care le aduce în semn de contribuție personală pentru normalizarea relațiilor interumane precum și a omului cu Universul. (...) Este o carte cu teză. Varietatea temelor și disciplinelor abordate îi conferă acestei cărți a mamei o configurație aparte, ea adresându-se nu unui public anume, mai mult sau mai puțin elitist ori pretențios, simplu ori nepregătit, cât – primo – oricărui cititor de carte avid de noi cunoștințe și experiențe, dornic să le folosească, și – secundo – negreșit celui aflat încă în formare – adolescentului. (...) De respirație și anvergură amplă, romanul evoluează așadar între tradițional și modern, clasic și romantic, real și oniric, această dualitate ocolind în același timp supralicitarea fiecăreia și oricăreia dintre aceste categorii cum și dezvoltarea tentelor moralizatoare ale unor pasaje cu un peremptoriu caracter didactic – pentru că autoarea știe să dozeze cu măsură. Este însă o carte cu teză, cu morală, propunându-și ca țintă formarea și educarea, precum și evoluând din inițierea cu preponderență a cititorului tânăr. (...) Cu siguranță ea va folosi oricărui tânăr care mai citește și cărți. Celui matur îi va procura un folositor schimb de experiență și aduceri-aminte acoperind mai mult de un secol. Echilibrul său clasic va rezona, așadar, în sufletul iubitorului de frumos, deopotrivă tânăr și matur, întrucât cartea este scrisă cu o artă a nuanțărilor: de la educațional la inițiere, de la reverie la fantastic oniric, de la psihologie la psihanaliză, de la istorie la filosofia istoriei, de la alopat la terapii neconvenționale (bioenergie, puterea gândului, terapia cu gândire pozitivă), în contextul unei panoramări istorice și sociale. De aici, totuși, poate rezulta pentru un neofit o ușoară rătăcire printre atâtea noțiuni evoluând în această dinamică alertă. Dar și timpurile s-au schimbat și aceasta nu este decât reacția de rezonanță a omului la transformare, pentru că și despre transformări este vorba în *Cartea mamei*, autoarea făcând o fină analiză a luptei interne (în plan fizic, emoțional, mental), cum și a evoluției de la copil-adolescent la matur - bătrân-muribund, prin pregătirea pentru viață și moarte, acumulări și lipsuri, câștiguri sau pierderi în plan material ori spiritual..."

Monica Mureșan
(în revista *Dor de Dor*, Călărași, noiembrie 2007)
***

„(...) ***Cartea mamei*** își începe cursul cu elogiul celei mai sfinte mame, al Unicei Născătoare de Dumnezeu, al Fecioarei Maria, sub icoana căreia scriitoarea și-a luminat copilăria: *„Maica Domnului își ține pruncul pe brațul drept. Fecioara îl* *strânge pe prunc cu braţul ei stâng; copilul sfânt îşi lipeşte cu duioşie obrazul de cel al mamei sale, parcă i-ar cere mângâierea, pentru ca toţi copiii din lume cer mângâierea mamei."*(...) Prea plinul culturii scriitoarei Vavila Popovici se revarsă luminos peste întâmplări şi personaje în *Cartea mamei*, împodobind-o cu adevărate eseuri tematice variate. Alternarea tablourilor în flux continuu, rememorarea întâmplărilor, descrierea celor dragi, dar şi a celor răi sunt încununate de dragostea mamei şi de dragostea filială ce se completează reciproc. Epicul este înfrumuseţat de lirism: *Mama, buna mea mamă* – izbucneşte în final protagonista, Oresia – *lumină veşnică a vieţii mele, ochii mei te caută, timbrul vocii tale îmi sună în urechi, învăţăturile tale îmi vor călăuzi în continuare viaţa."*

Ion Georgescu
(în revista *Linia Întâi*, Slatina, 15-21 noiembrie 2007)
***

„Despre opera Vavilei Popovici am scris şi în alte ocazii şi întotdeauna am făcut-o cu plăcere, fiindcă descopeream de fiecare dată adevăruri general valabile, disponibilitate confesivă şi meditativă, lecţii de viaţă veritabile. *Cartea mamei*, apărută la ed. Carminis, Piteşti, 2007 în condiţii grafice ireproşabile, continuă scrierile epice ale autoarei, paginile de roman fiind împletite cu cele de eseistică. Titlul format din două substantive, dezvăluie venerația pe care personajul-narator o are pentru mama sa, iar coperta ce poartă cunoscuta sculptura brâncușiană Domnișoara Pogany invita la meditație asupra valorilor morale. Vavila Popovici organizează elementul epic, realizează un roman cu caracter unitar al povestirii. Prin intersectarea celor două planuri al prezentului și al trecutului, realitatea nu este unilaterală, fără complexitate, dimpotrivă personajul narator îl introduce pe cititor în miezul preocupărilor, al frământărilor familiale. Prin personaj se realizează o incursiune în trecut, copilărie, adolescență, maturitate. Reflecțiile nu sunt rare și sunt comunicate pe un ton confesiv care atrage. (…) Ultimele pagini consacrate despărțirii de mamă sunt superbe prin lirismul strecurat, prin resemnarea și durerea ce-i cuprind ființa, dezvăluindu-i că, indiferent de vârstă, despărțirea se așterne grea, că ceea ce acoperă pământul nu poate fi uitat, că el îngroapă ceva prin ființa noastră, lăsându-ne sentimentul de rătăcire pe drumurile memoriei."

Renata Alexe
(în revista *Dor de Dor*, Călărași, iunie 2008)
***

„*Cartea mamei* se detașează între scrierile

Vavilei Popovici ca o creație specială, ca o Carte a cărților, ca o carte de căpătâi, de o certă valoare sentimentală. (...) *Cartea mamei* este un imn, un cântec de laudă dedicat nu doar celei capabile de jertfire pentru copilul ei, ci și unui întreg anotimp pe care aceasta îl veghează – copilăria. Romanul Vavilei Popovici surprinde prin originalitate, prin rafinament, prin armonia, cursivitatea și spontaneitatea frazei. În *Cartea mamei* ne aflăm la frontiera dintre realitate și ficțiune. Personajele sunt complexe, iar limbajul expresiv și cult. (...) *Să cauți amintirile locurilor și ale ființelor în care și cu care ți-a trecut viața; să ridici viața, povestea ei la sfințenia sensului și la conștiința de sine. Nu mai poți regăsi copilăria și tinerețea, desigur, dar poți găsi răspunsuri la unele întrebări.* Aceste rânduri din debutul romanului *Cartea mamei* ne duc cu gândul la creația monument a lui Marcel Proust, *În căutarea timpului pierdut*. La fel ca și marele scriitor francez, Vavila Popovici se află în căutarea unor vremuri, întâmplări, locuri și oameni de altădată. Scriitoarea reface un traseu inițiatic și apelează, în acest drum cu valoare de simbol, la memoria afectivă, pentru că, spune ea, *un simțământ duios, dureros, care s-ar numi «dor», mă determină să scriu aceste rânduri.* Deși în mod normal, o astfel de călătorie înapoi în timp, ar trebui să fie sinonimă cu nostalgia, la Vavila Popovici elementul care

„şochează" este profunda ei luciditate: *Nu mai poţi regăsi copilăria şi tinereţea, desigur, dar poţi găsi răspunsuri la unele întrebări.* Însă, aşa cum afirma Camil Petrescu, *„câtă luciditate, tot atâta dramă."* Drama Vavilei Popovici constă în faptul că acceptă ideea că trecutul nu mai poate fi îndreptat, că rănile, deşi cicatrizate, rămân. Dincolo de această acceptare însă, autoarea refuză resemnarea. În *Cartea mamei*, Vavila Popovici ne invită să o însoţim într-un drum în care se presupune că fiecare element prezentat, inclusiv contextul social şi cultural, va conlucra cu scriitoarea pentru ca tainele, enigmele, durerile, bucuriile trecutului rămase neelucidate încă, să îşi afle în sfârşit, un răspuns. Este nimic altceva decât un ultim, unic şi suprem act justiţiar ce mai poate fi făcut pentru memoria celor ce au trecut în nefiinţă."

Octavian Curpaş
(în reviste din *SUA, România, Belgia, 2009*)
***

„Mărturisesc de la bun început că, de la „America ogarului cenuşiu" şi „Dilema Americană", n-am mai citit cu atâta plăcere o carte despre cele 50 de state unite – **Jurnal american** –, pe cât de admirate, pe atât de hulite. Ioan Grigorescu, autorul ultimei scrieri pomenite, menţiona că „pentru oricine, redescoperirea Americii condiționează o... obligatorie descoperire de sine", propoziție care, la o viitoare ediție, ar putea servi drept epigraf al acestui jurnal. Într-adevăr, Vavila Popovici nu redescoperă doar America, ci se mărturisește și pe sine din acel loc de pe pământ, gândul zburându-i în permanență acasă, la lumea de care o desparte un ocean și un secol de civilizație. Nu știu dacă autoarea celor 17 volume de proză și poezie a terminat Filologia sau Filozofia, Artele Plastice sau Arhitectura, dar știu sigur că stăpânește la perfecție toate aceste patru domenii de manifestare a spiritului uman. Într-o limbă română perfectă, armonioasă, muzicală, emite judecăți de valoare, comentează exponate celebre din marile muzee ale Americii și face aprecieri competente asupra stilurilor arhitecturale întâlnite în cursul expedițiilor sale. Da, am spus bine expediții, pentru că Vavila Popovici nu face o simplă excursie în State, ci întreprinde patru călătorii de aproximativ 3 luni fiecare, pentru a studia în amănunțime fenomenul american. Cartea conține o multitudine de informații ce provin din diverse surse: istoria artelor, istoria religiilor, filozofie, psihologie, filozofia culturii, educația copilului etc. (...) Vavila Popovici este o prozatoare de mare vitalitate, care știe să pună în ecuații tensionate noțiuni precum frumosul, adevărul,

destinul, solidaritatea, toleranța, autoperfecționarea, pasiunea pentru munca cinstită, dragostea pentru natura etc., înfățișându-ne o lume de vis între atâtea lumi de coșmar și invitându-ne mereu la reflecție."
Mihai Merticaru
(în revista *Asachi*, Piatra Neamț, nr.4 – 2008; *Dor de Dor*, Călărași, iunie 2008)
***

„(...) Vavila Popovici cunoaște bine – misterul – captivării, având tendința de a releva aproape în exclusivitate ceea ce a cuprins privirea și sufletul. Fiecare loc văzut, fiecare întâmplare asumată, participă la crearea unei lumi prin talentul și harul acestei prozatoare care ne oferă în cele 300 de pagini ale jurnalului, imagini pline de semnificații... Meditația contemplativă – și de ce nu – reflexivă asupra unor inerente probleme ale vieți cotidiene și fenomenelor sociale, morale și nu în ultimul rând culturale, se împletește fericit cu rigoarea și cu observația pertinentă, pline de plasticitatea călătorului atent la culorile, contururile și esența ori chintesența celor văzute și trăite. Cartea **Jurnal american** însumează și multe fotografii, cuprinzând imagini de neuitat. Memorabile. Este scrisă într-un stil confesiv, lapidar, coerent, mărturisitor, constatativ și parcă, dintr-o singură respirare. (...) Sau o descriere ca aceasta, în capitolul intitulat „Frumusețe și tăcere": *Pe deasupra arborilor zboară păsări mici, colorate unele în maro, negru, altele galbene, roșii, albastre, își lărgesc și își strâng aripile peste țipetele lor care se pierd în aerul pur; acolo, în vârful copacilor se simt ele bine, acolo unde crengile se leagănă cu ușurință, unde aerul le poate pătrunde penajul, zburătăcindu-l... Și aripile lor colorate fâlfâie ca niște stegulețe, amintindu-mi de țara mea, de care sunt acum atât de departe... Un freamăt care se transformă într-o vibrație continuă, începe să însuflețească frunzele copacilor... Umbrele încep să se lungească, soarele se descoperă și se acoperă pe cerul albastru."*

Victor Sterom
(în revista *Cafeneaua literară*, Pitești, iunie 2008)

***

„(...) Există o bucurie a călătoriilor și starea aceasta a minții și inimii dau desfătare și autorilor și cititorilor, de la Mark Twain și Dinicu Golescu, cu „Însemnare a călătoriei mele" și de la Vasile Alecsandri, cu „O călătorie în Africa", la scriitorul rus Evgheni Evtușenko cu „Dulce pământ al poamelor", în care apreciază călătoriile transfigurate în amintiri ca fiind *„singura bancă în care merită să depui economiile, fiindcă banca asta nu va da faliment niciodată"*. Intrând în substanța epică a ***Jurnalului***

***American*,** scriitoarea Vavila Popovici îți explică selecția amintirilor de călătorie: *Intrăm în memorie ca într-o pădure și căutăm arborii care înfrumusețează pădurea și vrem să le spunem celorlalți ce am găsit. Nostalgia ne cucerește, mintea începe să cearnă, dând la iveală momentele fericite...* Două ample capitole definesc cartea: „New York – orașul luminilor și al înălțimilor" și „Opera Metropolitană și Muzeul Metropolitan de Artă". Partea iconografică, reproducerile foto color, clare și selective, fac din volum un adevărat album de artă, artă arhitectonică laică ori ecleziastică și artă plastică, de la tablouri celebre la mari sculpturi din toate timpurile istoriei omenești... Memorial de călătorie și album de artă în același timp, cartea *Jurnal american*, semnată de cunoscuta scriitoare argeșeană Vavila Popovici, își poate îndeplini și funcția de ghid de orientare în turismul cultural pentru românul ce visează să cunoască minunile culturii și civilizației americane pe viu, survolând Atlanticul și salutând cu bucurie statuia Libertății... Parcurgi micile capitole, care la un loc fac jumătate din memorialul de călătorie, cu sentimentul viu al prezenței alături de autoare în fiecare loc străbătut, în fiecare trăire, răspunzând solidar la orice aruncătură subiectivă de gând, la orice observație obiectivă..."

Ion Georgescu

(în revista *Linia Întâi*, Slatina, nr. 340, 5-11 iunie 2008)
***

"Restaurat ca un sit al Memoriei nu mult transfigurative, cât realist scrutător, sit-ul – carte, din care inteligența senectuții, înnobilată și decantată de arderile suferințelor – din perioada dictaturii, dinainte de exilul în S.U.A., romanul **Preaplinul tăcerilor *(viața în comunism)*** – este, unul al despresurării marilor tensiuni suferite într-o viață, prin mărturisiri și mărturii de dinainte de emigrare, de ceea ce pentru mulți români pare a fi un Canaan, după exodul peste ocean. Cartea a apărut românește, în Statele Unite și desigur este una parabolic – evangheliară, aș spune cumva profetică, dacă înțelegem că istoria se repetă, după comunismul evocat de Vavila Popovici, milioane de români sunt siliți la un nou exod spre „canaanurile" occidentale. (…) Romanul este de profundă morală creștină, prin sinceritatea mărturiei și prin buna lecție a descrierii fără ținte estetizante, așadar este un roman – neo-testamentar în sensul teologic. Cum autoarea a avut primele încercări literare încă din țară, dinainte de exil, este greu pentru mine să disting cărui public anume îi este adresat – atât celor de „acasă", cât și diasporei, desigur… Meritul d-sale este – consider – că „grupul-țintă" al scrierilor suntem noi, ceilalți care scriem, românii de pretutindeni! Vavila Popovici scrie într-un stil alert, captivant şi cu nerv narativ aproape telenovelistic, iar zona unde îl situez, este cea a cărţii creştine, unde gestul cărţii este gestul preotesei, al Mamei Dolores, cumva... Am citit şi cunosc multe cărţi de mărturie – mărturisitoare ale unor români din diaspore... Diverse ca stil, dar cu aceeaşi ţintă în fond teologică sau teosofică, indiferent de apartenenţa confesională. La urma urmei, romanul de acest tip este: 1) catarsic, decantator de „preaplinul" memoriei reprimate – subliminate, să-i spunem memoriei freatice; 2) demn a fi comunicat – cuminecat cu scop de învăţătură şi adevăr istoric restaurat... Este ora mărturiilor şi a mărturisirilor impregnate de empatia inconfundabilă a unei vieţi trăite dramatic dar demn, exemplar, aşadar modelator pentru sufletele deschise şi sinergice, într-o lume accelerat a corupţiei, aşadar a unei noi stricăciuni. Concluzie: Poate că „preaplinul" este nu atât cel al memoriei raţionale, agitându-se în zonele subconştientului şi prin scriere, evocare, autoarea, aflată la o vârstă venerabilă, ni se confesează din irepresibila impulsie psihică de apărare, de luciditate: nu doar celor personale, ci in extenso, ale unei memorii colective frustrate bestial de Monstrul Istoriei. Povestea-parabola romanului este astfel nu doar a cuiva, ci a mai multora... Iar monstrul istoriei este monstrul perpetuat divers, disimulat, camuflat sau explodând hidos la răscruci, monstrul Puterilor manipulatoare, „secret-serviciile" – care fac și desfac lumea. Arta epicii Vavilei Popovici este cumva a unei re-calibrări consolatoare, între trup - și - duh; scriere epifanică, în sensul filosofic al lui Noica. Arta care tămăduiește pentru că e clădită prin confesiune pentru urmași, prin credință într-un Rost superior cunoașterii raționale. Iată cum o existență mărturisită cu har și o anume efuziune lirică de tip romantic story, euharistică, suie pe verticala morală a ființei de mister care freamătă în chivotul memoriei. Un roman deloc mistic, un roman religios, menit a se transmite celui ce va primi, evlavie și smerenie față de o existență demnă, a omului care NU se depeizează: își arde încredințat etapele – vârstele și suferințele purificatoare: din preaplinul holistic al Memoriei. (...) Cititorilor români le recomand și excelentele eseuri ale Vavilei Popovici, în care vom distinge axiomatic ceea ce domnia-sa practică literar în roman, sau în poezie: un sens al re-devenirii umane întru divinitate."

Eugen Evu
(în reviste din *România* și *SUA*, 2011)
***

„(...) Titlul propriu-zis, **Preaplinul tăcerilor**,

sugerează starea poetică. Partea lămuritoare – *„Viața în comunism"* – însă, te coboară cu picioarele pe pământ și te dumirește: ai în față un volum de proză, cu iz de analiză socială în haină de cronică istorică. O cronică realizată literar, însă, într-o manieră ceva mai rar folosită: dialogul (ca interviu). O convorbire lungă și foarte interesantă, sub raportul ideatic, în primul rând, dar și al viziunii obiective în care autoarea (ea însăși personaj al cărții) judecă un timp istoric în care parte subiectivă a fost. Stăpână pe tehnica scrierii unei cărți, în general, dar – cum se poate observa – și a uneia de un fel deosebit, Vavila Popovici își dovedește încă o dată iscusința comunicării cu cititorul, fără ca acesta să-și dea seama că tocmai el este ținta finală. Îndrăzneala de a comunica, chiar din debutul volumului, deznodământul narațiunii iscusit dialogate, s-a dovedit un risc cu fermitate depășit: *„Știi, dragule, nu-mi venea să cred că vei intra în somn adânc, din care nu te vei mai putea trezi. A MURI, ce înseamnă a muri?"* (...) *„Mai târziu mi-am dat seama că moartea se-nvață precum viața..."* Prima lecție de moarte și de viață îi este oferită de însuși omul purces pe drumul fără de întoarcere: *„Omul în fața primejdiei și în fața morții îl caută și îl găsește pe Dumnezeu."* (...) *„Ne naștem în lumină și ne-ntoarcem în lumină..."* Viziunea filosofică a autoarei transpare fără chin. Este modul rațional echilibrat în care autoarea se poziționează față cu toate cele ale existenței umane. Și ale morții, se înțelege. Dialogul – în final un monolog... dialogat – este unul de substanță, ideile și întâmplările armonizându-se și, în cele din urmă împlinind o frescă a unui timp adânc frământat, social în primul rând, cu efecte dramatice, tragice asupra omului rămas, cu riscul morții, în poziție verticală. Nu de drepți, a se reține diferența! *„Învățând să trăiești frumos, vei ști să mori frumos"* – își amintește scriitoarea de zisa lui Confucius. De remarcat faptul că radiografia pe care Vavila Popovici o face societății comuniste din perioada 1944-1989 are în vedere ansamblul acesteia, în cuprinzătoarea și condamnabila ei alcătuire. Experiența proprie este doar platforma. Este doar îndemnul. Este principalul argument al demersului. De unde și veridicitatea faptelor narate, dar și a stării mentalo-psihice în care se produce această admirabilă scriere. Proiectând acest film pe ecranul ființelor noastre, autoarea ne face pe noi (cei mai copți) părtași la actul rememorării, pe ei (cei mai tineri) îi face să tresară, să-și pună întrebări și, eventual, să caute răspunsuri. De altfel, pe parcursul întregii cărți (peste 360 de pagini), Vavila Popovici apelează, în sprijinul propriilor argumente și meditații privind viața și moartea (care înseamnă aproape în egală măsură bucurie şi suferinţă), la ajutorul unor mari gânditori, oameni de litere şi de cultură remarcabili, intraţi definitiv în conştiinţa omenirii, chiar şi în timpul de acum, care pare a fi potrivnic pregătirii teoretice, de cultură generală, cum obişnuim să spunem. Prin urmare, nu e deloc întâmplător faptul că autoarea pune în capul cărţii sale un citat din marele Will: *„Dacă se va întâmpla acum, nu va veni pe urmă. / Dacă nu va veni pe urmă, se va întâmpla acum. / De nu se va întâmpla acum, totuşi va veni pe urmă. / Totul e să fii pregătit."* Fără a face o pledoarie pentru o astfel de atitudine, Vavila Popovici se situează pe o poziţie superioară judecăţii obişnuite, profane, asupra celor două componente ale existenţei umane, viaţa şi moartea. Cu toate că şi ea, dar mai ales partenerul ei de viaţă, au suferit enorm de pe urma regimului comunist din România, autoarea nu cade în patima răzbunării, fie şi verbale, îndemnând la o judecată lucidă, dar cu atât mai aspră. *„Întrebarea pe care ne-o punem şi pe care şi-o pun cei din jurul nostru este dacă trebuie păstrate în memorie momentele triste, dureroase ale vieţii? Dar cum altfel s-ar putea povesti generaţiilor mai tinere despre ceea ce s-a întâmplat cu noi, dacă am da totul uitării? Paul Valery spunea că «uitarea este binefacerea ce vrea să corupă istoria»".* Ştie toată lumea că problema comunismului în România nu poate fi pusă și soluționată pe căi ocolitoare. Adică mincinoase, tăinuitoare ori mistificatoare a adevărului, așa cum s-a procedat: foști comuniști, fii de foști comuniști înfocați, foști (și actuali) securiști, mai ales, s-au apucat, cu nerușinată obrăznicie, să judece și să condamne comunismul. Ce a ieșit din toată această poveste cu iz de vodevil, metamorfozat în mascaradă, de asemenea cunoaște tot românul. Numai că, în zadar „*tot românul plânsu-mi-s-a*": destule apucături au fost preluate... creator de profitorii optzecișinouă-iști, ducând, ei, pe cele mai înalte culmi o corabie fără timonă și fără ochean, poporul român devenind naufragiatul fără colac de salvare. Omul la apă! O idee extrem de inspirată, nu doar prin multiplele portițe deschise interpretărilor de tot felul, marchează multe din paginile cărții: *Tema suferinței*. O temă îndelung și profund discutată de la începuturile lumii. Adică odată cu izgonirea din Rai. Credința creștină propune suferința ca mijloc de purificare spirituală și de ridicare a omului deasupra tuturor relelor născocite de diavol. În acest registru rezonează și cartea la care fac referire, autoarea dovedindu-se nu doar o bună creștină, ci și un om sensibil și înțelegător. La fel ca mulți alți oameni de valoare care au populat ani lungi temnițele comuniste din România, Alexandru Paleologu (citat în carte) susține că suferința este parte a fericirii: *"Cine fuge de suferință ratează fericirea."* Dacă suferința lui Eminescu – să zicem – era "dureros de dulce", în cazul lui Radu Gyr aceasta a însemnat pierderea celei mai frumoase părți de viață: *"... Bătrâni cu obrazul de ceață, / Cu pași năclăiți în tristețe, / Prin moarte au trecut, nu prin viață, / Noi nu am avut tinerețe."* De unde se poate naște întrebarea: *Suferința* este condiția fără de care *fericirea* nu poate să existe? Istoria lumii, a culturii filosofice, îndeosebi, semnează multe și felurite răspunsuri la această întrebare. Întrucât nu mă consider calificat pentru a da și eu un răspuns limpede formulat și credibil argumentat, am să spun doar: Nu neapărat! Dacă peste unele aspecte ale cărții am trecut cu bună știință, dar fără rea credință, nu pot să nu închei aceste sumare însemnări fără a reproduce, selectiv, propozițiile din finalul romanului, pe care le socot ilustrative pentru structura de bun creștin a autoarei: *Dragul meu, simt cum vine amurgul cu lentoarea sa... (...) O pasăre ascunsă-ntre frunze va cânta ultimul cânt. Un vânt mângâietor va trece și va lua cu el amintirile dureroase (...) Tu mă vei striga, de undeva, cu același glas și nume de Înger. (...) Și va fi din nou primăvară (...) Vom fi izbăviți pentru totdeauna de vitregiile vremurilor pe care le-am trăit..."*

Vasile Filip
(în reviste din *România* și *SUA*)

CUPRINS

Oameni și lacrimi 5
Dragobetele 12
Binele și Răul 18
Focul păcatului și apa curată a virtuții 26
Despre intelectuali 36
Cabotinul și mârlanul 48
Învierea Domnului! (Tristețe și speranță) 55
Vremea orgoliilor 61
Vizitarea orașului Baltimore 67
Obrăznicie și cinism 80
Festivalul de Dans American – 2012 86
PILOBOLUS – Altă pagină a Festivalului de Dans
American – 2012 91
VERTIGO – Altă pagină a Festivalului de Dans
American – 2012 97
Încurcați în socoteli 104
Despre toleranță 112
Politețea 120
„Respectă să fii respectat!" 129
Ziua recunoștinței (Thanksgiving Day) 137
Ravagiile uraganului Sandy 142
Corul „Tenebrae" (Tenebrae Choir) 147
Decență sau vulgaritate? 157

La mulți ani, stimate domn Ben Todică! 164
Master Corale – 2012 170
Atac criminal 176
„Of, Doamne, Doamne!" (163 de ani de la nașterea lui Eminescu) 181
O zi minunată de duminică 196
Unirea Principatelor Române 203
Furtună de zăpadă și ninsori abundente
în Statele Unite 214
Adevărul, Iubirea și Frumusețea 219
Bach și Debussy în interpretarea pianistei
Angela Hewitt 228
Mai sunt oameni buni! 238
În ce barcă ne urcăm? Încotro vâslim?
(A fi în Europa) 246
Alege-ți plaja, nisipul, vântul și stânca 252
VAVILA POPOVICI 262
CĂRȚI TIPĂRITE 267
REFERINTE CRITICE 269
CUPRINS 349

Printed in Great Britain
by Amazon